大道

书系·教育

孙杰远　主编

李颖　著

当代大学生社会主义核心价值观培育理论与实践探索

广西师范大学出版社

·桂林·

图书在版编目(CIP)数据

当代大学生社会主义核心价值观培育理论与实践探索/
李颖著. -- 桂林:广西师范大学出版社,2024.9.
(大道书系/孙杰远主编). -- ISBN 978-7-5598-7409-2

Ⅰ. G641

中国国家版本馆 CIP 数据核字第 2024WH7623 号

当代大学生社会主义核心价值观培育理论与实践探索
DANGDAI DAXUESHENG SHEHUI ZHUYI HEXIN JIAZHIGUAN
PEIYU LILUN YU SHIJIAN TANSUO

出 品 人:刘广汉
责任编辑:刘孝霞　李　远
装帧设计:李婷婷
广西师范大学出版社出版发行

(广西桂林市五里店路9号　　　邮政编码:541004)
(网址:http://www.bbtpress.com)

出版人:黄轩庄
全国新华书店经销
销售热线:021-65200318　021-31260822-898
山东临沂新华印刷物流集团有限责任公司印刷
(临沂高新技术产业开发区新华路1号 邮政编码:276017)
开本:690 mm×960 mm　　　1/16
印张:18　　　　　　　字数:212 千
2024 年 9 月第 1 版　　　2024 年 9 月第 1 次印刷
定价:78.00 元

如发现印装质量问题,影响阅读,请与出版社发行部门联系调换。

"大道书系"编委会

总序：时代转型中的教育应对

张诗亚

"大道之行也，天下为公。"广西师范大学教育学部与广西师范大学出版社合作推出"大道书系"。很显然，其所追求的无疑是"天下为公"。

在该书系中，其"大道"的核心内容主要围绕教育和心理两大领域展开。我们现在面临的是一个前所未有的大变局时代，社会、教育，还有我们的心理都面临着巨大的挑战。如今的人工智能技术突飞猛进，ChatGPT、Gemini、Sora等不断涌现。这让我们不禁开始思考，学生学习与教师教学是不是还能安之若素，只注重知识的传授与接收；老师和学生的心理有哪些新变化，心理学应该注意哪些新问题，又该怎样去应对这些新问题。

教育学与心理学均需要重新审视其存在的意义，思考其是否还具有继续存在的合理性，以及在不断变化的时代背景下，是否能够继续推动教育的发展，并深入探讨如何应对新时代变化的教育和心理问题。这个课题不仅关乎广西师范大学教育学部和广西师范大学出版社，更是所有从事教育学和心理学研究的人必须面对的问题。在这个关键时刻，我们需要重新审视传统，从中寻找进一步发展的资源。

于是，我们回顾并梳理传统。"大道书系"便有探索中国少数民族儿童与国际儿童价值观形成的比较的作品。在新形势下，儿童大量接触网络、多媒体及人工智能，他们的价值观发生了哪些新变化？这个课题不仅关乎中国的儿童,也关乎世界各国的儿童。从这一角度出发,探讨儿童价值观在新形势下的形成,具有更为重要的价值。

广西是一个多元文化交融的地区,孕育了丰富的民歌传统。在这片土地上,民歌作为传统文化的重要组成部分,既面临时代的挑战,也迎来新的发展机遇。面对这些挑战与机遇,我们不仅要深入研究民歌的历史和传统价值,更要审视其在新形势下的育人功能。

学校和课堂在新形势下都发生了很多变化,这些变化涉及学校与社会、教师与学生、书本知识与生活实践,核心在于共生教育。面对共生教育,怎样去构筑师生关系,探寻互动双赢的局面,而不是一味地灌输教育?这个问题在新媒体、人工智能涌入教育之中时尤为突出。所以以共生教育的视角来看待这个新问题,去思索解决这个新问题的途径是十分重要的。

教育是一个多维度体系,涉及学校的实践、社会的实践,以及多个学科的理论层面。因此,需要从教育基本理论、教学论、教育技术、比较教育等方面出发,探寻这些新变化和新挑战。广西师范大学把整个教科院的老师都动员起来,认真思考这些新问题、新挑战,力图寻求新路径去解决这些问题,以推进教育学以及心理学的发展。

教育学、心理学也从不同的层面探索这些问题。例如,微观层面的学习心理、教学心理对学生、老师会产生很多新影响,带来很多新挑战;宏观层面的教育社会学则从相对广阔的视野研究社会变化对人的心理以及社会心理产生的影响,并寻求必要的应对措施;等等。

在人工智能等新技术大量涌现之际,我们需要思考如何应对变化,以促进教育的良性发展。这既是广西师范大学老师的事情,也是全国老师学生共同的责任,也是世界上相关研究者责无旁贷的使命。

　　这个努力不可能一蹴而就，毕竟新时代带来的是新问题，需要我们在较长时期内认真思考、应对挑战、解决问题。我相信广西师范大学能够坚持下去，立足实际，关注新技术对教育体系的影响，并结合实际情况探索新的发展路径。我相信，无论是在实践上还是理论上，他们都将有所建树。

序

朱 喆

　　党的十八大以来,党中央非常重视培育和践行社会主义核心价值观,并分别从三个层面提出三位一体的核心价值目标取向。2017年,党的十九大报告再次明确指出,社会主义核心价值观集中体现了当代中华民族的精神,是全体中华儿女共同价值追求凝成的结果。2023年10月,全国宣传思想文化工作会议正式提出习近平文化思想。习近平总书记提出的"七个着力"要求,为新时代文化建设明确了路线图和任务书,其中强调要"着力培育和践行社会主义核心价值观"。这为持续开展社会主义核心价值观教育、培养时代新人提供了根本遵循,也为坚定文化自信、建设文化强国指明了方向。

　　当代大学生社会主义核心价值观培育是培养担负强国建设、民族复兴伟业之大任的时代新人的需要。近年来,大学生在价值观取向上呈现出多元化、复杂化的特点,部分大学生存在理想信念模糊、价值取向扭曲等问题。这不仅影响了大学生的个人成长和发展,也潜在地影响着社会的和谐与稳定。坚定当代大学生的文化自信,是国家文化建设的必然要求,是高校立德树人的必然选择,也是进一步推进当代大学生践行社会主义核心价值观的必然要求。

　　李颖同志作为高校教育工作者,敏锐地抓住这一重大问题,主动选择大学生社会主义核心价值观培育问题作为博士论文题目,从文化全球化视角出发,系统梳理、思考、分析文化强国背景下高校大学生核心价值观培育现状和问题,试图找到当代高校大学生社会主义核心价值观培育的有效路径,从理论上回应时代呼唤与需求,论文完成后顺利通过答辩。博士毕业后,李颖同志在原学位论文的基础上,结合自己的工作实践又对其学位论文进行修改完善,形成《当代大学生社会主义核心价值观培育理论与实践探索》一书。我作为其导师,阅看这一成果,对他勤勉好学、务实求真和辩证致思的理性态度甚感欣慰。

《当代大学生社会主义核心价值观培育理论与实践探索》一书,从当代大学生社会主义核心价值观培育的现实出发,比较系统地总结并深入分析了当代大学生社会主义核心价值观的现状、特点和成因;探索性地提出了文化全球化背景下构建当代大学生社会主义核心价值观培育的基本方法,比如理论教育法、实践教育法、自我教育法、典型教育法等;建设性地提出了文化全球化背景下加强当代大学生社会主义核心价值观培育的主要路径,包括加强和改善大学生的思想政治教育,合理引导大学生树立正确的世界观、人生观和价值观,充分利用网络进行思想政治教育,营造优良的校园文化氛围,积极融入思想政治理论课教育教学,等等。

该书特别突出的是作者立足调查材料,结合典型案例,既看到当代大学生践行社会主义核心价值观的成功经验,也直面当代大学生在社会主义核心价值观培育方面面临的巨大挑战。如何总结经验和应对挑战,作者给出了自己的思考,这些思考为当代大学生社会主义核心价值观的培育并进而推动高校思想政治工作创新提供了有益的启示。

诚如著名教育家陶行知先生所说:"教育是要造就人,造就一个现代人,一个具有现代知识、现代思想、现代精神的人。"该书正体现了作者以其敏锐的时代感、强烈的问题意识和现实关怀态度践行一个教育工作者的初心和使命。当然，由于该问题过于宏大，还有不少问题可以作更深入的探讨，这就需要作者在今后的教育教学和管理工作中不断努力、不断精进。

是为序。

2024 年 7 月于武汉弘毅楼知不足斋

目　录

第一章　绪论 / 1

　　第一节　研究缘起与研究意义 / 1

　　第二节　研究综述 / 8

　　第三节　研究方法与技术路线 / 29

　　第四节　创新之处 / 31

第二章　当代大学生社会主义核心价值观培育的理论审视 / 37

　　第一节　当代大学生社会主义核心价值观培育的概念界定 / 37

　　第二节　当代大学生社会主义核心价值观培育的理论基础 / 47

第三章　当代大学生价值观培育的源与流 / 87

　　第一节　当代大学生价值观培育背景 / 87

　　第二节　当代大学生价值观培育的源泉 / 97

　　第三节　当代大学生价值观培育的流变 / 108

第四章   当代大学生社会主义核心价值观培育的影响因素分析 / 129

第一节   当代大学生社会主义核心价值观培育的挑战 / 129

第二节   当代大学生社会主义核心价值观培育的机遇 / 144

第五章   当代大学生社会主义核心价值观培育存在的问题及原因分析 / 148

第六章   当代大学生社会主义核心价值观培育的原则与方法 / 155

第一节   当代大学生社会主义核心价值观培育的原则 / 155

第二节   当代大学生社会主义核心价值观培育的一般方法 / 164

第七章   当代大学生社会主义核心价值观培育路径 / 177

第一节   当代大学生社会主义核心价值观培育的教学路径 / 178

第二节   当代大学生社会主义核心价值观培育的网络路径 / 185

第三节   当代大学生社会主义核心价值观的实践养成 / 195

第八章　当代大学生社会主义核心价值观培育机制 / 206

　　第一节　健全培育大学生社会主义核心价值观的组织管理机

　　　　　　制 / 206

　　第二节　构建培育大学生践行社会主义核心价值观的综合保

　　　　　　障机制 / 213

第九章　卓然独秀：当代大学生社会主义核心价值观培育个案

　　　　　/ 227

第十章　结论 / 242

参考文献 / 247

后记 / 267

第一章　绪论

第一节　研究缘起与研究意义

一、研究缘起

1978 年我国进行改革开放以来，文化伴随着经济一体化也进入国际化时代，呈现出不同国家与地区、不同时代与背景、不同精神境界的文化百家齐鸣、争奇斗艳的气派景象。其中生产力的发展，尤其是文化产业的发展，已然成为促进义化多样化发展的关键引擎。与此同时，科技的迅速发展也为多样文化的发展提供了便捷而迅速的交流途径，其中尤其是大众传媒和现代信息技术的发展。日益多样化的经济形式、复杂的利益关系、多类型的组织形式，以及多元化的社会分配方法，对人们精神生活的多样化、复杂化起到了直接的促进作用。基于多元文化这样的大背景，加强当代大学生社会主义核心价值观、人生观和世界观等方面的教育，引导当代大学生树立正确三观，培养社会主义建设者和接班人，这对实现中华民族的伟大复兴具有重大的现实意义，对解决我国高校思想政治教育工作难题也有极大的助益。

在如今文化多元化的时代背景下，文化交流突破了以往文化环境的封闭性，形成了全球化、多样性的文化。文化全球化日益加剧，我国公民的传统文化观念体系和个人行为模式方面必然面临对传统模式和新兴模式的判断和抉择，进而形成符合其思想道德观念和精神境界的全新行为模式和观念体系。对当代大学生而言,这些新的变化对其影响非常之大,尤其在对大学生社会主义核心价值观培养方面,这不仅是机遇,更是挑战。在此背景下,高校作为培养大学生正确的人生观、世界观和价值观主要阵地,对大学生进行社会主义核心价值观的培育工作显得迫在眉睫。

古往今来,勤劳勇敢、追求卓越一直是中华民族秉承的传统精神,中华民族从未停止过对精神文明的追求。习近平总书记强调,提高文化软实力要以社会主义核心价值观为灵魂,这也是文化软实力建设工程的核心和重点所在,决定文化性质和方向的最深层次的因素就是核心价值观。① 文化的核心价值的活力、魅力和凝聚力是提高一个民族文化软实力的根本。要想有一个稳定的社会秩序和正常运转的社会制度,就必须将社会意识形态有效整合,在公民中大力培育和弘扬社会主义核心价值观,这是维护社会安定的重要手段和途径,也是国家治理体系和治理能力的一个重要方面。从各种历史和实践经验中,可以发现,具有强大魅力的核心价值,不仅能够维护社会和谐稳定,还能有效地促进社会奋发向上,使国家的长治久安能够得到长期的维持,而大学生群体正是培育和弘扬具有中国特色社会主义核心价值观的排头兵。大学生朝气蓬勃、开拓进取,他们接受新鲜事物的能力和速度都比一般人要快得多。大学兼容并包的教育让他们懂得如何博采众长和借鉴不同文化的精髓。我国高等教育制度的不断发展,以及大学生对自身知识素养的完整性和丰富性的追求,使大学生的整体素质得到提升和发展,并逐渐趋于成熟。然而,大学生群体对文化全球化和日益发达的网络文化虽然具有基于一定认知能力的基本价值观和日益强烈的自我意识,但总体上还不够成熟,他们对

---

① 《习近平在中共中央政治局第十三次集体学习时强调 把培育和弘扬社会主义核心价值观作为凝魂聚气强基固本的基础工程》,《党建》2014 年第 3 期。

价值客观性和科学性的评估能力还不足，往往会导致认知发生偏差。加上大学生在高校中的"象牙塔"效应，使得他们缺乏对社会价值的认知和深入的社会实践。这些都使得大学生群体更加容易受到多元文化的影响。

进入 21 世纪，面对新机遇、新挑战，中国共产党明确提出要大力建设社会主义核心价值体系，开展社会主义核心价值体系学习教育。十六届六中全会通过的《中共中央关于构建社会主义和谐社会若干重大问题的决定》指出："马克思主义指导思想，中国特色社会主义共同理想，以爱国主义为核心的民族精神和以改革创新为核心的时代精神，社会主义荣辱观，构成社会主义核心价值体系的基本内容。"十七大报告强调，要"切实把社会主义核心价值体系融入国民教育和精神文明建设的全过程，转化为人民的自觉追求"。二十大报告也明确提出广泛践行社会主义核心价值观。用社会主义核心价值观铸魂育人，坚持依法治国和以德治国相结合，把社会主义核心价值观融入法治建设、融入社会发展、融入日常生活。2022 年 4 月，习近平在中国人民大学考察时指出："广大青年要做社会主义核心价值观的坚定信仰者、积极传播者、模范践行者。"[1]习近平在主持召开的中央财经委员会第十一次会议中指出："促进人民精神生活共同富裕。促进共同富裕与促进人的全面发展是高度统一的。要强化社会主义核心价值观引领，加强爱国主义、集体主义、社会主义教育，发展公共文化事业，完善公共文化服务体系，不断满足人民群众多样化、多层次、多方面的精神文化需求。要加强促进共同富裕舆论引导，澄清各种模糊认识，防止急于求成和畏难情绪，为促进共同富裕提供良好舆论环

---

[1] 《习近平在中国人民大学考察时强调　坚持党的领导传承红色基因扎根中国大地　走出一条建设中国特色世界一流大学新路　王沪宁陪同考察》，《党建》2022 年第 5 期。

境。"①从中国共产党在进入 21 世纪以来关于社会主义核心价值体系的一系列论述可以看出,当代大学生的社会主义核心价值观培育已经面临着新的更高的时代性要求。

从当前大学生所处的全球化多元文化环境来看,对大学生社会主义核心价值观培育研究具有迫切性和重要性。价值观影响着人们的思想与行为,决定了个人价值的实现程度。社会主义核心价值观是凝聚人心、汇聚民力的强大力量。理想与现实的落差使当代大学生在价值判断上难以找到准确的落脚点。因此,要想当代大学生充分认识其价值,就必须帮助其树立正确的世界观、人生观和价值观,就必须加强对其政治水平、政策水平和综合素质的培育,以科学的价值观来引导他们加强科学知识、科学方法和科学精神的学习,消除思想观念中的种种困惑,弘扬以伟大建党精神为源头的中国共产党人精神谱系,用好红色资源,深入开展社会主义核心价值观宣传教育,深化爱国主义、集体主义、社会主义教育,助力其形成积极向上的价值观,使其成为有担当民族复兴大任的时代新人。

二、 研究意义

(一)研究的理论意义

习近平总书记指出:"对一个民族、一个国家来说,最持久、最深层的力量是全社会共同认可的核心价值观。"②积极向上、开拓进取是当代大学生社会主义核心价值观的主流方向,但是在文化全球化的大背景下,他们受到各种复杂的价值观的影响,产生了各种价值观问题、难题。一方面,部分大学生表

---

① 习近平:《习近平谈治国理政》第四卷,外文出版社,2022 年,第 146 页。
② 习近平:《青年要自觉践行社会主义核心价值观——在北京大学师生座谈会上的讲话》,《中国高等教育》2014 年第 10 期。

现出缺乏价值观清晰思维和基本逻辑,容易造成价值观思想冲突、混乱和价值观审视疲劳;另一方面,部分大学生表现出缺乏价值观自信,对中国特色社会主义道路的前景信心不足,对中国共产党领导和马克思主义指导思想、共产主义信念等产生消极看法。因此,针对当前我国当代大学生社会主义核心价值观教育过程中存在的不足,高校必须采取积极培育大学生正确树立社会主义核心价值观的有效的办法和措施。

为了适应当前价值观多样化的时代背景,为了进一步坚定具有中国特色社会主义道路、明确中国社会主义发展方向,更为了能够更好地适应社会和人们不断发展的现实需求,社会主义核心价值观培育成为当下时代培养人才研究之必然。价值观教育和培育的过程,需要青年大学生自身不断地参与和体验,在不懈追求中获得一种独立自主精神和一种立场的实践过程。[①] 但如何对大学生进行正确的价值观教育在此时显得尤为重要,它既表明了其在顺应与时俱进的国家宏观发展目标的前提下,我国对当代大学生思想素质教育的坚持,也满足了大学生在大学阶段对自己思想文化水平不断提升的标准和要求。作为我国社会当中至关重要的一个群体,当代大学生担负了实现富强、民主、文明、和谐的社会主义现代化国家的重大历史使命。他们是我国社会发展的中坚力量。他们对价值的判断和选择代表了我国主流力量的价值取向和方向,是决定我们国家繁荣和稳定的一个极其重要的因素。因此,高校应当在这方面进行更为深入细致的探讨和研究,以解决在社会转型期的大学生在树立正确价值观的过程中产生的迷惘和困难,帮助他们确立与我国社会发展相适应的社会主义核心价值观,为他们确立正确的价值观、世界观、人

———————

① 刘济良等:《价值观教育》,教育科学出版社,2007 年,第 146 页。

生观起到更好的引导作用。

探索行之有效的社会主义核心价值观培育路径,有利于拓宽研究价值观的理论视野和框架。新时代大学生社会主义核心价值观培育工作通过对培育现状的正确的认识和分析,发现在价值观培育中存在的问题,从而有针对性地对存在问题的原因以及进一步改进的方向进行深入的探讨,不仅可以揭示大学生核心价值观形成发展的规律及趋势,也可以使得相关的学术研究进一步深化,提升培育工作价值目标的达成度。时代发展需要理论引领,而理论引领需要理论的创新。目前,新时代中国特色社会主义新发展、新情况、新思潮,以及大学生价值观出现了一些新变化,大学生社会主义核心价值观培育在一定程度上显得滞后,因此在新的历史条件下,我们需要不断加以创新,才能找到适合我国当代大学生价值观培养的有效方法和途径。综上,对当代大学生社会主义核心价值观培育的深入研究具有重要理论意义。

(二)研究的实践意义

青年的价值取向,决定了未来社会的价值取向,决定了国家发展的未来。大学生社会主义核心价值观培育是当前国家人才培养的战略部署,是高校教育培养人才的核心任务。同样,对大学生而言,面对社会多元文化带来的价值观混乱、价值观疲劳、价值观冲突等一系列令人棘手的问题和难题,大学生社会主义核心价值观培育能为大学生成长成才提供精神动力、精神支撑和精神指针。

目前,全球多元化文化背景下,国外一些文化类型在我国大学生群体当中也拥有部分受众和追捧者,比如欧美文化和日韩文化。日韩文化与我国的传统文化有着一定的相似之处。如中国人对孝道的理解和追求,在日韩文化中同样保留;而对诚信、善良和礼貌等行为规范,在欧美文化中同样存在。因此,部分大学生在缺乏客观和科学的价值评价尺度的情况下,误认为自身所能接受和追捧的是外来文化,进而将自己进行角色扮演。这样往往会导致大学生群体心理和行为上产生扭曲,进而影响当代大学生社会主义核心价值观的健康发展。在校大学生虽然脱离了高中的青涩,但尚未踏入世俗的成人社会,这一时期正是他们对外界充满强烈好奇心的年纪。同时,大学的教育方式与中学的封闭式教育方式相比,可以让在校大学生有更多的机会接触外面更丰富多彩的世界。多种形式的世界观、人生观、价值观开始进入他们的视野,并且开始动摇他们起初对世界的认识。在这样的情况下,当代大学生的价值观很容易受到外部多元文化交互的影响,西方的"自由思想"等价值观在大学生群体中极易造成泛滥。同时,一些大学生道德价值观念发生变化,导致他们养成了盲目追求个性、缺乏团队意识、物质欲望过度等强大的功利主义思想。在此情形下,一些大学生的价值观也出现了分裂,他们成为一个矛盾体,对学习和未来比较迷茫。而在这种矛盾中,他们一方面努力寻求着认同感、归属感,另一方面在寻求答案的同时又表现出怀疑一切的状态。这种情绪和心态上的反复,往往导致大学生在学习、生活、就业和自身职业生涯的发展方面受到很大的影响。

然而,在全球化的时代,在校大学生是未来世界的主人,他们的思想素质和行为方式将影响甚至决定中国特色社会主义事业的前进与方向。在这样的多元文化背景下,对大学生加强价值观方面的教育,帮助当代大学生树立正确的三观,将其培养成为中国特色社会主义事业的合格建设者和可靠接班人,是实现中华民族伟大复兴、实现三步走的宏伟蓝图的关键一步,同时也是高校思想政治教育工作中的关键环节、重中之重。因此,当前的现实情况迫切地要求培育大学生健康的、积极向上的价值观。

第二节　研究综述

一、国外研究现状

价值观问题是一个重大的理论和现实问题。20 世纪 70 年代以来,特别是自 90 年代开始,国内外学术界对价值观问题很感兴趣。社会主义核心价值观研究是社会主义意识形态领域内的特定话语。在中国,已引发相关命题的广泛讨论,由于不同的国情,国外学术界对社会主义核心价值观的研究并未像国内这样深入和系统。通过文献检索与阅读可知,已有社会主义核心价值观研究多以国内学者贡献为主。就价值观教育而言,在全球化文化背景中如何落实对青少年的价值观教育,西方国家率先走出了一条从推崇相对价值观到形成核心价值观的道路。从 20 世纪 20 年代开始,价值观教育展开了新局面,此时,价值澄清学派脱颖而出。在爱因斯坦相对论、个人与多元主义等的影响下,该学派主张每个人都应当具备自己的价值观,并且这种价值观在社会中应当是平等的,也即,该学派崇尚的是价值相对主义,反对有一个绝对正确的价值观,并且拒绝向青少年传授一种唯一正确的价值观。价值澄清学派秉承引导的理念,将价值选择的主导权交给青少年自己,仅在其选择自己行为模式的价值观的过程中提供帮助和指导,侧重于对其价值选择能力的培养。该学派在 20 世纪 60—70 年代达到顶峰,但是到了 20 世纪 70 年代后期,该学派的弊端逐渐显现出来。一个学派如果缺乏一个统一的主流价值观的维系,很容易产生学派内的指导思想紊乱和虚空,缺乏凝聚力。因此,价值澄清学派开始受到广泛的质疑和批判。此时,品格教育学派应运而生。品格教育学派率先在 20 世纪 80 年代的美国出现,该学派不认同价值澄清学派不赞成存在具有统一的普遍指导意义的价值观和道德标准的主张,他们坚信在人类社会中有着一些具有普遍指导意义的价值体系,这些价值体系在每一个社会都应当受到推崇,而不论其是社会主义还是资本主义。例如,诚实、信用、平等、尊重生命等。即使是在存有多样价值观的社会,这种价值体系仍是其中不可或缺的一部分,是其共同的价值观,亦可称为核心价值观。品格教育学派同样主张学生通过自主选择确定其价值取向,所不同的是,品格教育学派把上述的核心价值观作为个人价值取向的前提和基础,从而保证学生的良好品格的塑造和道德的发展。20 世纪 90 年代以后,品格教育学派已成为美国道德教育的中流砥柱,道德教育完全从相对价值转化为共同价值,其他西方发达国家的发展历程也无外乎是。英国学者莫尼卡·泰勒(Monica Taylor)在其主编的《道德教育杂志》中就曾发表过一篇名为《价值观教育与教育中的价值观》的文章[1],该文详细叙述了在价值多元化的社会中,英国的教育行政部门、学校应当如何实现对价值观选择的教育和引导以及如何对高校的价值观教育进行评价的办法。这是一篇对我国应当如何开展价值观教育活动十分具有指导意义的文章;该文中论述的许多教育问题,也有助于本书在多元化文化条件下对价值取向的探讨。

　　各国对核心价值观培育问题相当重视,虽然侧重点略有不同,但都关注到其育人与指引价值。比如,德国早将价值观教育写进《基本法》,还有相当可观的普遍性研究成果。论文集《学习价值观并在生活中体验和践行价值观——德国价值观教育理论和实践》强调社会变迁与多元文化发展对价值观教育的重要影响。[2] 在英国,“民主、法治、个人自由,以及与持不同信仰和信

---

① 　[英]莫妮卡·泰勒:《价值观教育与教育中的价值观》,《教育研究》2003 年第 6 期。
② 　周海霞:《试析德国核心价值观体系与价值观教育》,《比较教育研究》2017 年第 39 期。

念的人们之间的相互尊重和宽容"是官方对"英国核心价值观"(fundamental British values)的一种相对规范的界定。① 英国官方在学校教育中推行核心价值观的实际措施主要针对的是基础教育,而非大学教育。② 只有树立正确的价值观,才能拥有良好的道德与精神,莫尼卡·泰勒主张校、社联合推进学生和公民的价值观教育,认为社区与校外活动应作为学校生活的一部分。③ 澳大利亚的地方部门很早就开始推进价值观教育,而学校也充分参与价值观教育。④ 因此,加强合作,形成教育合力,建立一个有效的沟通机制不仅是核心价值观有传播实际效果的保证,更有利于形成核心价值观培育和建设的良好氛围。⑤

就大学生核心价值观培育而言,在大学生心中弘扬核心价值观的必然手段,是核心价值观真正为大学生理解把握的重要举措。⑥ 故要深入阐释核心价值观的基本内涵,通过现象把握本质,真正从源头上理解文化价值⑦,进而用行动实现自觉实践。有学者注意到网络时代对核心价值观培育的重要挑战,认为网络媒体是新时代信息传播与承载的重要载体,已经成为社会主流社会意识形态、价值观传播的越来越重要的工具。因此,我们要自觉在实践中引导和弘扬大学生核心价值观认同的过程、方法和动态机制,全面促进核心价值观的践行。

---

① HM Government, *Prevent Strategy*, The Stationery Office, 2011, p. 107.
② 曲轩:《英国的核心价值观教育及其悖谬》,《国外理论动态》2017 年第 6 期。
③ 金帷:《英加强"英国价值观"教育》,《比较教育研究》2007 年第 6 期。
④ 闫宁宁:《澳大利亚学校价值观教育研究》,博士学位论文,南京师范大学,2008 年,第 22 页。
⑤ Carrell S. E., Hoekstra M. L., "Are School Counselors an Effective Education Input?," *Economics Letters*, 2014, pp. 66 – 69.
⑥ Jaiswal A. K., Niraj R., Venugopal P., "Context-General and Context-Specific Determinants of Online Satisfaction and Loyalty for Commerce and Content Sites," *Journal of Interactive Marketing*, 2010, pp. 222 – 238.
⑦ Ding L., "Interpretation of the Connotation of Socialist Core Values in the New Era," *Learning & Education*, 2021, pp. 84 – 85.

二、 国内研究现状

（一）价值观研究

宣兆凯在《中国社会价值观现状及演变趋势》①一书中曾对价值观作出定义，他认为在哲学领域，价值观是指主体与客体之间的相互作用，是人们对事物的行为意义和效果的评价标准，是促进和引导人们进行决策并把握好方向的核心因素。一个社会必定会有一个用来确定是与非、美与丑的标准的主流的价值观，它是一个社会的文化基石。目前，我国学界通常更愿意使用科学的调查方式来研究我国当前社会的价值观现状。例如，北京师范大学价值与文化研究中心就曾采用分发调查问卷和走访调查的方式就中国部分地区公民的价值观展开调研，调研内容主要包括政治、经济、文化、社会和道德、生态等方面的价值取向。金盛华、辛志勇在其论文《中国人价值观研究的现状及发展趋势》②中曾表明，中国很多学者尤其注重价值观研究，他们的研究以文化层面为最，尤其是对中国社会层面的价值观探讨，更多偏向于单一群体的观察研究，其中以研究青少年居多，而鲜有涵盖全国范围多群体的综合性的研究报告，且各项研究在规模大小和耗时长短等方面差异巨大，难以对比。此外，个体层次的价值观研究相较于其他两个层次关注度更高，反响也最大。在《高校大学生价值体系教育研究》③一文中，李志星以价值体系为切入点，从大学的价值观教育工作谈中国高校学子的价值观发展。《论当代大学生社

① 宣兆凯：《中国社会价值观现状及演变趋势》，人民出版社，2011 年，第 29 页。
② 金盛华、辛志勇：《中国人价值观研究的现状及发展趋势》，《北京师范大学学报》（社会科学版）2003 年第 3 期。
③ 李志星：《大学文化功能初探》，《当代教育论坛》2006 年第 11 期。

会主义核心价值观教育的原则与方法》①一文中,陈必华、王鹏两位作者从教育应当坚守社会主义核心价值观的原则出发,分析了高校在进行大学生价值观教育时应当使用的方法。而宋元林主编的《网络时代大学生思想政治教育导论》②一书结合当今信息化时代的特征,论述了新时代高校学子的思想道德教育应当采用的新途径、新措施,对当代大学生社会主义核心价值观培育具有很大的参考价值和启示意义。此后,作者沈世彬则抓住网络普及这一时代背景,在《网络普及对大学思想教育双面影响》③一文中从积极方面和消极方面阐释了高校学子受到的影响。

(二) 社会主义核心价值观研究

核心价值观奠定着国家制度的道义基础,是国家制度赖以立足发展的灵魂,决定着国家制度变革和调整的基本方向。文化承载着一个国家发展的前途命运,社会主义核心价值观代表着文化的主流方向,是继承与融合了马克思主义核心价值观的一种新的价值观,它既体现了社会主义制度的本质,又促进了社会主义的和谐发展。④ 社会主义核心价值观是在中国社会主义建设和改革开放的实践中形成的,是关于社会主义价值本质相对稳定的价值理念。⑤ 我国关于社会主义核心价值观的研究相对丰富,涉及内涵意蕴、价值践行意义等诸多方面。

---

① 陈必华、王鹏:《论大学生社会主义核心价值观教育的原则与方法》,《华南师范大学学报》(社会科学版)2007 年第 6 期。
② 宋元林:《网络时代大学生思想政治教育导论》,湖南人民出版社,2011 年,第 59 页。
③ 沈世彬:《网络普及对大学生思想教育双面影响》,《南京工程学院学报》2004 年第 3 期。
④ Wu M., "Research on College Students' Recognition and Practice of Socialist Core Values Based on Online Questionnaire," *International Journal of Smart Home*, 2016, pp. 221 – 232.
⑤ 冯留建:《社会主义核心价值观培育的路径探析》,《北京师范大学学报》(社会科学版)2013 年第 2 期。

一是讨论社会主义核心价值观内涵意蕴。中共中央提出建设社会主义核心价值体系以来,学术界对社会主义核心价值观进行了广泛的讨论,钟明华、黄荟在《社会主义核心价值观内涵解析》①一文中总结了社会主义核心价值观并提出五种代表性的观点:第一,富强、民主、文明、和谐;第二,以人为本为价值基点,以共同富裕为价值目标,以公平正义为核心的新型价值观②;第三,突出强调社会主义核心价值观就是公平正义;第四,构建社会主义和谐社会,必须坚持以人为本,始终把最广大人民的根本利益作为党和国家一切工作的出发点和落脚点,实现好、维护好、发展好最广大人民的根本利益,不断满足人民日益增长的物质文化需要,做到发展为了人民、发展依靠人民、发展成果由人民共享;第五,促进人的全面发展以及以"八荣八耻"为重要内容的社会主义荣辱观。

二是探讨社会主义核心价值观践行意义。社会主义核心价值观可以:规范现代经济主体,推动经济发展;增进社会团结,提升社会治理水平;有利于提升个体素质,促进人的社会化的社会功能。③ 正确认识构建社会主义核心价值观的必要性,准确把握社会主义核心价值观的培育要件和基本内涵,对坚持和巩固马克思主义在意识形态领域的指导地位、推动社会主义和谐社会的构建有着十分重要的意义。因此,以"三个倡导"为主要内容的社会主义核心价值观,对帮助全党和全国人民树立科学的社会主义核心价值观、进一步推进社会主义核心价值体系建设具有重要的理论和现实意义。④ 第一,是对

① 钟明华、黄荟:《社会主义核心价值观内涵解析》,《山东社会科学》2009 年第 12 期。
② 陈静、周丽:《社会主义核心价值观基本内涵探要》,《马克思主义研究》2007 年第 6 期。
③ 高远:《社会主义核心价值观的社会功能与培育路径》,《江苏社会科学》2019 年第 6 期。
④ 韩振峰:《社会主义核心价值观的基本内涵与重大意义》,《思想政治工作研究》2012 年第 12 期。

马克思主义价值和道德理论的丰富和发展。第二,为我们更加有效地应对西方错误价值观的冲击提供了强大的理论武器。第三,对进一步促进国家主流价值观的形成、凝聚全国人民的思想共识将产生巨大的作用。也有学者立身哲学视角,提出确立社会主义核心价值观,对新时期我国价值哲学研究的发展,中国特色社会主义意识形态的建构,深化对社会主义政治文明、科学社会主义、唯物史观的研究,具有重要的理论意义。郭祖炎、田海舰在《论社会主义核心价值观及其意义》①一文中明确提出践行社会主义核心价值观的潜在好处:第一,确立社会主义核心价值观有利于推进我国价值哲学研究的发展。把价值哲学与中国特色社会主义的伟大实践结合起来,研究社会主义核心价值体系和核心价值观,既使价值哲学的发展找到了新的生长点,又使中国特色社会主义获得了理论支撑。第二,确立社会主义核心价值观有利于中国特色社会主义意识形态的建构,有利于我们更清醒、更坚定地把握和坚持社会主义意识形态的本质。第三,确立社会主义核心价值观有利于加强社会主义政治文明、推动科学社会主义、深化对唯物史观的研究。赵睿基于国家治理现代化对社会主义核心价值观的客观诉求,提出在积极推进国家治理体系和治理能力现代化的进程中,以社会主义核心价值观为强有力引领的现实意义;并在《国家治理现代化视域下社会主义核心价值观引领作用探析》②一文中进行具体阐释。还有学者关注社会主义核心价值观的育人作用,聚焦课程思政建设,认为培育和践行社会主义核心价值观是我国意识形态建设的重要

---

① 郭祖炎、田海舰:《论社会主义核心价值观及其意义》,《延安大学学报》(社会科学版)2007年第6期。

② 赵睿:《国家治理现代化视域下社会主义核心价值观引领作用探析》,《西北民族大学学报》(哲学社会科学版)2022年第6期。

内容,也是学校思政课教学的使命任务。因此,要积极引导学生在思想、情感、心理等方面高度认同社会主义核心价值观,并内化为自己的思想精神内核,然后外化于行,自觉践行社会主义核心价值观。① 除此之外,社会主义核心价值观还对家教家风建设②、校园文化建设③、社会与情感认同④、德育建设等方面大有裨益。

三是关注社会主义核心价值观形成与发展研究。关于这一点,主要是指从整体、系统的角度对社会主义核心价值观的形成阶段进行研究。李文阁在《论社会主义核心价值观的形成、内涵与意义》⑤一文中,聚焦社会主义核心价值观本身发展历程,认为以"三个倡导"为基本内容的社会主义核心价值观是中国共产党长期致力于核心价值观建设的结晶,并将其总结为以下三个阶段:第一,酝酿阶段,即从 2006 年党的十六届六中全会提出建设社会主义核心价值体系,一直到党的十八大之前;第二,提出阶段,即从党的十八大到《关于培育和践行社会主义核心价值观的意见》(以下简称为《意见》)的颁发,真正对社会主义核心价值观进行详细、深入阐释;第三,深化阶段,从《意见》颁发至今。社会主义核心价值观提出后,特别是《意见》出台以来,党中央高度重视社会主义核心价值观的培育和践行,一再强调这个问题的重要性。全国

---

① 李辽宁:《社会主义核心价值观融入思政课教学全过程的模式构建与实践路径》,《学校党建与思想教育》2022 年第 17 期。

② 杨威、朱献苏:《以社会主义核心价值观引领新时代家风建设探析》,《长白学刊》2022 年第 4 期。

③ 朱忆天、李莉:《社会主义核心价值观视域下高校校园文化建设路径探析》,《学校党建与思想教育》2022 年第 10 期。

④ 严华勇、吴新颖:《论社会主义核心价值观情感认同的行为引导机制》,《贵州师范大学学报》(社会科学版)2021 年第 6 期。

⑤ 李文阁:《论社会主义核心价值观的形成、内涵与意义》,《北京师范大学学报》(社会科学版)2015 年第 3 期。

各地掀起培育和践行社会主义核心价值观的高潮,把核心价值观融入国民教育全过程,落实到经济发展实践和社会治理中,开展了各种各样的涵养社会主义核心价值观的实践活动,形成了培育和践行核心价值观的浓厚氛围。

除此之外,研究者关注实践价值,立足实用主义视角,针对特定对象进行社会主义核心价值观的培育研究。在许多学科中,相对而言,对当代大学生价值观的培育研究,从社会学视角的研究成果甚少。目前,对当代大学生价值取向的演变过程的研究在学术界基本一致,大致可分为四个阶段:第一阶段从 20 世纪 80 年代初开始,高校学生对知识的渴望在我国改革开放热潮的不断推进中越来越迫切。与此同时,在多种思潮的影响下,高校学生的主观意识逐渐加强。价值观在强调自我价值实现的同时,逐渐从集体标准向个体标准转变。第二阶段从 20 世纪 80 年代中期开始,改革开放继续深化,高校学生表现出参与改革的强烈愿望。然而,大学生极易受到市场经济中不良因素的影响,进而产生读书无用论等错误观点,甚至有些大学生放弃读书,做出弃学经商的不理智决定。第三阶段从 20 世纪 90 年代开始,在这一阶段,虽然市场经济进一步发展,大学生已经逐步摆脱盲目崇拜经商的错误观点,竞争观念、知识创造财富的理念有了很大的加强,对市场经济的理解也更加深入,但是不可避免地,大学生拜金主义正在悄然兴起。第四阶段起始于 21 世纪初,随着全球化的不断发展,大学生的价值取向趋于多样化。与此同时,大学生的价值观呈现出多层次、多元化,但价值认知的不稳定性、短期性的特点较为凸出。

(三)关于大学生社会主义核心价值观培育研究

1. 社会主义核心价值观培育的价值研究

社会主义核心价值观的培育和践行是一个长期的艰巨的"铸魂工程",要求我们必须坚持一定的指导原则,坚持以马克思主义理论为指导,尊重认识规律,以人为本,立足中华优秀传统文化等。① 社会主义核心价值观的培育应当以社会主义基本价值取向为内核和基点,在既继承传统价值观合理的方面,又借鉴外来价值观积极元素的基础上,形成符合时代要求的中国特色社会主义核心价值观。在全面建设社会主义现代化国家新征程上,加强对大学生社会主义核心价值观的培育意义重大。钟志明、傅智勇在《论和谐校园文化中的核心价值观问题》②一文中对价值观的主要内容有过论述,他们的观点是,作为高校学生树立正确的价值观应当包括名誉、财富、交往、求学、成功、就业六种维度。而黄阿火、许志铭、林文麟在《浅谈高校学生组织核心价值观的构建》③一文中做出了不一样的总结,他们认为,现阶段我国大学生应当致力于自身的发展,同时做到爱国、爱家、爱校,树立服务意识,明荣辱、知廉耻,不断培养自己的创新能力。实现价值观的培养工作是我国正在努力并且未来还将继续努力的伟大事业,应当将其发展成为这个时代的一个风向标,以此作为精神支柱,不断推进国家的改革发展。当今社会,我们为日益淡薄的人生信仰而惋惜,为精神需要跟不上物质需要的发展而叹息,这是社会发展不平衡的表现,是亟待去改变的现实。而正确的社会核心价值观是所有社会在发展中必需的,如果没有正确的社会核心价值观的导航,我国经济发展必定也会陷入日益萧条的困境,从长远来看,必定阻碍我国经济的长远发展。

① 马金祥:《社会主义核心价值观理论探源与内涵解析》,《贵州师范大学学报》(社会科学版)2015 年第 3 期。
② 钟志明、傅智勇:《论和谐校园文化中的核心价值观问题》,《中国医学伦理学》2007 年第 6 期。
③ 黄阿火、许志铭、林文麟:《浅谈高校学生组织核心价值观的构建》,《山东省青年管理干部学院学报》2010 年第 6 期。

因此,在这个特殊时期,在这个经济快速发展的时代,将高校学生的价值观引导到正确的道路上来,将祖国的未来青年培养成具有优良品质的"四有"青年是首要且刻不容缓的任务。为了完成这个任务,除了社会各层面对青年人要严格要求外,作为高层次人才培养的关键环节,高校必须承担起培育当代大学生正确价值观这个不可推脱的责任。通过各种改革和创新,一方面要让高校学生自愿去接受、主动去践行正确的价值观;另一方面也要营造出良好的校园氛围,及时完善学校的教学方法和教学理念,提升育人工作质量。

2. 社会主义核心价值观培育的现状研究

我国社会主义市场经济进一步完善,社会相对开放,网络技术普及,大学生的主体意识、独立意识等不断加强,对传统的培育机制提出了挑战,主要表现在以下方面:经济社会文化环境的深刻变迁,促使原有的主流价值观不断面临多元文化的冲击与融合;"网络一代"有较强的自主意识,重视社会实践,对大学生价值观培育方式有着多元化的要求;移动终端网络技术的广泛应用冲击单向度的沟通模式。① 王建华、蒋晓云、刘竞涛在《高校社会主义核心价值观培育现状及路径》②一文中总结大学生特点,认为由于大学生大部分集中在 19—23 岁这个年龄段,人生经验不足,知识储备不够,生理上不成熟,心理上不稳定,做事好冲动,喜欢标新立异,容易受各种泛娱乐化思潮的吸引,沉迷游戏,对社会价值、人生理想、社会期望的关注度低,对社会主义核心价值观不感兴趣,存在一定的盲目性、逆反性和无序性,增加了社会主义核心价值

---

① 赵果:《创新大学生社会主义核心价值观培育机制的路径探析》,《思想教育研究》2013 年第 11 期。
② 王建华、蒋晓云、刘竞涛:《高校社会主义核心价值观培育现状及路径》,《教育与职业》2016 年第 9 期。

观规范、引导、修正的难度。因此，目前大学生社会主义核心价值观培育仍然存在一定的问题，比如受目前价值多元化、文化多元化的影响，高校社会主义核心价值观的理论研究浮于表面，深度阐述不够，等等。我国学者已然对道德标准和价值观的教育问题做出了相当多的研究和论述。目前也有学者以价值观教育为研究论文的选题，比如辛志勇的《当代大学生社会主义核心价值观及其与行为关系的研究》①。此外，北京市教育行政部门也曾举行过一个名为"首都现代化进程中学校、社区教育一体化发展研究"的课题研究，该课题重点探寻了我国处于转型期的青少年的价值观情况，其不足之处在于对价值观教育问题所言甚少，且调研结果具有区域的局限性，仅适用于北京。

3. 社会主义核心价值观培育的影响因素研究

陈静和周丽在《社会主义核心价值观基本内涵探要》②一文中明确阐释了社会主义核心价值观的基本内涵，并提出社会主义核心价值观构建的五个必要条件。第一，要坚持马克思主义在社会主义核心价值观培育中的指导地位；第二，要体现社会主义性质；第三，要与中国共产党的执政理念相一致；第四，要传承、借鉴传统价值观和外来价值观的合理因素；第五，要获得广大人民群众的普遍认同。只有把以上五个方面的主要关系弄清楚了，形成一定的共识，才能更加有效地推进社会主义核心价值观的培育和践行。除此之外，也要注意处理好价值观培育过程中涉及的几对关系，在《论社会主义核心价值观的几个重要关系》③一文中，刘书林就曾明确提出更好地培育和践行社会

① 辛志勇：《当代大学生社会主义核心价值观及其与行为关系的研究》，《教育理论与实践》2017年第20期。
② 陈静、周丽：《社会主义核心价值观基本内涵探要》，《马克思主义研究》2007年第6期。
③ 刘书林：《论社会主义核心价值观的几个重要关系》，《思想理论教育导刊》2014年第9期。

主义核心价值观,必须弄清楚与社会主义核心价值观相关的一些重要问题的关系,包括社会主义核心价值观与中华优秀传统文化的关系,社会主义核心价值观与积极借鉴外国文化成果积极成分的关系,社会主义核心价值观与马克思主义、科学社会主义的关系,社会主义核心价值观与社会主义核心价值体系的关系,社会主义核心价值观与社会主义三大主旋律的关系。

4. 关于社会主义核心价值观培育的路径研究

大学生正处于世界观、人生观、价值观形成和发展的重要时期,促使大学生将社会主义核心价值观真正融入自身的价值体系之中,是加强大学生思想政治教育的一个重要课题。学术界关于当代中国社会主义核心价值观培育路径的研究,主要集中于以下几个方面的探索,如社会主义核心价值观的培育维度、培育原则、具体路径等。

一是关于社会主义核心价值观培育的维度研究。有学者主张,培育社会主义核心价值观应具备三重维度:以儒家价值观为主导的中国传统价值之维、以资本主义价值观为高度的人类社会基本价值之维、以科学社会主义价值观为渊源的理论基础之维。此三重维度构成了培育社会主义核心价值观,也是培育社会主义核心价值观的基础和前提。[①] 有学者则认为,培育社会主义核心价值观应体现四重维度:以儒家价值观为中心的我国传统伦理文化之维、马克思主义意识形态理论的理论基础之维、以资本主义核心价值观为借鉴的当代人类社会基本核心价值之维,以及中国共产党对社会主义核心价值观探索的历史成果之维。这样,才能充分体现社会主义核心价值观

① 方爱东:《社会主义核心价值观论纲》,《马克思主义研究》2010 年第 12 期。

的特色。①

二是关于社会主义核心价值观培育的原则研究。社会主义核心价值观培育应遵循的原则主要有以下几个方面：第一，坚持知行合一。习近平总书记反复强调培育社会主义核心价值观要坚持知行合一、坚持行胜于言，在落细、落小、落实上下功夫，要将其"日常化、具体化、形象化、生活化"，"使每个人都能感知它、领悟它"。② 培育社会主义核心价值观的核心要义就是要将抽象的理论具体化、让"高大上"的理论"接地气"，在理论与实践的紧密结合中深化对社会主义核心价值观的认同。③ 第二，立足价值现实。立足社会主义初级阶段的价值现实，符合社会主义的本质特征与要求。第三，蕴含文化底蕴。蕴含社会主义先进文化的基本精神，继承世界文明成果与优秀民族传统。朱颖原在《社会主义核心价值观多维研究》一书中主张培育社会主义核心价值观应彰显核心价值观的"中国特色"和社会主义性质，坚持核心价值观并重视不同主体的价值观，以及借鉴吸收中国传统价值观的优秀成果。④ 第四，遵循客观规律。遵循核心价值观形成与发展的客观规律，坚持正确的理论指导，韩春虎在《社会主义核心价值观"三重倡导"析理》一文中，提出社会主义核心价值观生成与拓展需要遵守马克思主义指导原则、学习型社会实践原则以及自觉践行科学发展观原则。⑤ 第五，展现生命活力。张俊等在《论构

① 唐晓燕：《论社会主义核心价值观的理论维度和建构》，《浙江海洋学院学报》（人文科学版）2009 年第 2 期。
② 习近平：《青年要自觉践行社会主义核心价值观——在北京大学师生座谈会上的讲话》，《中国高等教育》2014 年第 10 期。
③ 陈欣、金丽馥：《新媒体时代增进大学生社会主义核心价值观认同的路径探索》，《学校党建与思想教育》2022 年第 8 期。
④ 朱颖原：《社会主义核心价值观多维研究》，人民出版社，2014 年，第 181—185 页。
⑤ 韩春虎：《社会主义核心价值观"三重倡导"析理》，《辽宁大学学报》（哲学社会科学版）2013 年第 1 期。

建中国特色社会主义核心价值观的基本原则》①一文中认为,中国作为一个蓬勃发展的社会主义国家,在社会主义核心价值观培育与建设的过程中,应秉承先进性原则、包容性原则以及精练性原则,充分展示中国特色社会主义的无穷魅力与旺盛活力。

三是关于社会主义核心价值观培育的机制研究。大学生社会主义核心价值观培育是一项复杂的系统工程。系统工程内部诸要素之间及其与外部世界的复杂联系决定了只有建立科学的体制与机制,才能推动系统工程的合理运转。因此,在当代大学生社会主义核心价值观培育的机制构建上,要依据系统工程的基本原理,构建科学高效的长效机制。② 李娟、王倩在《社会主义核心价值观培育机制浅析》③一文中深刻学习了国家对社会主义核心价值观培育的具体要求,从建立协同联动机制、健全利益保障机制、完善制度保障机制、实行社会激励与约束机制、健全示范引领机制等五个方面,从外推与内生角度分别对社会主义核心价值观培育的机制进行了探索。青年是国家发展的未来和希望,赵果、曾永平等人在文章《创新大学生社会主义核心价值观培育机制的路径探析》④《论大学生社会主义核心价值观培育机制的构建》⑤中,聚焦大学生群体,就其社会主义核心价值观培养的机制路径进行探索。大学生社会主义核心价值观培育应立足于新时代中国特色社会主义伟大实

---

① 张俊等:《论构建中国特色社会主义核心价值观的基本原则》,《学校党建与思想教育》2011年第11期。
② 李纪岩:《当代大学生社会主义核心价值观培育研究》,博士学位论文,山东师范大学,2010年,第167页。
③ 李娟、王倩:《社会主义核心价值观培育机制浅析》,《人民论坛》2013年第14期。
④ 赵果:《创新大学生社会主义核心价值观培育机制的路径探析》,《思想教育研究》2013年第11期。
⑤ 曾永平:《论大学生社会主义核心价值观培育机制的构建》,《学校党建与思想教育》2018年第5期。

践,结合当代大学生自身思想特点和行为特征,通过构建完善的教育引导机制、实践养成机制、制度保障机制、环境优化机制和评价反馈机制等方面来促进大学生对社会主义核心价值观的理性认知、思想转化、情感认同、沉淀固化,实现大学生核心价值观内化与外化的辩证统一。因此,要坚持创新引领原则,提出创新教育解读机制:创设符合大学生需求的教育形式,实现核心价值观的认同。创新文化渗透机制:借助中国传统文化,潜移默化地促成社会主义核心价值观的内化。创新制度保障机制:建立强制性制度,保障社会主义核心价值观内化的正确方向。创新实践转化机制:开展多样化社会实践活动,丰富大学生个体的体验。

　　四是关于社会主义核心价值观培育的实践路径研究。程浩在《论中国特色社会主义核心价值观的培育与践行》[①]一文中指出,培育社会主义核心价值观的路径选择要坚持:第一,吸收借鉴世界文明成果,吻合人类最美好的价值追求;第二,扎根中华历史文化土壤,传承中国传统文化的价值精华;第三,依托社会主义核心价值体系,反映其精神实质;第四,立足社会实践,符合人民群众的价值诉求;第五,在国家、社会、个人三个层面分层整体推进。孙向军在《论社会主义核心价值观及其培育》[②]一文中对社会主义核心价值观培育的现实路径进行具体阐释:第一,致力于将核心价值观转化为制度精神;第二,消除现实文化中存在的对价值的排斥与消解;第三,将核心价值观转化为公民意识;第四,政党尤其是执政党承担着重要的文化与价值建设责任。在充分吸收与内化前人研究的基础上,邓卓明、张娟在《大学生社会主义核心价

①　程浩:《论中国特色社会主义核心价值观的培育与践行》,《广东社会科学》2013 年第 2 期。
②　孙向军:《论社会主义核心价值观及其培育》,《中共中央党校学报》2013 年第 2 期。

值观培养研究》①一文中,分析在全面建设社会主义现代化国家新征程上大学生社会主义核心价值观培育的重大意义,提出:要尽力提升大学生践行社会主义核心价值观的精神境界,将社会主义核心价值观的践行融入大学生日常生活,促使大学生在抵御错误社会思潮中践行社会主义核心价值观。

5. 多元文化与大学生社会主义核心价值观培育研究

文化的最深层次是价值观,价值观作为文化的核心,是一种隐性的文化。袁贵仁在《价值观的理论与实践:价值观若干问题的思考》②一书中提出,价值观决定了"好与坏"的标准,因而与一定历史时期群体共同的理想、信念关系密切。相对而言,在对高等价值观教育的研究中,人们往往更热衷钻研在文化全球化背景下高校学子的价值观教育方面的难题,而对道德教育等方面的探讨兴趣索然。价值观要解决的是"为什么做"的问题,是人的活动取向、导向问题。物质文化和制度文化都是价值观引导下人的活动的产物,是价值观外化的结果。一切文化的内核都是价值观,它不表现为人的行为方式和行为结果,而是渗透在人的行为活动和生活中,回答"为什么做"的意义和价值问题,引导人的行为方向和行为方式。③ 价值观不是和"做什么""怎么做"相并列,而是渗透于人的活动及其成果之中,影响和制约着人们"做什么"和"怎么做"。人的活动及其成果,说到底,不过是人的价值观的外在表现。因此,从根本意义上说,所谓文化,就是指一个社会中的价值观,是人们对理想、

---

① 邓卓明、张娟:《大学生社会主义核心价值观培养研究》,《学校党建与思想教育》2023 年第 5 期。
② 袁贵仁:《价值观的理论与实践:价值观若干问题的思考》,北京师范大学出版社,2013 年,第 3 页。
③ 冯建军:《差异与共生:多元文化下学生生活方式与价值观教育》,四川教育出版社,2010 年,第 177—178 页。

信念、取向、态度所普遍持有的见解。这些研究，从各个维度出发，在理论方面提供了很好的参考和借鉴。综合整理前人的成果，本书将从以下方面对当代大学生社会主义核心价值观展开探讨。

文化全球化对高校学子价值观的影响，王西婕在《文化多元化对大学生价值取向的影响》①一文中依据大学生价值观取向受文化多元化影响的积极与否总结为两方面影响：一是消极影响。多元化的文化冲击容易造成大学生在价值选择时面临选择困境，尚未成熟的大学生群体极易做出错误的价值判断，导致其形成的价值观失范，更有甚者，可能会形成犯罪型人格，对社会产生危害。二是积极影响。大学时代正是培养学生个人道德标准和价值取向的重要时期，多样化的价值观可以给予大学生更多的选择空间，开阔大学生的眼界和思维方式，更可以促进大学生个性化人格的形成，不断提高大学生的创新能力，这对社会的发展无疑是有好处的。此外，大学生对自己的价值判断标准也产生了多样性的趋势等。随着高校学子自主意识的增强，其价值观也不可避免地呈现多样化。学者们对这种现象给予了广泛的关注，其中有部分学者对价值观多样性存在的合理性进行过深刻的分析。例如，强以华曾在《价值观多元化刍议》②一文中深刻分析了当今社会价值观多元化存在的现实意义和合理性，进一步明确了现今价值观多元化的存在已经毋庸置疑。但是他同时表明，肯定价值观多元化的现状并不意味着持相对价值论的观点。同样地，在《多元文化对当代大学生社会主义核心价值观教育的影响及

---

① 王西婕：《文化多元化对大学生价值取向的影响》，《辽宁教育行政学院学报》2007 年第 3 期。
② 强以华：《价值观多元化刍议》，《湖北大学学报》(哲学社会科学版)2002 年第 4 期。

对策》①一文中,王西婕同样以二分法分别叙述了文化全球化对在校大学生存在的利与弊。该文认为:文化的全球化有助于释放大学生的创造性,形成独立的人格,加强其自身的独立精神;同时,大学生的功利化思想也越来越普遍,学子们更加注重自我价值的实现,而对集体价值的意识越来越淡薄,个人本位意识过于强烈。该文接下来的研究发现,学界对高校学子在文化全球化趋势中的个人价值观树立大多是喜忧参半。在《多元文化背景下当代大学生社会主义核心价值观培育探讨》②一文中,闫春娥就曾指出这一观点,并表示,高校学子是否能够树立正确的价值观决定了中国未来的发展道路是前进还是后退,也决定了我国社会主义事业的成败盛衰。因此,她主张,一定要加大对青年大学生的思想道德教育的工作力度,引导和帮助青年大学生培育和形成积极向上、正确的价值观,与此同时,她还就这一目标在文章中提出了实现的具体措施。王开琼就这一现象从其价值教育存在的合理性和迫切性出发展开了论述,在《多元文化背景下当代大学生社会主义核心价值观的培育与践行》③一文中一针见血地指明了高校价值观培育工作存在的窘境,认为多元与自由的文化环境确已使大学生自我定位不正确、极端个人主义的情况尤为严峻,而这对大学核心价值观培育的重要性是不言而喻的。因此,开展思想道德教育和正确价值观培育工作刻不容缓,只有这样,才能克服文化全球化对国家带来的消极影响。而在大学生社会主义核心价值观培育对策方面,

---

① 王西婕:《多元文化对当代大学生社会主义核心价值观教育的影响及对策》,《中国科教创新导刊》2008 年第 1 期。
② 闫春娥:《多元文化背景下当代大学生社会主义核心价值观培育探讨》,《市场周刊(理论研究)》2015 年第 10 期。
③ 王开琼:《多元文化背景下当代大学生社会主义核心价值观的培育与践行》,《教育教学论坛》2015 年第 25 期。

杨小勤有过精彩的总结,在《多元文化背景下当代大学生社会主义核心价值观教育对策探讨》①一文中做了如下表述:在文化全球化愈演愈烈的时代背景中,对高校学子的价值观教育问题必须将主导性与多样性相结合,既积极融合外来文化,又要发扬光大本民族文化,对外来文化取其精华去其糟粕,使其更好地服务于符合我国根本利益的主流价值观念,助其传承与发展。相较于杨小勤的总结,周海波提出的对策更加具体和生动,他在《多元文化背景下当代大学生社会主义核心价值观教育》②一文中认为,加强大学生价值观的教育,必须从以下五个方面来开展:一是提升教师教学素养,二是强化学校教育理念,三是研究价值观教育理论,四是构建价值观教育途径,五是完善价值观教育模式。

三、 研究评述

对多元文化教育的研究及实施已成为目前全世界教育改革与发展的潮流之一,增进文化了解,肯定全球文化的多样性,尊重彼此文化的独立性和存在价值,促进各民族文化的健康发展,打破文化割据主义和文化霸权主义,实现各地区、各国家、各民族人民享有平等的本民族文化受教育权和发展权,共筑全球文化的共存共荣等是在全球化背景中文化教育的理念所在。综上所述,从当前的国内外文献来看,国民核心价值观的培育受到了极大的重视。国外学者是以各自国家的文化作为立足点来研究本国的价值观培育,这在一定程度上存在时空局限和政治经济制约。但不可否认的是,其价值观研究在

---

① 杨小勤:《多元文化背景下当代大学生社会主义核心价值观教育对策探讨》,《宁夏师范学院学报》2008 年第 2 期。
② 周海波:《多元文化背景下当代大学生社会主义核心价值观教育》,《黑龙江高教研究》2008年第 8 期。

理论上的贡献以及价值观培育对其本国社会经济发展的指导意义。国内学者则立足本国国情,对新时代大学生社会价值观培育投入了较多的关注和研究,通过相关调查与研究,并取得了较为丰富的学术成果。但是,总体来讲,研究存在路径趋同、创新不足等问题,存在着重方法创新轻体系塑造、重理论缺实践检验等的倾向。本书重在以整体思维和辩证思维,尝试系统分析新时代对大学生社会主义核心价值观培育的新要求,以及培育工作面对的困境,并在结合大学生身心发展规律的基础上,开展一定的理论研究,为大学生社会主义核心价值观培育提出具有指导意义的建议,并通过实践检验,加深对个案的关注,加深对成果的检验。

在这种思想多样、价值多元的条件下,只有大力提倡社会主义核心价值观,以此凝聚全国人民的共同价值追求,才能真正在全社会形成巨大的价值共识和思想共鸣,才能保证中国特色社会主义发展的正确方向。总体而言,在全球化文化背景下,高校学子的价值观培育刻不容缓。受过高等教育的大学生群体将是未来社会的中坚力量,他们的人生观、价值观将是未来社会的写照,因此,在当前文化多元化的背景下,他们的价值观培育显得尤为重要。尽管目前已有的文献资料已经详细记录了关于培育当代大学生社会主义核心价值观的手段、途径和方法,但大都缺乏实证研究。它们对大学生的价值观培育现状调查还不够详细和全面,在相应的价值观培育手段、途径和方法的效用性上大打折扣。同时,随着文化交流的日趋频繁,文化背景正在发生变化,传统的思路和手段将会存在滞后性。而大学生年龄的变化、知识结构的变化、时代特征的变迁,都是影响培育当代大学生社会主义核心价值观的重要因素。因此,以前的学术理论研究需要进行整合,再重新融入新的时代印记和色彩来进行理论创新,从而实现当前培育当代大学生社会主义核心价值观的目标。

第三节 研究方法与技术路线

一、 研究方法

本书坚持并运用辩证唯物主义和历史唯物主义的方法论,在充分借鉴哲学、政治学、社会学、教育学、心理学等学科的研究方法的基础上,经过逻辑分析与历史考察,除了运用跨学科综合研究方法外,还着重运用以下方法:

一是文献分析法。价值观教育方法研究必须从历史研究入手。首先,要研究传统社会的教育思想和教材,马克思、恩格斯的经典著作,习近平新时代中国特色社会主义思想教育和我国近几十年来的政策文献。社会意识的历史传承决定了教育方法的继承。价值观同文化和意识形态的紧密关系,关涉理论和实践相关问题,注定了在研究方法上,应立足于当代大学生的价值观发展,对当代大学生社会主义核心价值观培育的思路进行更加合乎逻辑、更加贴近实践要求的整合与规范。我们不仅要注重逻辑上的论证和思辨,还要将社会主义核心价值观研究放在具体的文化情境中把握,没有历史教育经验的参照与指引,就不可能有现行的当代大学生社会主义核心价值观培育的方法。因此,通过查阅文献获取充分的资料,是教育研究不可或缺的方法。

二是系统分析法。系统分析是一种以整个事物为参照点的现代科学方法,着眼于事物的整体和要素、系统和结构,通过系统的相互关联和相互制约以及客观条件的研究,将目标进行优化。当代大学生社会主义核心价值观培育是一项规模宏大、结构严密、程序复杂的项目,关涉多个学科的理论和方法,因此要把大学生社会主义核心价值观培育看作一个由各部分、各要素构成的统一整体,遵循诚信有序、衔接协调、及时优化的原则,运用统筹兼顾的方法,全面把握,整体推进,使用多样化的分析手段,注重各种培育方法的综合运用,以多学科视角,注重各种培育因素的综合作用,使培育效果更加全面且具有可实践性。

三是调查研究法。调查研究是实证研究的一种具体方法,经过专门的数量分析技术,分析并确定相关属性之间的相互影响的模式以及规模。本书将结合多元化背景下影响高校学子价值观培育的因素,探讨当前的青年学子价值观培育的实际效果,并根据当前所反映的现实情况来研究培育和形成当代大学生社会主义核心价值观的手段、途径和方法,再结合实际的培育效果来确立当代大学生社会主义核心价值观培育的机制。

四是个案研究法。又称个案法、案例研究法,是对个案做深入分析研究以解决有关问题的一种研究方法。这一术语最初起源于医学诊治病案和侦破学中的刑事案例,后逐渐被推广和应用于心理学、教育学、社会学等研究中。个案研究法强调收集一切与研究对象相关的资料,包括环境因素及人际关系等,从中发现个案发展的过程及原因,进而找出问题的解决方法。其实施步骤主要包括四个阶段:第一,确定对象、收集资料阶段;第二,整理、分析、评定资料阶段;第三,指导个案阶段;第四,追踪评价阶段。个案研究法在选择研究对象上讲究个别性与典型性,在实现研究目的上可以使研究内容更深入、更丰富,在具体研究手段上具有多样性和综合性。本书即以广西师范大学为研究试点,选择有代表性的大学生为样本,深入追踪其社会主义核心价值观培育的情况,并就典型案例和试点情况进行说明,有效提高了研究的可信度与可推广度。

二、 技术路线

本书按照"问题提出—问题深研—实证探索—问题解决—应用推广"的

研究逻辑,结合当代大学生的特点进行研究设计。通过文献整理与研究脉络梳理,对社会主义核心价值观培育的源与流进行理论阐释,并通过田野调查,了解社会主义核心价值观培育的基本情况,就培育过程中存在的问题进行归因分析,探索最优培育路径,以求丰富大学生社会主义核心价值观培育的实践与理论研究内涵,为后续更深入的研究打下坚实基础。研究技术路线见图1-1。

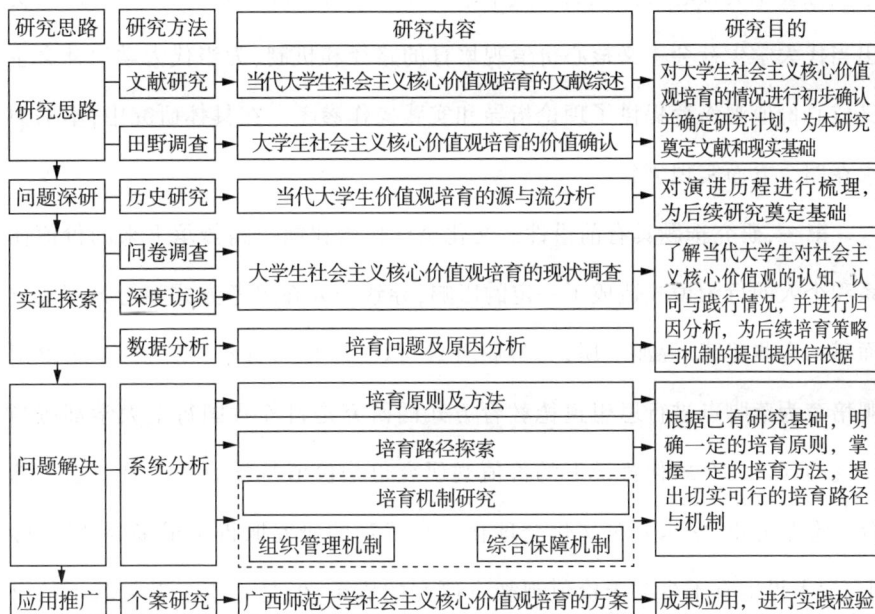

研究思路	研究方法	研究内容	研究目的
研究思路	文献研究	当代大学生社会主义核心价值观培育的文献综述	对大学生社会主义核心价值观培育的情况进行初步确认并确定研究计划,为本研究奠定文献和现实基础
	田野调查	大学生社会主义核心价值观培育的价值确认	
问题深研	历史研究	当代大学生价值观培育的源与流分析	对演进历程进行梳理,为后续研究奠定基础
实证探索	问卷调查	大学生社会主义核心价值观培育的现状调查	了解当代大学生对社会主义核心价值观的认知、认同与践行情况,并进行归因分析,为后续培育策略与机制的提出提供信据
	深度访谈		
	数据分析	培育问题及原因分析	
问题解决	系统分析	培育原则及方法	根据已有研究基础,明确一定的培育原则,掌握一定的培育方法,提出切实可行的培育路径与机制
		培育路径探索	
		培育机制研究 组织管理机制　综合保障机制	
应用推广	个案研究	广西师范大学社会主义核心价值观培育的方案	成果应用,进行实践检验

图1-1 研究技术路线

第四节 创新之处

针对当代大学生社会主义核心价值观培育中出现的一些问题,本书通过系统、深入、详细的分析和研究,为相关的教育行政部门、高校把握当代大学生社会主义核心价值观培育的基本规律,提高培育可操作性与实际效果提供借鉴。本书面对全球化文化时代背景,紧紧围绕如何培育大学生的社会主义核心价值观而进行。本书主要包括当前大学生群体发展和培育社会主义核心价值观的前沿问题和热点问题,基于现实社会与大学生发展的新变化、新特点,具有一定创新性。具体来说,本书的整个框架不仅从理论上对当代大学生社会主义核心价值观的本质进行了详细的剖析,而且认真研究了当代大学生社会主义核心价值观的实践策略。在理论解释和调查研究的基础上,提出当代大学生社会主义核心价值观培育的路径和机制,为当代大学生社会主义核心价值观培育提供了理论指导和实践操作参考。在具体研究中,本书力求在四个方面实现创新。

第一,研究选题具有前沿性。文化全球化给我国一路传承下来的价值体系和个人的行为模式造成了一定的影响,导致个人在思考方式和行为模式方面感到有些迷茫、混沌。所以,毋庸置疑,以全球化为背景,以高校学子价值观培育为落脚点进行思想道德教育方式的研究是目前我国每个大学都应当重视的项目。全球化背景下的价值观研究也是价值哲学研究的重要组成部分。迄今为止,学术界对文化全球化和价值观的研究取得了很多成就,实际上,学术界也有不少关于价值观教育研究的成果,但是基于二者关联下的研究较少。因此,对全球化文化背景下的高校学子的价值观培育研究毫无疑问是非常具有前沿性的。

第二,研究内容较为全面,具有系统性。本书在全面分析经济发展新常态下我国当代大学生社会主义核心价值观的前提下,深入探讨了当代大学生社会主义核心价值观培养的意义、内涵和特点,为进一步培养当代大学生社会主义核心价值观提供理论支持。本书系统地回答了一系列相互关联的基本规定、实际情况、形成机制和培养策略等重要问题，形成了当代大学生社会主义核心价值观的全面理论框架。特别是本书力求通过深入、全面的研究，解决文化全球化时代中的大学生社会主义核心价值观培育中存在的一些障碍，以帮助教育主管部门和各大学及其教师、学生了解培养价值观的基本规则，使价值观的培育不仅成为可能，还能提高培育的效率。笔者认为，我国当前已有的关于社会主义核心价值观的研究成果大多带有片面性且缺少应用性，而本书重点以综合性作为其属性，以应用性作为其功能，这也是本书力求做到的一种创新。

以往的研究一般会事先设置出一个符合社会发展基本规律、明确的主流价值观，再由这个主流价值观发散讨论。本书另辟蹊径，提出了笔者独特的想法。笔者以为，为了能够达到在文化全球化背景下对高校学子进行价值观培育的目的，必须兼顾目的性和规律性两个主要原则，两者缺一不可。遵循该原则的价值观培育工作就要设立两个层面的终极目标。第一层面是个人层面，即该培养工作要培育出怎样的人，笔者认为，培养高校学子树立正确的社会价值观，是为了帮助青年人成为有责任、有个性、有理想、有素质、有胸襟的"大写"的人。第二个层面是社会层面，个人必须服务于社会，社会进步的根本是个人的成长。基于这个理念，同时基于对各高校学子思想道德水平存在差异的考虑，笔者认为，既要针对高校大学生的整体层面提出一个宽泛的基础性的目标，也要对高校大学生的先进分子提出更高层面的要求，并且要努力实现这两个层面上的目标的统一。

在培育当代大学生社会主义核心价值观的研究过程中，系统研究方法已经形成初步的框架。在对当代大学生价值观培养方式的梳理上，本书摒弃思想政治理论课的单一形式，通过"四步走"的方式设计一个全面的可操作的实践计划。具体的实施措施如下：一是要改善校园风气，营造学校价值观培育氛围；提升教员教学水平，加强理论培训；树立价值观，做到校园与社会的一致统一。对社会、学校、家庭进行统筹兼顾，做好"三围"环境的有机结合。二是回到学校教育工作中，开展大学生价值观调查，了解大学生真实的生活，掌握不同年龄段、各个受教育阶段的大学生的知识存量、心智特点等，掌握大学生的生活学习规律，因材施教设置相符合的价值观培育机制，层层递进地推进大学生的思想教育工作。三是在高校与当代大学生社会主义核心价值观培育的相关课程当中，理论结合实践，用事实依据来证明大学生的价值观点是否正确，是否存在偏差，形成一个交流互动的动态学习过程，让优秀的、先进的大学生去讲解社会主义核心价值观相关理论和知识。同时，努力提升本校价值观文化培养质量，从而做到全方位的人才培养，促进本校的文化建设。四是加强社会主义核心价值观的渗透，从学校的校园宣传用语到学校各学院（部）所组织的特色活动，从高校大学生的日常生活圈到课程学习，都需要从实际出发，理论联系实际地讲解社会主义核心价值观的重要性和迫切性。

第三，研究方法具有多样性和全面性。以往学者对大学生的价值观培育的研究尚未尽善尽美，其中最主要的不足之处在于研究方法的不完善。本书深刻分析了以往研究手段的缺点和存在理由，强调使用新方法对研究成果提升的重要性，并尝试开发新的研究。在选择培育当代大学生社会主义核心价值观的方法上，本书详细而深入地分析了传统价值观培育方法的特征、缺陷及存在这些问题的成因，具体阐明了创新价值观培育方法的原则和意义，并给出了相应的创新价值观培育方法的具体方案和思路。在笔者看来，为了创造出新的方法和手段，必须结合理论与实际，总结思想与实践中的问题，兼顾理性与感性，采用灌输式与引导式相配合、理论与实践相辅相成的方式，并且集结社会、学校、专家、大众等各方面的力量，形成一个既有自我约束，又有社会监督的体系。本书也认为，不能一味地摒弃以往形成的一些理论的主张，而要从这些理论的主张中寻找其合理之处，并加以借鉴，这样有助于大学生循序渐进、主动地去接受价值观的培养。本书还认为，理性教育固然重要，但是不能忽视大学生这一群体的感性思维。一味地强调理性容易使这一群体产生逆反心理，适当的关怀和沟通容易唤起学生的共鸣。只有学生从内心深处对某一价值理念加以认同，这一价值理念才会成为其信仰和准则。本书还认为，在这个新的时代，大学生已经不再局限于校园生活，当然，寝室、校园、社团仍是他们十分重要的一部分，但是无处不在的互联网世界为他们开辟了更加广阔的学习活动空间。在注重校园环境和风气培养的同时，也必须抓紧网络环境的整治和改革，使网络成为有利于大学生道德教育实现和价值观培养的辅助手段。

第四，研究目的明确，可操作性强。在帮助和培育当代大学生社会主义核心价值观的实践方法体系建构方面，本书建立起一个兼顾科学性与效率性的培养体系，使得研究指向性更为清晰，更有可操作性。培育和树立当代大学生社会主义核心价值观是一项艰巨且十分复杂的系统工程。这个工程的内部各要素之间及其与外部环境之间的相互关系和内在联系，也表明了只有建立相应的科学联动操作机制，才能推动这项系统育人工程的有效运转。笔者认为，大学生的价值观培育是一个错综复杂的综合性课题。体系内的要素与要素之间、体系本身与体系外世界之间的关系难以一概而论，这就决定了科学性对该体系的建立的重要性。若忽视科学性的重要性，体系的运行恐怕难以保证长期性和高效性。本书主张，对目前现实操作中遇到的障碍和困难，首先，应当在领导机制上加以完善，包括中央的统筹规划、省市级的沟通部署和高校的具体实施,也包括各阶层之间的信息交流和指令传达,以及上一级部门对下一级部门的监督和下一级部门对上一级部门的汇报。更进一步说,甚至在大学内部,必须明确各部门的职责,明确高校党委书记在大学生社会主义核心价值观教育培育中的总负责地位。其次,在管理方面,首要的是完善决策机制,然后才是执行的落实,即创新培养计划的执行方式。笔者认为,大学生社会主义核心价值观培育工作要得到有序展开,必须要有相当完善的保障机制。只有有了一个强大的保障机制,培养工作才能顺利进行。具体的保障措施既包括制度层面,也包括实践层面,还应当包括后勤维护与舆论引导等层面。

第五,研究视角价值全面,立足多学科视野。当代大学生的道德与价值观教育问题是一个社会性、普遍性问题,涉及多学科、多维度研究。对学术界而言,它不仅是道德教育领域广泛热议的重要内容,也是哲学研究中一个长期的话题。从研究的角度来看,这不仅是一个关键的学术问题,也是学校在教学实践过程中必须面对的一个非常重要的现实问题;受到教育学、哲学、政治学、社会学、人类学、历史学、心理学等诸多学科的关注,并在自身学科框架下形成自身研究特色与理论观照。但价值观培育不仅是思想教育问题,更是社会层面的认识论问题,涉及政治、经济、文化、社会等多个层面,偶尔也会作为哲学问题或教育问题被注意和谈论。在跨学科的交叉式研究的趋势下,要使社会主义核心价值观培育研究更加深入与系统,需要实现学术视野突破与融合。本书在已有研究基础上,充分吸收与总结现有研究的优势,并立足多学科视野,对发展态势与不足提供丰富的价值补充。

第二章　当代大学生社会主义核心价值观培育的理论审视

第一节　当代大学生社会主义核心价值观培育的概念界定

一、价值观

虽然价值观是一个常用的概念,但对它的定义,目前还缺乏统一的认识。马克思本人没有直接对价值观做出论述,但对"价值"一词有过考证。马克思曾在《资本论》第 4 卷《剩余价值理论》中,提到"《评政治经济学上若干用语的争论》一书的作者贝利和其他人指出,'value''valeur'这两个词表示物的一种属性。的确,它们最初无非是表示物对于人使用价值,表示物的对人有用或使人愉快等等的属性"①。因而,在马克思主义一般原理指导下来看,价值根本上来源于物本身所具有的品质或属性。在这一原理指导下,罗国杰指出,价值观是"人们对周围世界的意义和价值的反映和判断,是对世界、社会、他人以及与自己的关系的一种具有系统性、综合性和稳定性的观点"②。李德顺从哲学价值的角度提出,"人们的价值意识在思维的、观念的、具有社会共同方式(而不只是个人或个体内在方式)的水平上,成为价值观念"。"价值观念却并不是指一套理论或学说,而是指人们内心深处的价值取向或态度情

---

① 《马克思恩格斯全集》第 3 卷,人民出版社,1974 年,第 326 页。
② 罗国杰:《马克思主义价值观研究》,人民出版社,2013 年,第 31 页。

感","关于什么是价值观念,简要的回答是:作为人类特有的一种精神形态,它是指人们关于基本价值的信念、信仰、理想系统"。① 李章龙则从心理学和社会学的角度出发,通过阐述价值观与人的行为、需求、信仰等之间的关系表明价值观对人的导向作用。② 进一步说,就是价值观对人的指导区别于事实判断和科学方法对人的指导,它是人在创造、改造和收获的过程中逐步形成并不断巩固的较为稳定的思维模式,是人们对生活的信念、人生的信仰、理想的追求的观念的总和,是一种引导和规范人们行为的价值标准,是判断善恶美丑、区分优劣贵贱的准则。这同样是大多数学者的共识。③ 除上述之外,还有不少学者对价值观尝试做出不同的定义,但都较为一致地认为,价值观是个人的一种价值评判标准,是引导个人行为的一项准则。为进一步把握价值观概念,需要把握其本身所具有的特征:

一是主体性。价值观只存在于人的主体当中,是主体主观标准和行为准则。价值观源于人的主体的需要,形成于人的意识,具有主体性。这种主体来源于人是区别于动物的,有意识、目的性的存在。不同的人因其所处环境、生活经历的不同会有不同的主观需要与主体意识。如何评价一件事物的好坏优劣,如何处理生活中的得意与失意,都取决于个人的需求与意识,具有主体性。

二是选择性。如果一种价值观能长期地指引生活,不管是在权威监视之下,还是自由地进行,那它一定是由自身的价值选择而形成的。压迫之下的

---

① 李德顺:《价值论》(第2版),中国人民大学出版社,2007年,第199页。
② 李章龙、张楚青:《高职90后单亲大学生异常心理分析及教育对策》,《科技信息》2009年第35期。
③ 李欣怡、任成孝、高鑫:《国外学生核心价值观教育研究及其当代启示——基于马克思主义核心价值观的思考》,《教育理论与实践》2015年第13期。

价值选择,不可能长久地得到个体的价值认同和践行。个人价值观的形成是对价值进行选择,并理解选择、珍视选择,根据选择来进行生活和形成行为等诸方面的过程。从这一角度来说,价值观具有选择性。

三是稳定性。价值观的形成过程是一个人的意识从价值心理到价值意识、价值观念发展的过程。价值哲学表明,价值观是一个人的思维水平、观念意识达到共同方式时才产生的观念。心理学表明,青年时期是青少年价值观开始成熟稳定的关键时期。只有具备社会性思维和思想意识时,价值观才算真正形成;因此,偶尔在生活中出现的思想观念,不是价值观。真正的价值观是生活中具有稳定性,并长期指引着生活行为的思想观念。"由于价值观已成为个体日常生活的一部分,它们在非常复杂的情形下发生作用,所涉及的问题通常不仅仅是正确或错误、好或坏、真或假等简单的两极……因此,价值观很少以单一而抽象的形式起作用,其中牵涉到复杂的判断,而真正的价值观体现于最终的生活结果当中。"[①]价值观的稳定性,也是一种在特定环境中的相对稳定。价值观一旦形成,行为模式也就相对定型。但是,若环境发生巨变,或者一个人经历了一些极端的变故,价值观仍会有改变的可能。也就是说,价值观的稳定性并不是绝对的,而是在某种特定环境中能够长期维持的相对的稳定性。

二、核心价值观

这里的核心价值观是指作为群体而言的核心价值观。社会的核心价值观具有社会共同价值观、形成价值共识、和谐社会生活与引导社会价值取向的功能。国家的核心价值观,是一个国家凝聚力、共同思想基础的体现,是一

---

① ［英］路易斯·拉思斯:《价值与教学》,谭松贤译,浙江教育出版社,2003年,第24页。

个国家文化软实力建设,特别是意识形态领导力建设的核心内容。由于人是一种社会性的存在,社会核心价值观也成为个体发展的主要价值引导与价值观体系构成内容。

核心价值观在价值观体系中处于核心地位,统率和支配着其他处于从属地位的价值观,是一种社会制度长期普遍遵循的基本价值原则,是一种文化区别于另一种文化的基本价值观念。核心价值观不是个体价值观的总和,是引领一个民族、一个国家思想纲领和行为模式的价值标准,是处于个人价值观之上的一种群体性的基本价值理念,是保证一个国家稳定团结的精神纽带,是一个国家、一个民族经过漫长的历史时期积淀下来的精神财富。尽管不尽相同,但是每一个国家都会有一个必须践行的价值标准,这种标准不一定标榜于口号,但是一定会践行于日常。习近平总书记提出:"如果一个民族、一个国家没有共同的核心价值观,莫衷一是,行无依归,那这个民族、这个国家就无法前进。这样的情形,在我国历史上,在当今世界上,都屡见不鲜。"①核心价值观具有如下特征:

一是主导性。核心价值观作为一个国家的思想内核,与其他价值观一道,构成一个国家的价值体系。核心价值观具有时代性,它的存在首先必须符合现阶段国家的价值需求,明确未来的发展趋势,即所谓"来源于现实而高于现实"②。核心价值观的核心地位决定了它对其他价值观具有统筹、支配的主导作用,能够协调并引导其他价值观发挥作用。反过来,其他价值观又对核心价值观起到支撑作用,共同形成一元主导、多样发展的价值观体系。

---

① 习近平:《青年要自觉践行社会主义核心价值观——在北京大学师生座谈会上的讲话》,《中国高等教育》2014 年第 10 期。
② 刘社欣:《论社会主义核心价值观的生成逻辑》,《哲学研究》2015 年第 1 期。

二是普遍认同性。一个国家、一个民族的核心价值观是构成国家、民族的每个个体共同认可、认同并践行的价值观,核心价值观是每个公民最大的公约数,因而具有普遍认同性。普遍认同性是核心价值观与个人价值观的最根本区别。若无法得到国民的情感共鸣,不被国民普遍承认,所谓的核心价值观就会失去其存在的价值。只有得到广泛认可的价值观,才能联系起人与人之间的精神纽带,才能带领国民团结一致向前看。

三是稳定性。既然价值观都具有稳定性,核心价值观自然也拥有这一特性。相较于个人价值观,核心价值观的稳定性显得更为重要。它关系到一个国家的稳定性,一个稳定的核心价值观能够确保国家的长治久安,保障国家发展的稳步向前。而这种稳定性同样是相对的,它受现实经济状况、政策目标、发展方向的影响,短时间内在人们的价值体系中根深蒂固,一旦时过境迁,核心价值观也会作出相应的调整。

四是客观性。核心价值观虽然源于人的思想意识当中,但已经高于个体的思想意识层面,而作为一种思想理论体系和意识形态独立存在。一方面,核心价值观的形成,受社会历史文化,以及国家物质经济等客观条件决定。另一方面,核心价值观作为引导国家、社会、个体发展的价值取向,其凝练和表达必然遵循国家现阶段的发展规律、执政规律等,因而具有客观性规律。

三、 社会主义核心价值观

社会主义核心价值观是社会主义核心价值体系的凝练与集中表达,是新时代我国社会的核心价值取向,具有凝聚人心、汇聚民力的强大力量。价值体系是指某个民族在一定时期内,某个社会状态中形成和发展起来的,在一定时间、空间内社会各单位的时代意识的集中反映。价值体系不仅包括某种思想,并且通过与社会政治经济紧密联系,支配着社会群体的生产生活。纵观人类社会发展历史,不同的时代、不同的社会形态乃至不同的国家、民族都有自己的价值体系。居于主导和支配地位的社会价值体系一般是唯一的,这种唯一性可以很大程度上限制非核心、非主导的社会价值体系对社会生产生活产生过大作用和影响,进而保障在一定时期内该社会处于政治经济良好发展的稳定状态。

随着俄国十月革命的一声炮响,马克思主义走进中国。自此以后,中国共产党开始利用马克思主义作为中国革命、建设和改革之路的指导思想,马克思主义中国化得以不断深化与发展。伴随着马克思主义中国化的不断发展,特别是中国特色社会主义实践不断深入,社会主义核心价值体系理论不断得以明晰并最终形成。2006 年,在党的十六届六中全会上,建设社会主义核心价值体系这一令人振奋的战略任务和重大命题被正式提出。会议明确要求,构建社会主义核心价值体系,形成中华民族奋发向上的精神力量和团结和睦的精神纽带。在马克思主义指导思想的基础上,实现中国特色社会主义的共同理想,积极发扬以改革创新为核心的时代精神,倡导以爱国主义为核心的民族精神,树立正确的社会主义荣辱观等,都是构成社会主义核心价值体系的重要内容。与此同时,民族精神和时代精神也理所当然地成为形成和培育社会主义核心价值观的内在动力和源泉。自此社会主义核心价值体系的概念正式进入了中国文化建设视野,成为中国特色社会主义文化建设的核心。会议指出,马克思主义指导思想是整个体系的灵魂。党的十八届四中全会明确了马克思主义中国化的一系列重要成果,特别突出了习近平总书记系列讲话精神对我国目前社会政治经济现状的重要指导作用。

2012 年,党的十八大报告明确提出要"倡导富强、民主、文明、和谐,倡导自由、平等、公正、法治,倡导爱国、敬业、诚信、友善,积极培育社会主义核心价值观"。2017 年,党的十九大进一步提出,社会主义核心价值观集中体现了当代中国精神,也是中华民族各族人民共同的价值追求结晶。目前,中国的核心价值观的内容涵盖了国家层面、社会层面和个人层面的价值取向,体现在社会生活的各个方面,为我国的国家发展、社会进步和个体成长提出了价值导向、标准与遵循。2013 年,《关于培育和践行社会主义核心价值观的意见》由中共中央办公厅印发,明确指出当前社会主义核心价值体系的内在核心就是社会主义核心价值观。社会主义核心价值体系的集中阐述和中心思想,高度凝练起来就是要将社会主义核心价值体系的基本特征和根本性质充分体现出来,将社会主义核心价值体系的实践要求和丰富内涵集中反映出来,这就是社会主义核心价值体系的本质所在。

2017 年 10 月 18 日,在党的十九大报告中,习近平总书记明确指出,新时代中国特色社会主义思想,是对马克思列宁主义、毛泽东思想、邓小平理论、"三个代表"重要思想、科学发展观的继承和发展,是马克思主义中国化最新成果,是党和人民实践经验和集体智慧的结晶,是中国特色社会主义理论体系的重要组成部分,是全党全国人民为实现中华民族伟大复兴而奋斗的行动指南,必须长期坚持并不断发展。[①] 文化前进的方向和发展道路都是由意识形态决定的,因此马克思主义的中国化、时代化和大众化也必须全力推进,这样建设起来的社会主义意识形态才会具备强大的指引力、领导力和凝聚力,也能够在价值理念、道德观念和理想信念等各个方面使全国各族人民紧紧团结在一起。新时期要加强理论宣传和武装,来推动新时代中国特色社会主义思想和理论,使得这些思想和理论深入人心。通过深化研究和建设马克思主

---

① 《决胜全面建成小康社会　夺取新时代中国特色社会主义伟大胜利——在中国共产党第十九次全国代表大会上的报告》,人民出版社,2017 年,第 20 页。

义理论,加大构建中国特色哲学社会科学理论体系的力度,从而加强建设中国特色新型智库这一重大工程。党的十九大明确提出一个新的重要论断,即中国特色社会主义进入新时代,同时指出要深刻领会中国特色社会主义思想的精神实质和丰富内涵,在各项工作中全面准确贯彻落实。必须坚持和充分发扬马克思主义理论,才能牢牢树立中国特色社会主义共同理想,也能够牢固树立共产主义远大理想,从而更好地践行和培育社会主义核心价值观,为全国人民提供精神指引。

党的二十大强调要"广泛践行社会主义核心价值观。社会主义核心价值观是凝聚人心、汇聚民力的强大力量。弘扬以伟大建党精神为源头的中国共产党人精神谱系,用好红色资源,深入开展社会主义核心价值观宣传教育,深化爱国主义、集体主义、社会主义教育,着力培养担当民族复兴大任的时代新人。推动理想信念教育常态化制度化,持续抓好党史、新中国史、改革开放史、社会主义发展史宣传教育,引导人民知史爱党、知史爱国,不断坚定中国特色社会主义共同理想。用社会主义核心价值观铸魂育人,完善思想政治工作体系,推进大中小学思想政治教育一体化建设。坚持依法治国和以德治国相结合,把社会主义核心价值观融入法治建设、融入社会发展、融入日常生活"。"习近平总书记关于社会主义核心价值观的重要论述,从理论和实践层面、个体与群体层面,就如何理解、培育、弘扬并践行社会主义核心价值观提供科学指导,系统立体地回答了价值观教育中的三个基本问题:在价值主体层面,回答了'谁的价值观'的问题,凸显人民的主体地位;在价值内容层面,回答了'什么样的价值观'的问题,提供了更具立体化、形象化的解释框架;在价值引领层面,回答了'如何培育价值观'的问题,特别强调了三个关键的努力方向,即遵循价值观发展的阶段性规律、发挥重点人群的榜样示范作用以及凸显'知行合一、行胜于言'的实践导向。"①

　　以马克思主义世界观和方法论为指导，以集体主义为原则，以消灭剥削、实现社会公正、共同富裕和人的全面发展为核心，以人民利益的实现为出发点、归宿和检验标准，在价值取向上坚持以人为本。这些理论是中国共产党在长期实践中形成的一脉相承又与时俱进的科学体系，是社会主义价值体系中最宝贵的精神财富，中国特色社会主义共同理想是整个体系的主题。社会主义核心价值体系，包括马克思主义指导思想、中国特色社会主义共同理想、以爱国主义为核心的民族精神和以改革创新为核心的时代精神、社会主义荣辱观。它涵盖了政治、经济、文化、伦理的所有层面。社会主义核心价值观体现了社会主义本质要求，习近平总书记指出："一种价值观要真正发挥作用，必须融入社会生活，让人们在实践中感知它、领悟它。要注意把我们所提倡的与人们日常生活紧密联系起来，在落细、落小、落实上下功夫。"②习近平总书记始终将人民的主体力量作为培育和践行社会主义核心价值观的重要基石，高度重视调动广大人民群众的积极性和主动性。他明确要求："只要是中国人，就应该自觉培育和践行社会主义核心价值观。"③中国特色社会主义共同理想将党、国家、民族、社会和个人的价值追求最大程度地有机结合，团结最广大人民群众，增强实现共产主义理想的重要凝聚力；民族精神和时代精神是整个体系的精髓。民族精神和时代精神是国家和中华民族在当今竞争日益激烈的世界长盛不衰的内在精神支柱；社会主义荣辱观是整个体系的基础。社会主义荣辱观鲜明地对人们的言行做出了

① 李畅、李亚员：《习近平关于社会主义核心价值观重要论述的思想要义》，《当代世界社会主义问题》2021 年第 2 期。
② 习近平：《习近平谈治国理政》第一卷，外文出版社，2014 年，第 165 页。
③ 中共中央文献研究室：《习近平关于社会主义文化建设论述摘编》，中央文献出版社，2017 年，第 119 页。

引导和规范，使得中国特色社会主义核心价值体系得以接地气，更具针对性、实用性、可操作性。这几方面组成的价值体系体现了社会主义本质的内在要求，兼具指导性和稳定性，同时又必须开放包容，能够自我学习、不断进步，能够在很长时期内实现自我超越。

四、 大学生社会主义核心价值观培育

青年时期可谓价值观成熟的关键时期。而青年的价值取向则决定了社会未来的价值取向。作为中国特色社会主义现代化建设的中坚力量与主力军，当代大学生是社会主义核心价值观培育的重点对象。当前，"培育和践行社会主义核心价值观是高校思想政治教育的主要任务"。加强与改进大学生思想政治教育要"以培育和践行社会主义核心价值观为根本，进一步提升大学生思想政治教育质量"[1]。2014 年 5 月 4 日，习近平总书记在北京大学师生座谈会上的讲话明确指出："青年的价值取向决定了未来整个社会的价值取向，而青年又处在价值观形成和确立的时期，抓好这一时期的价值观养成十分重要"，"青年要从现在做起、从自己做起，使社会主义核心价值观成为自己的基本遵循，并身体力行大力将其推广到全社会去"。[2] "青年要自觉践行社会主义核心价值观"，"核心价值观的养成绝非一日之功，要坚持由易到难、由近及远，努力把核心价值观的要求变成日常的行为准则，进而形成自觉奉行的信念理念"。[3] 习近平指出，"要坚持不懈培育和弘扬社会主义核心价值观，引导广大师生做社会主

① 冯刚：《坚持立德树人，强化思想引领，不断提升高校思想政治教育工作质量》，《思想理论教育导刊》2015 年第 2 期。
② 习近平：《青年要自觉践行社会主义核心价值观——在北京大学师生座谈会上的讲话》，《中国高等教育》2014 年第 10 期。
③ 同上。

核心价值观的坚定信仰者、积极传播者、模范践行者"①。这给大学生培育践行社会主义核心价值观提供了思想指导与基本遵循。培育大学生社会主义核心价值观,就必须运用生活养成和教育引导等手段让大学生主动、自觉地将社会主义核心价值观作为自己的日常行为准则和价值观念来奉行,进而逐步转化为信念和理念。注重培养大学生对社会主义核心价值观的坚定信仰,首先要增强大学生对社会主义核心价值观的理性认知。其次要深化大学生对社会主义核心价值观的价值认同;坚定大学生对社会主义核心价值观的文化自信,展现出社会主义核心价值观文化自信的时代面貌。社会主义核心价值观培育主要指高校全员、全方位对大学生社会主义核心价值观进行有组织、有计划的培育的过程。高校要将社会主义核心价值观培育与大学生的实际需求紧密结合,引导大学生深刻认识社会主义核心价值观与发展社会主义先进文化的关系,及时解决大学生在学习生活中遇到的思想困惑和实际问题,激发其学习和践行社会主义核心价值观的主动性。当前,大学生社会主义核心价值观教育已普遍纳入我国高校培养人才质量考评体系,成为当代大学生思想政治教育实践的核心内容和重要环节。

第二节　当代大学生社会主义核心价值观培育的理论基础

一、 中国传统社会核心价值观培育的借鉴与启示

中华民族有着五千年悠久的历史,创造出灿烂的中华文化。我们的祖先在先秦时代就形成优秀的传统文化,中国传统道德文化一直都是在薪火相

---

① 习近平:《习近平谈治国理政》第二卷,外文出版社,2017 年,第 377 页。

传、推陈出新中不断发展的。它正是通过理想人格和价值规范等一系列道德传承教育，引导国民进行深刻的价值思考和判断，才形成特有的思维模式。汉代以来，作为显学的儒家文化在中国传统价值观中一脉相承。从孔子的"仁"和"礼"、孟子的"民本"和"仁政"、荀子的自然主义、朱熹的"义理"发展至理学作为儒学的特殊形态，无不体现出对儒学的不断创新、改造并赋予新的内涵和活力。从传统核心价值观来看，古代的核心价值思想大概可以用"仁、义、礼、智、信"来说明其丰富内涵。"仁、义、礼、智、信"是我国传统核心价值观和道德精神最基本、最重要的范畴，是每个人思想道德修养中最核心的内容。"仁、义、礼、智、信"为儒家"五常"，孔子提出"仁、义、礼"，孟子延伸为"仁、义、礼、智"，董仲舒扩充为"仁、义、礼、智、信"，后称"五常"。"五常"贯穿于中华伦理的发展过程之中，成为中国价值体系中的核心要素。可以说，对"仁、义、礼、智、信"作全面深刻的理解，是我们认识古代中华思想核心价值观的关键，对当代大学生认识和传承优秀的中国古代文化传统，在新时代培育大学生的社会主义核心价值观有着极其重要的意义。

二、 马克思主义中人的全面发展理论

培育社会主义核心价值观的终极目的就是推动和促进大学生全面发展，培育社会主义核心价值观的价值导向也是要促进大学生的全面健康发展。当代大学生社会主义核心价值观培育就是以马克思主义中人的全面发展作为理论基础的。马克思在《1844 年经济学哲学手稿》《共产党宣言》《资本论》等著作中，通过政治、经济、社会、伦理等方面的论述，体现马克思主义的价值取向始终是解放全人类，并帮助人们实现自由全面发展。《反杜林论》表明，马克思主义政治经济学、马克思主义哲学和科学社会主义构成了一个伟大的马克思主义理论体系，而贯穿始终的就是人的全面发展的思想。

（一）人的全面发展是马克思主义哲学的价值诉求

人的全面发展是马克思主义哲学的呼唤。马克思与恩格斯早在新唯物主义构建完成之前就对历史唯物主义进行了深刻分析。历史唯物主义以社会劳动为出发点，客观叙述了人类的历史进程，并揭示了社会历史的发展规律。马克思曾在《德意志意识形态》中论述过生产力与生产关系之间存在的关系，并精辟地总结为"生产力决定生产关系，生产关系反作用于生产力"。当前的发展状况仍然可以通过生产力与生产关系的运动加以分析。所不同的是，科技的发展使得原来生产力系统中的人、物要素巧妙地融为一体并取代前两者成为第一生产力。在生产力体系中，"人"要素是指劳动者，"物"要素既包括劳动者、劳动对象，也包括劳动力资料。人们致力于对"物"的了解、掌握和运用，因为只有真正做到这些，"物"才能充分发挥其潜在价值，创造出最大收益，增加社会物质枳累，满足人民群众对物质的需求。在社会生产中，"人"借助劳动资料对劳动对象进行创造活动。劳动资料根据来源的不同，分为人化自然资源和自然资源本身，其中比较主要的是取自大自然而用于人的生产的自然资源。人对自然资源的利用程度取决于人对大自然的认知程度。也就是说，随着人对大自然认知程度的逐渐深入，人对自然资源的利用率也会相应提高。随着科技的进步，社会生产也开始受到影响，科技的融入产生了新型劳动者、新型劳动工具和新型劳动对象。新的科技制造出新的发明创造，而新的发明创造又进一步研发出新的科学技术，这就是"科学技术是第一生产力"的体现。总而言之，在生产关系中对生产力起决定性作用的要素就是"人"。自然和生产性问题可以概括为主体和客体之间的关系。换句话说，就是人类不断地理解自然、改造自然的能力。生产关系不以人的意志为转移，具备必然性，是在人类进行社会生产过程中产生的。对此，马克思做了一个非常简洁的总结:"生产关系总合起来就构成所谓社会关系,构成所谓社会。"①因此,可以把人与人之间的社会关系概括为生产关系。基于这个归纳,可以总结出两个结论:第一个结论是,"生产力论"中提到的关系和前述促进人的全面发展的思想理论是一致的,都体现为人际关系、人与自身的关系和人与客体的关系;第二个结论是,在社会生产活动中,人与生产力的关系十分密切,无法分割。

(二) 人的全面发展是马克思主义政治经济学的命运

马克思对政治经济学的研究有两个重要的方面:一个是对资本主义生产关系的研究,另一个是对资本主义生产力的研究。在《资本论》中,马克思比较全面地揭露了资本主义的本质,就是资本作为一切的中心,而人则为其傀儡。在整个资本主义社会里,资本联系着人们之间的关系,社会成员的社会地位主要靠这种关系确立。而资本家可以说是人格化的资本,如此一来就出现了一个十分荒诞的现象,即原来由人类创造出价值的资本反过来统治人类,这是发展的畸形化,这是资本概念的歪曲。追求剩余价值是绝大多数资本家的最终目标,正是因为资本家贪婪地追求剩余价值,对工人进行巨大的压迫和剥削。在这个经济制度下,资本家眼中的工人就等同于商品,资本之间的联系决定了人与人之间的关系。资本家就像购买劳动者劳动的古代奴隶主一样,希望最大限度地利用工人的剩余价值。资本家使用工人如同使用机器,工人们超额的劳动仅换来微薄的工资。资本主义把劳动力作为商品,压制了人的本性,对劳动力的过度肯定甚至超过了对人的价值的肯定,或许这可以称得上是对劳动者自身权利的否定。资本的不断升值带来了劳动者

---

① 《马克思恩格斯选集》第 1 卷,人民出版社,2012 年,第 340 页。

的不断贬值,所以应该推翻资本主义,而不是把它作为发展的方向。人类社会的发展要把每个人的全面发展作为基本原则。只有当劳动者本身的价值得到肯定时,才能推动生产力的进一步发展。虽然资本主义作为一种基本的价值观是人性的倒退,但正是由于其对物质的追求,人类社会财富从数量到质量的增长才会出现。① 马克思指出,正是资本主义的先进性创造了高度发达的社会生产力和社会生产机制。社会资产空前发展,是社会制度转型的原因。也就是说,经济基础决定上层建筑。然而,物质水平发展的原动力是资本家对资本的不懈追求。这种社会财富的发展,为人类实现充分自由发展的可能性奠定了基础。②

(三) 人的全面发展是科学社会主义的核心价值

马克思认为,无产阶级是社会发展进程中的一支重要力量,在工业化社会中占有相当大的比例。解放无产阶级包括两个方面:一是政策上的无产阶级解放,二是政治上无产阶级的真正崛起,消灭剥削和压迫等不合理的社会环境,促进平等真正的实现。解放人类的物质、精神、知识和生产关系是人类从更自然、更人性的角度解放的过程。这种解放使人类摆脱自然界对其强大控制,从而达到一定规模的生产力。人们可以通过发展科学和生产力使得自己在自然环境下美好生活,并且不会因为外界影响迷失自己,有自己的主见,与自然相互扶持。两者拥有相同的本质,即人类解放就是为了人的全面发展,而人的全面发展只有通过无产阶级的解放才能得以实现。通过历史唯物

---

① 侯捷:《增强大学生社会主义核心价值体系教育实效的对策思考》,《学校党建与思想教育》2011 年第 29 期。

② 杨业华、姚瑶、王彦:《新中国成立以来中国大学生价值观研究述评》,《鄂州大学学报》2013 年第 1 期。

主义和辩证唯物主义的理论解决社会主义的形态改变,并且结合生产力和生产关系、经济基础和上层建筑等矛盾的关系得出历史的规律性,这正是社会主义的科学性所在。因此,可以认为实现人的全面发展是社会主义发展必定会形成的产物。

(四) 人的全面发展思想贯穿于马克思主义理论体系发展的各个阶段

马克思对资本主义本质和人类发展规律的探索和披露,一直是以无产阶级和全人类的自由与消除剥削和异化为最终目标的。马克思在《1844 年经济学哲学手稿》中从人的异化的角度强烈批判了资本主义制度。此外,他还通过描述和分析市民异化现象,批判了宗教对人性的抑制,批判了资本主义和私有制,并提出了人类全面发展作为社会价值原则的理想社会。以对资本主义制度和特征进行批判为基础,马克思描绘了理想社会和未来社会。如果各民族达到高度发达的生产力目标,就能够实现人的全面发展的经济形态和基于人的全面发展的社会。最后提出了社会主义的基本形式。马克思从人的自我发展的角度出发,强调人类在文明发展进程中全面发展的重要地位,提出了与人类发展相关的"三种形式"理论。

第一个主要形式是把人与自然的关系和社会的相互依存作为基本特征的自然经济形态。在这种社会心理状态下,人与人之间的亲缘关系和归属关系都受到影响。因此,人的发展与自然和社会的关系呈现出单一、自然、本能的特征。以这种形式,人的全面发展是任何人都无法想象的。第二个主要形式是商品经济的形式。在一种形式上,社会个体对物质的依赖性很强,独立性明显,人际关系表现为异化,通过物质关系表现出来。第三个主要形式是全面自由流动的先进社会形态。《德意志意识形态》的相关描述展现了马克思和恩格斯对社会主义的态度以及社会生产关系和生产方式中产生的矛盾的运动发展的状况,进一步说明了人的全面解放和自由发展问题。恩格斯于1847年写的《共产主义原理》《共产主义信条草案》,以及1848年与马克思共同编写的《共产党宣言》都详细探讨了该问题。20世纪50年代以后,马克思、恩格斯则开始把更多关于该问题的探究写入作品中。马克思在晚年深刻地探究了未来社会主义社会的本质和内涵,提出了社会主义本质在于实现人的全面发展和社会生产力极大进步的结论。由此可见,马克思主义价值理念的核心是实现人的解放和全面发展。这个思想贯穿了马克思理论发展成熟的整个过程。

马克思主义价值观是构建新时代中国特色社会主义核心价值体系的指引。当前,青年大学生深受"普世价值"观念的影响,在精神之"钙"上有所欠缺,很重要的原因就是没有理性地运用好马克思主义价值观。马克思主义价值观建立在对资产阶级价值观的虚伪性与空想社会主义者的价值观的抽象性和非现实性的批判的基础上,是通过透视资本主义的虚伪面纱而形成的具有唯物主义科学内核的价值理念。从根本上说,其本质内涵在于"实现人的自由全面发展",这是一个人在生命历程中最根本的理想追求,也是我国培育和践行社会主义核心价值观应该秉承的根本遵循。围绕马克思主义价值观的核心理念构建当代社会主义核心价值体系,对我们正确处理现实生活中的价值观缺失问题以及培养大学生社会主义核心价值观都具有重要的作用。

（五）马克思主义价值观对新时代中国特色社会主义核心价值观具有深刻的引导作用

马克思主义价值观的本源确立体现了其具有深刻的辩证基础,在辩证中彰显科学价值和理性价值。首先,马克思主义价值观是在与资本主义价值观的尖锐斗争中确立起来的,马克思、恩格斯通过剖析资本主义经济的剥削本质,揭露了资产阶级为夺取剩余价值而形成的狭隘、势力、唯利价值理念。其次,马克思自始至终都站在无产阶级的立场上探寻人类最根本的价值目标,科学地吸收了资本主义的合理思想因素,并通过批判资本主义内在的腐朽落后观念挖掘无产阶级的利益诉求,确立了马克思主义价值理想的科学性、价值主体的广泛性、价值规范的合理性,顺应了人类社会发展进步的客观规律,体现了人类社会走向共同富裕的价值追求。为此,从本源上理清马克思主义价值观的内涵和实质,对发挥马克思主义价值观在社会主义核心价值观上的引导作用具有深远意义。

三、 习近平新时代中国特色社会主义思想的价值导向

以习近平同志为核心的党中央高度重视青年一代对国家未来的影响,形成了关于青年发展的系统重要讲话精神。习近平青年观大致可划分为三个部分,包括"基于青年时代价值赋予的青年认知观、基于青年时代价值养成的青年成才观、基于青年时代价值实现的青年工作观",该理论贯穿了年轻一代从理论到实践不断成熟的整个时期。

第一,习近平的青年认知观。青年认知观,即青年人在国家发展、社会发展中处于何种地位的认识。一直以来,青年人作为国家的新兴一代,始终被认为是国家的未来和希望,是促进国家发展和民族进步的中流砥柱。国家积极鼓励并且极力引导青年人树立正确的人生目标,脚踏实地,积极进取,把我国建成富强、民主、文明、和谐的社会主义国家。习近平总书记对青年人亦抱有热切的期望,他曾经说过:"国家的前途,民族的命运,人民的幸福,是当代中国青年必须和必将承担的重任。"①第二,习近平的青年成才观。明确了青

---

① 《习近平致全国青联十二届全委会和全国学联二十六大的贺信》,《人民日报》2015 年 7 月 25 日第 1 版。

年人对社会、对国家、对民族的价值和地位，习近平的青年成才观又进一步对广大的青年一代明确了努力奋斗的基本方向和要求。一是青年人成长阶段。习近平总书记认为，为了祖国的发展事业，为了个人的进步和未来，青年人应当"坚定理想信念，练就过硬本领，勇于创新创造，矢志艰苦奋斗，锤炼高尚品格"[1]。此后，这五项又被凝练概括为 16 个字，即"志存高远、德才并重、情理兼修、勇于开拓"。习近平总书记鼓励青年人在成长的过程中既要注重自身德的培养，又要注重能的积累，为成为中华民族未来合格的接班人打下良好的基础。二是习近平总书记十分注重青年一代的价值观的培养。他认为，青年的价值取向，决定了未来社会的价值取向。引导青年人培育健康价值观，扣好人生第一粒"扣子"关系到整个社会的未来。青年人的价值观处于发展的关键时期，有很大的塑造空间，若在这个时期青年人的价值观扭曲，便极有可能一步错，步步错，甚至危害社会的和谐和稳定。习近平总书记要求青年人积极培育社会主义核心价值观，努力学习科学文化知识，提升个人思想道德水平，增强判断是非的能力，踏实做人、扎实做事。第三，习近平的青年工作观。为了体现对青年一代的关爱，习近平总书记对青年人的工作提出了一系列规划意见。一是重视教育。学校是培养青年人才的主要场所，青年人大多数的实用技能、科学文化知识、思想道德修养都从学校中获得。习近平总书记曾提出将青少年的培养工作放在国家所有工作的前列，并将持续落实下去。同时，他还对广大人民教师发出号召，鼓励他们在教学活动中融入中国元素，构建出中国特有的具有世界水准的现代教育体系。要想实现中华民族伟大复兴，就必须重视思想教育理论，且此理论必须要与时俱进，这是复兴中

---

[1] 张耀灿、陈万柏：《思想政治教育学原理》，高等教育出版社，2001 年，第 130 页。

华民族实现中国梦的重要基石,也是我国得以快速发展的有力保证。二是重视理想信念教育。习近平认为,使青年人拥有坚定的理想信念是思想政治教育的核心,是价值观发展的高级形态,是当前加强和改进当代大学生思想政治教育的核心任务。在理想信念教育中,习近平总书记强调"要用中国梦打牢广大青少年的共同思想基础,教育和帮助青少年树立正确的世界观、人生观、价值观"①,要使青年人将中国梦作为自己的历史使命并且培养其勇于承担的社会责任,要让实现中华民族的伟大复兴成为青年一代的时代主题。为了实现这些目标,青年人的先锋队——中国共青团要通过各种实践活动传达教育理念,在青年人中唤起对"中国梦"的共鸣。② 三是携手同心,关注青年群体。培养出一代合格的中国好青年不仅是学校的责任,也不仅是家庭的任务,而是需要包括学校、家庭、社会和国家各个方面的协同共治。各级党委和政府宣扬呵护青年人成长成才的理念,培养全社会关注青年人健康发展的良好风气;推行社会改革,改善教育环境,营造公平公正的社会环境,鼓励青年人创新创业;出台优惠政策,鼓励青年人发扬艰苦奋斗精神,深入贫困和边远地区,为祖国的教育事业奉献自己的一份力量。同时,完善社会对青年学子的创业服务,帮助他们平稳度过从学校到社会的过渡阶段;提高教育质量,加强对教育体制机制的改革,找出教育工作中的漏洞并加以完善,通过优秀教师培养优质人才。

四、 西方多元文化背景下价值观教育理论的借鉴与启示

20 世纪 60 年代,西方社会思潮活跃,社会文化多元化引起诸多社会道德难题,价值教育研究在西方兴起。在此过程中,形成了一系列成熟的价值教

---

① 中共中央文献研究室:十八大以来重要文献选编(上),中央文献出版社,2014 年,第 281 页。
② 张艳涛:《知识与信仰:当代大学生精神世界研究》,中国文史出版社,2014 年,第 42 页。

育理论。我们应借鉴其理论成果,结合中国特色社会主义大学生人才培养状态,获得有益启发。

（一）西方价值观教育理论的借鉴

西方价值观教育(value education)一般指价值教育,其外延的界定宽泛,包括道德教育、公民教育、通识教育等具有价值导向的教育活动,与科学知识教育相对而言。

1. 生活教育理论

美国著名的教育家、哲学家杜威在实用主义哲学思想指导下提出"学校即社会,教育即生活"的教育主张,提出教育应当以儿童为中心,反对任何脱离社会实践的强行灌输。为了能行之有效地培养儿童价值观,必须要结合学生自身的成长发展规律,通过理论联系实际的形式加以引导。

杜威的价值观培养理念以学生为主体,尊重学生的主观意识,强调个性的培养,并且鼓励学生释放出个性。他极力反对强硬的约束性的灌输教育,认为自由地让学生在实际环境中进行学习并由其独立做出审慎的决定更加有利于价值观的培养。而年龄水平、智力水平等也应当纳入因材施教考虑范围。杜威强调,应当让学生在相互合作中提升自己的道德水平。杜威的教育理论为核心价值观教育事业的发展做出了巨大贡献。后人的许多理论都是以他的理论为拓展的基础。然而,杜威对道德理论教育的完全否认态度过于极端,有待商榷。①

2. 价值澄清理论

价值澄清学派主张,在社会道德意识淡薄、社会秩序混乱的情况下,人们

---

① 参见[美]阿历克斯·英格尔斯《人的现代化》,四川人民出版社,1985年,第22—25页。

身处其中,面对相互矛盾的价值观之间的冲突,根本不可能有一种价值观脱颖而出,成为社会的核心价值观,因此每个人都应当顺应自己的人生经历和经验,选择出适合自己的一套独立的价值观。就个体价值观形成的主体性而言,学者进行价值观教育是无权,或者说是不合法的,价值观应当是个体选择的结果。通常主张学生掌握价值澄清策略,以在发生冲突时能够理清自己的价值混乱,并且通过自我解释、自我批评来摆脱迷茫状态,更好地适应价值观日益多元化的现实生活。价值澄清理论主要包括以下四点:第一,从自己的实际出发,结合自己的生活经验正视生活中遇见的问题;第二,尊重并接受他人不同价值观的存在,不要去试图评价他人的价值观;第三,深入思考,在多种不同的价值选择中明确个体需要什么、珍视什么,并据此付诸相应的行动;第四,学会自我指导。最初的价值澄清学派由于过度重视个体在价值观形成时的重要性却忽视了群体作用而备受诟病,因此他们又给评价过程加入了交流等环节,补充社会交往的重要性。但是,该学派归根结底仍是强调价值观形成的个人性、主观性。[①] 根据价值澄清主义的主张,老师在学生价值观形成过程中的作用仅仅是指导学生使用前述价值评价过程。老师主要应当做到如下几点。一是鼓励。老师的鼓励从多方面发挥作用,包括鼓励学生独立作出价值选择并充分使用这种自由、鼓励学生做出思考,判断什么是有价值的、什么没有价值,鼓励学生将自己的决定付诸实践,按自己的选择去生活。二是帮助。老师必须在学生面临选择时帮助其发现更多的选择机会,在学生作出选择时帮助其认清选择可能的后果,帮助学生有意识地重复他作出的选择。总而言之,老师在学生价值观形成过程中所起的作用是十分有限的,一

---

① 参见[美]卡伦·荷妮《神经症与人的成长》,国际文化出版公司,2007年,第79页。

切主动权都掌握在学生自己手中,学生有完全的自由形成自己的行为方式和生活理念。

价值澄清理论的具体操作方法。该方法操作的核心思想是:随着社会高速发展,人们对社会现状和人际关系感到普遍迷茫和不知所措,产生个人价值观的空白。而该方法认为,既然社会环境不断变化,就应该从学生的自身体验、成长环境着眼,培养他们的创造性,人多的时候群体之间要注意和谐共处,保持良好的人际关系。要使用这种方法最好是以道德教育的实践或学校价值为核心,来引导学生对复杂的人际关系、社会关系和实践采取全方位的思考分析,让受教育者学会舍弃肤浅的短视行为,而着眼于符合更多人利益的长远目标。同时,在尊重个人尊严的前提下,极力增强每个人相互合作的能力。该方法认为,价值观是个人的、相对的,每个人对自己该拥有怎样的价值观可以有自主选择的权利。价值观的培育不可以是被传授或灌输严肃任务,与其让学生被动或被迫认同或接受灌输的价值观,不如引导受教育者澄清自身价值,从而指导他们不断调整自身去适应不断变化的世界,通过塑造理性的个人从而形成一个理性的世界。该方法有四个关键构成要素:第一,注重对生活的关注,强调解决好现实中存在的实际价值观冲突;第二,强调接受他人,引导受教育者尊重并接受他人的思想、观点、立场;第三,进一步思考反省,把自己所持有的价值观融入日常生活;第四,培养个体的能力,使个体审慎而全面地分析问题,实现理性的自我规范。

该理论尽管在西方世界长期受到诟病,但由于带来良好的学习效果,其影响力与日俱增。经过研究比对,该理论为当代大学生价值观的培育工作带来一些启发和借鉴。第一,该理论比较契合我国社会经济发展的现状。第二,该理论所突出的对每个个体的尊重,以及每个个体对他人的理解和接纳,对我国高校如何进一步运用好主体性和主体间性有很大启迪。第三,该理论始终注重对受教育者的物质和精神上的关心,对我国高校改变以往简单的校生关系有很大的指导作用。当然,该理论也存在很多缺陷:比如容易忽视社会文化的功效,过分强调价值的地位,而容易在判定价值时出现相对主义倾向;又如,该理论过于强调教育的程度和形式,将教育的核心定位于评价过程,忽略了其他重要内容。而该方法在实践操作中往往将传统方法彻底抛弃,无法利用传统方法中存在的一些宝贵因素。

3. 道德认知发展理论

道德认知发展理论的产生背景与价值澄清理论相似,都是在个体社会道德价值观混乱,甚至是道德危机的情况下提出的。道德认知发展理论的主要代表是美国教育家柯尔伯格。柯尔伯格在总结吸收皮亚杰、杜威、涂尔干等教育家的经验的基础上,结合美国城市中心在道德教育方面的实践经验提出该理论。道德认知发展理论以道德认知为核心,具体而言是以道德思维发展为核心。柯尔伯格认为,对学生进行道德价值观的培养不应当超过学生本人达到的道德水准。关于道德水准的定义,他解释道,一个人道德方面的成熟不应由其尊崇的引领者的道德选择来确定,而是应根据个体本身是否能够独立作出道德判断和坚持自己的道德原则来确定。根据学生道德判断和选择能力的不同,对其施加的道德价值观教育也是有阶段性的。学生只有不断积极发展自己的道德思维,提高在道德冲突中的判断和选择能力,使自己的道德思维进入更高阶段,才能接受进一步的教育。柯尔伯格将该理论运用于具体的价值观教育活动中,并明确了在实施道德教育时教师应当遵守的原则:教师在实施教育活动前要了解学生的道德思维所处的阶段,在明确学生所处的阶段后通过引起学生真正发生矛盾的价值冲突,传授学生在其道德思维阶段中应当运用的思维方法。由于具有较为坚实的理论基础和较为丰富的操作经验,该理论在西方国家得到广泛的应用。宏观上,该理论强调社会交往对价值观形成的重要性;微观上,它也十分注重个体通过具体道德冲突的解决实现道德思维的发展。① 这对道德教育的实践借鉴具有十分重要的意义。但是,这种理论也有不足之处。首先是可操作性方面。教师要了解每一个学生的道德思维阶段,本身就是一项浩大的工程,更别说评价道德水平的标准十分复杂。道德水准呈现出运动发展的状态,教师不论从质上还是从量上都面临巨大的挑战。其次,传统意义上的教师尚未能摆脱"教""授"模式,让其作为认知矛盾的促进方,存在一定的难度。最后,该理论本身过于强调道德认知、判断等理性方面的重要性,忽视了个体的情感与行为的作用,不符合理论联系实际的原则。综上所述,道德认知发展理论仍须与其他理论相结合才能产生其真正的效用。

道德认知发展理论的具体操作方法。柯尔伯格认为,在思想道德教育过程中一定要重视培养大学生的道德判断能力和道德推理能力,从而让大学生自己能独立地作出越来越成熟、越来越准确的推理和判断,帮助大学生建立起公平、正义、平等的认知体系,并能够较为深入地理解和掌握这些认知体系,最终推动德育目标的实现。根据这种理论,柯尔伯格认为,人的道德认知和发展能力由低到高可以划分为六个阶段,每两个相邻阶段之间都呈现出较大的心理进步和更成熟的道德判断。他的核心观点包括三个内容:第一,道德发展包含于认知发展,而反过来认知发展又是道德发展的基础,认知发展通常是指人生存所处的社会环境。第二,强调逻辑思维能力发展推动道德判

---

① ［美］路易斯·拉思斯:《价值与教学》,浙江教育出版社,2003 年,第 24—45 页。

断力发展。道德发展伴随个人的成长是具有阶段性的,各阶段之间是按部就班依次进行的。第三,人的思想道德发展跟社会环境之间有很紧密的关联性。

柯尔伯格运用道德认知发展相关理论提出了两种操作方法来实现这个理论。第一种是道德讨论法。在道德教育过程中给大学生设置各种各样复杂的情境或带有一定困难的问题,从而让学生意识到思想道德具有冲突性,并引导他们讨论如何看待和解决这种困境,进而达到提高大学生道德判断力的目的。在道德讨论法的开展过程中,一般会为教育者设置一个道德两难或冲突的故事,然后引起受教育者的思想道德认知上的冲突,同时激发他们对这种两难问题如何进行道德选择和判断的讨论。受教育者通过深度参与讨论,能够很快地获得讨论中出现的新道德观念和道德推理方法。与此同时,受教育者也可以更加直接地了解和认识各种道德观点的优点和不足,从更加全面的角度去认清事实和观点,认识到建立起相互理解和合作是非常重要的思想观念。第二种是公正团体法。它是柯尔伯格提出的较为完善的方法。该方法从多个方面进行学习环境的创设,如学校建筑设计、校园规划和班级教室布局等显性环境,还有校园内的人际关系、课堂教学的合作氛围,以及学校、家庭、社区三者之间的互动频率和互动水平等隐性环境。鉴于隐性环境在道德学习中占有极为重要的地位,重视道德学习环境,特别是隐性环境的创设已成为道德教育研究的一种热点。该方法突出了在团体中进行道德教育的必要性和重要性,通过团体民主管理来强调道德教育的作用,慢慢地转换观念,将以前比较侧重于道德教育的认知转化为对具体道德教育实践行为的重视。

柯尔伯格的道德认知发展理论的具体操作方法,对世界各国教育界的理论构建和实践行为有很大影响,被广泛地运用于许多国家的青少年道德教育中。显然,该方法在实践中也暴露出不少缺陷,对该方法要加快研究分析,提取方法中科学的部分,剥离其不完善、不成熟的部分,并合理加以运用到社会主义价值观教育工作中去。

4. 社会学习理论

顾名思义,社会学习理论强调社会学习在价值观教育中起的主导作用,代表人物有班图拉、米切尔等,其理论前身是行为主义心理学和吸收认知发展理论。社会学习理论的基础是"人类的行为是个体和环境相互作用的产物"。在日常生活中,人们获取知识与技能的主要途径是观察、模仿其他人在类似情境中的反应,简言之,就是学习。人们通过学习将别人的行为模式、思维方式、理论知识、生活态度转化为己有,学习的高级模式是将从外部环境中机械性的学习升级为内在强化学习,即通过预测自身行为可能产生的后果进行行为模式的模拟练习。该理论认为应当为学习创造出有利的道德环境和心理调节机制,以促进更好的学习。① 基于前述观点,该理论的支持者列举出若干实践措施。其中两种措施比较具有代表性:第一种称为榜样示范法,该方法指发挥榜样在学习过程中的激励作用;第二种方法叫强化法。社会学习理论总结了社会环境、人的内在调节机制与个体道德发展之间的关系,强调了外部环境与榜样激励对个人道德发展的影响,主张应当重视对学生内心自我调节能力的栽培。社会学习理论的弊端在于过分强调外部因素对个体道德发展的影响,忽略了人的主观能动性在道德发展中的作用。此外,理论先行于实践是其另一个弊端,在具体的实践活动中,该理论缺乏行之有效的措

---

① 赵康太:《试论美国思想政治教育的社会化、具象化和实践化路径》,《思想理论教育导刊》2007 年第 4 期。

施和方法,亦使该理论难以得到验证。

社会学习理论的具体操作方法。该方法的核心内容是注重每个人的实践都是个人与他所处环境持续且相互作用的结果,在现实的复杂社会生活中,人们一般是通过观察和模仿其他人的一些行为来获得相应的能力、行为和知识的,把这种人与人之间社会行为的学习称为"社会学习"。社会学习的具体操作方法一般有榜样示范引导方法、道德强化法、行为矫正法、文化传递法等。这里着重介绍两个典型而有效的方法:

第一,榜样示范引导方法。所谓榜样示范引导法通常也称为典型示范法,利用一些很典型或能够作为榜样学习的、正面的、先进的人和事来给他人进行示范学习和引导教育,或者是利用一些反面的、落后的人和事来提醒他人,给后人以警示作用,从而达到提高人们的思想认识和水平的目的,让大学生通过这种教育方法来规范自身行为。① 榜样示范引导法认为道德价值观教育的主要手段就应该是通过榜样示范来完成。通过观察和学习榜样人物的示范,受教育者就能够完善和发展自己的思想道德发展趋向。榜样是全方面、多方位的,包括来自家长、老师、其他人的各种引导和示范作用,可能会具体为某些图像、语言描述和符号等有关示范信息,甚至还包括大众传媒和学校氛围环境的潜移默化的示范作用。但是根据选取的人和事的特征,示范作用的性质也不完全一样,有的是通过正面的、积极向上的正能量来引导和教育他人,有的是通过反面教材或反面例子来达到警示他人的目的。教育就是通过这种引导学生观察学习榜样的方式,让学生主动、自觉地模仿那些学生认为好的值得学习的榜样的方式来完成自己的教育职能。在实践生活中具

---

① 陈万柏、张耀灿:《思想政治教育学原理》,高等教育出版社,2007 年,第 226 页。

体需要注意几点要求：一是学习的榜样必须具有较为鲜明的特点，且相关的事迹要生动，让人产生共鸣，最好带有一定的幽默和风趣性，这样比较易于激发受教育者的学习兴趣；二是榜样的选取带有针对性，最好是与受教育者拥有相同或相似的环境、生活背景、年龄和兴趣等；三是相对于受教育者来说，榜样示范行为要具备可操作性；四是榜样的行为必须是真实的；五是榜样的行为应当有感化人性的效果，能够触动受教育者的内心，激发他们模仿的意愿。

第二，道德强化方法。该方法的支持者把在道德培育实践中的强化手段作为道德行为形成的主要渠道。受教育者通过模仿榜样的行为，并将其转化为自身的行为模式，并且在外界的奖励刺激下，这种模仿再转化的学习模式就得到不断强化。受教育者在学习开始阶段主要依赖奖惩手段，随着自觉性的不断增强，个人就会把这种良好的行为模式确定为个人习惯，并且通过自觉行为来对周边的规范和标准进行判定，从而达到自我规范、自我指导。

5. 价值教育反省理论

价值教育反省理论以反省理论为基础，由克里夫贝克率先提出。该理论以人们的主观情感作为判断价值的依据，认为所谓价值就是能给人类带来幸福感的，而幸福感是人类的基本追求。因此，人类的价值实质上是人类本能的一种对基本需求的倾向性，只是由于文化传统与实践的不同形成了不同的表现形式，以至于需要人类进行甄别和提炼。在价值教育反省理论主义者看来，学校在教育中扮演的角色就是确定和提炼那些实质上是人类价值的不同文化形式，将其展现在学生面前，鼓励学生针对这些具有不同外在形式的价值进行自我反省，在课堂中呼吁学生通过自我反省进行价值观的检验和确立。与此相适应，克里夫贝克提出了一系列行之有效的方法，主要有问题中心法、对话法、理论讨论法等。由于这些方法十分注重人们普遍承认的内容，师生们从中寻得了前进的方向。同时，该理论终于能将理论联系实际，是一种具有综合性质的价值教育理论体系，体现出务实的基本倾向。

6. 人性论

哲学来源于人类试图对主客观世界进行理性认识。而这种理性认识的基本范畴之一就是研究人类自身。正是人类对自身本质的持续探索形成了人性论。从古至今，人性论不断地得到发展和丰富，已逐步成为综合社会学、人类学、宗教学、心理学、教育学、生物学等各门类学科理论与观点的学说。从历史发展的角度来看，社会性和阶级性对思想家研究人性的过程和结果产生了很大影响。

西方学者、思想家对人性善恶的争论也是众说纷纭。其中持"性善论"观点的学者众多，最为著名的代表人物是法国著名思想家、教育家卢梭；马基雅维利、路德等人则倾向于性恶论；而康德、弗洛伊德则认为人性不是全善全恶，而是既有善也有恶；孔德等人则支持无善无恶。这些学者的观点对如今西方的思想发展有着比较大的影响。

人性论中比较接近核心的课题就是对人的本质进行深刻的研究。马克思主义对什么是人的本质有过较为详细的阐述。同时，西方资产阶级思想也对何为人的本质做过大量的论述。双方都立场鲜明，交锋已久，观点有很多矛盾冲突之处，但两派别的大量论述都极大丰富发展了人性论。

自公元5世纪以来，西方世界精神领域成为神学的统治范围。在政教合一的历史背景下，人独立的人格和权利都被神通过神学的理论框架剥夺。一直到公元14世纪文艺复兴开始，代表着新兴资产阶级的思想家们才开始提倡从神权中夺回人的本性，主张让人的理性、人的价值、人的尊严回归人本身。随后,一大批思想家、哲学家、文学家,如卢梭、康德、孟德斯鸠、黑格尔,从多个方面对人的本性做出了阐述。"天赋人权"是这些阐述的核心部分,进而成为资产阶级打败封建制度的思想炮弹。其中,卢梭认为"人生来是自由的",康德则提出只有人自己才是"自己目的"的存在。而黑格尔则更加极端地把存在的地位交给了一种所谓"绝对精神"的理性。随着资产阶级革命性和进步性的不断削弱,资产阶级所持有的人性论逐步抽象化人的本性。被分裂和异化后的人性逐渐成为资本主义在全球范围内持续扩张的侵略武器。

在资本主义人性论逐步沦为落后的统治工具后,马克思主义在 19 世纪风起云涌的欧洲大地应运而生。相比资产阶级学说,马克思主义因其批判性而对人性做出了更深刻、更科学的阐述。马克思主义认为人的本质属性并不是单一的,而是"三合一"叠加的自然属性、社会属性、精神属性的高度有机综合。利用三者可以对人本质属性进行解构。这三种属性贯穿了人类从古到今的发展历史。人类的自然属性就决定了人的生存必须依赖自然界。而社会属性又让人类进一步开展实践活动,不断地生产创造,对自然界进行改造,这也是人类与其他动物相区别的重要特征。除此之外,人还具有精神属性,这是三种属性中较为高阶级的属性。由此可见,人既是客观存在的主体,又是主观能动的主体。人在认识和改造世界的同时,也能认识和发展人的自身。1942 年,毛泽东在延安文艺座谈会上谈到了这样的人性观点,人性并非具有抽象性而是具体的,阶级社会中人性特征必然带有阶级性,而这种阶级性永远无法脱离阶级本身。毛泽东对超阶级的人性论观点的批判,在本质上与马克思的人性论观点是一致的,指出不可以脱离人的社会性孤立、抽象地谈人性、博爱、自由、平等,否则就会导致一种"看似矛盾的灾难性后果"。

在中华人民共和国成立后的 30 年间,人们的封建思想和小农意识等一些陈旧、腐化的旧社会价值观都已经初步被破除,并逐步形成新型的社会主义核心价值观;不仅如此,同人类社会发展进程一样,我国的价值观也经历了一个艰难、曲折的探索的过程,也是在曲折中不断完善和发展的。① 20 世纪 70 年代末改革开放以来,我国对人性论的深入研究,进一步解放了我们的思想,人们开始更加全面而深刻地看待人性。社会主义核心价值观的培育依然可以借鉴人本理念的思想,而人们对这种理念的追求和推崇也可以极大地丰富和推动社会主义核心价值观的持续完善。

人类的生物特征主宰了人生活、学习的所有过程和周期。人具有的自然属性带来的生物性特征是人类进行教育和接受教育的基础前提。不断努力地丰富、发展着自己具有的人性,为的就是实现目前和潜在的人类的美好愿景。每个人在成长过程中的原生状态各不相同,遭遇的生活学习环境也大相径庭,因此每个人的人性发展具有很大的差异性。在《论人学视域的德育目的》一文中,张澎军教授在阐述人性发育过程时,划分出了"自然人""自在人""自为人"三个层次。德国哲学家、思想家康德提出人的本性包含三种原初禀赋,即动物性禀赋、人性禀赋、人格性禀赋。由此可见,在不同阶段不同的禀赋因素的影响下,人性自然会具有复杂性、丰富性、多样性的特点。因此正确的价值观教育具有重大意义。价值观教育的根本目的,就是引导人们选择对人类生存发展更有益的、符合人类共同利益的价值观,使得他们成为自己意志的主人,从而解读出人类生命的真正本义。马克思主义人学理论的内涵就包含着这样的观点,即人类发展所期望的理想状态是消灭资本主义分工

---

① 邹宏秋:《社会主义核心价值体系教育论纲》,浙江大学出版社,2008 年,第 242 页。

所带来的畸形的、片面的人,充分发展其能力和素质,使其成为全面、自由、充分发展的人,脱离人性的束缚从而形成个性自由。我国处于社会主义初级阶段发展过程中,价值观教育在借鉴、创新、发展中注重统一控制理性价值与工具价值的配合使用,使得两者都能够发挥良好的作用。

价值观教育应结合人性论进行实践。充分结合科学人性论相关研究成果,对价值观教育是一种很好的参考。在当今时代背景下,应当注意如下三个方面:第一,既要强化集体性价值观教育,也要不断优化个性价值培育;第二,更加强调人性中共同价值的教育,突出人类共同的价值追求;第三,将人的自然属性纳入价值观教育,更多关注大学生成长所需要的物质条件。要关注人的社会属性,加大教育环境的优化力度。作为一个开放性的系统,现代思想政治教育本身也是兼具包容性和开放性的,人类社会发展的变化性和历史性也都充分说明了社会环境和条件对人性的形成和发展是有一定的推动作用的。从古至今,每个人从出生到生命结束的那一刻,都离不开社会属性的支配,人所得到的任何物质乃至情感体验主要是通过社会关系中的互相联系、互相作用而得到的。大学生从生理年龄上讲已经步入成人阶段,社会关系也基本构建完成。与社会关系的交流、自身的生活学习的经验,都是他们的价值观不断丰富发展的土壤,都会对大学生的价值观形成一定程度的影响。

7. 主体性理论

从理论维度,纵观世界发展历史,个人的素质在社会发展中的重要地位是不言而喻的,如何更好地发挥个人主动性越来越受到各国专家学者的重视。随着社会发展自由化程度的不断提高,人的个性得到长足的发展,个人的主体人格、主体地位、主体权利也日益得到更充分的尊重。当今社会的主流价值观和取向已然成为大众对自由、和谐全面地追求。所以,在当前新的社会大背景下,在对当代大学生社会主义核心价值观培育的过程中,要格外注意主体性理论和主体间理论在现实社会实践中的运用比例。

近代哲学基本理论之一就是主体性理论。主体和客体是哲学理论中非常常见且非常基础的一对概念。人之所以能够不断认识和改造世界,主要在于人类具有别的物种所没有的特征,这个特征就是强大且唯一的主观能动性。社会实践活动的发起者和实施者便是主体,而社会实践活动针对的对象便是客体了。主体和客体是人的认识和改造活动的重要哲学概念。而主体性就是主体进行针对对象的实践活动中,依靠主体本身能力,发挥创造性的作用于客体的特征,也就是所谓的"人的自觉能动性"。具体指主观性、自主性和创造性。

近代社会,人们不断地张扬、解放和显现人的主体性。近代一些西方哲学家和思想家就是从当前的历史社会背景和现状出发,对人的主体性进行了较为深入的思考。众所周知的"我思故我在",是一段著名的唯心主义观点,这个观点来自 17 世纪的法国哲学家笛卡尔。这段话可以当作一座里程碑,标志着人的主体性开始被纳入哲学的基础命题,近代主体性哲学相关研究就此拉开大幕。随后以莱布尼茨、康德等为代表的一批哲学家对该命题进行了持久而卓越的丰富和发展。而马克思也对人的主体性投以极大的研究热情。马克思认为应该将人的发展过程划分为三个历史阶段,其中最后一个阶段就是以实现人的自由和全面发展为目的。而他的划分就是以人的社会关系和人的主体性特征发展为分析切入点的。除此之外,马克思也着重研究了人的能力在实践中的增强和发挥,并认为人的才能是人的价值的主要表现形式。同时,也要注意到,人的主体性如果不能得到有效把握,容易膨胀成为自私性、占有性、排他性。存在主义哲学家萨特所说的"他人即地狱",表现为人与人之间冲突而带来人的主体性丧失。而体现在人与自然关系中的则是"杀鸡取卵""竭泽而渔"式的粗暴索取。在国家与国家的博弈过程中,殖民主义竞相扩张和霸权主义的现象愈演愈烈。美国当代著名哲学家弗来德·多尔迈更是用"主体性的黄昏"这一论断,全面、深刻地批判了现代社会中存在的一系列极端、狭窄和不成熟的主体性现象。

一些西方哲学研究者又不失时机地提出了主体间性,从而使得主体性理论走出了理论危机。主体间关系的规定性就是主体间性,它是主体与主体之间的统一性、调节性和相关性。胡塞尔作为西方现象学派创始人,提出应该用主体间性和交互主体来取代主体性,而主体间性这个名词一经问世,便对当时的社会认知模式产生了巨大的影响。他认为每个人的主体性都是独立的,并且这是独立的客体存在于同一世界,由于包含于同一空间中,那么每个主体之间就产生了主体间性,而这种主体间性就是共同性。这种共同性可以在一定程度上消解个人主体性的狭窄、自私,某种意义上有一种集体主义倾向。个人主体对客观事实的共同认识,把主体较为紧密地连接在一起。在此基础上,更多的主体间性观点被提出,哈贝马斯认为主体间性是某种人与人之间通过语言沟通产生的精神和道德连接,他指出独立的个人不能作为人类生存发展的基础,"双向理解"才是人类交往的基本点。

随着现代社会政治经济的不断发展,现代哲学也在不断克服主体性中存在的缺陷和瑕疵,并且逐渐形成一个新的理论框架,这个理论框架的核心内容就是主体间性。所以,当代的哲学也被称为主体间性哲学,主体间性哲学也是现代哲学的代名词,在前文里面马克思主义将人的发展和社会形态划分成第三阶段里提到的"人类主体间性的本质"阐述了只有群体性和个体性对极端性的摆脱,人类才能真正实现自由解放。

综上所述,主体性与主体间性之间并不是简单的替代关系,而是紧密联系且辩证存在的。主体间性是主体性在哲学理论的丰富和完善下不断推进的结果,主体间性其实就是超越和整合了主体性。主体间性理论使现代哲学得到了进一步的发展和丰富,也使得现代哲学的空间拓宽了不少,主体间性的实质就是"在新的基础上重新确立主体性"。对主体间性进行本质回归,会发现主体间性仍然是主体性的一种更高阶段的表现形式。马克思主义理论早就提出论断,人的本质更具有现实性,实际上是社会关系的总和。由此可见,主体性与主体间性不可割裂研究,而是应当互为辅助互为补充,才能更加全面深刻地分析问题。

在高校开展价值观教育,要特别注重大学的教育特点和大学生的主体性特质,灵活合理地运用好主体间性是目前的核心内容。必须强调教育者主体性作用是进行当代大学生社会主义核心价值观教育最核心的部分。因为在教学关系中,教育者的主动性和能动性更大。只有教育者的主体性、能动性得到了充分发挥,作为受教育者的大学生才能被激发出现有和潜在的能力。在这里,要解决两个方面的内容:一是一定要充分明确发挥主体性作用的目的,也就是说要充分激发大学生愿意接受价值观教育的主体能动性和自觉性。二是要激发教育主体的能动性和创造性,要合理地根据大学生的生理和心理特点,进行更具针对性和实用性的教育。当代大学生社会主义核心价值观教育过程中,可以从四个途径去优化教育者主体性作用的发挥程度。第一,要从创新的角度出发,认真规划当代大学生社会主义核心价值观教育的方案,丰富教育方法、手段和工具,不断汲取经验、不断提升教育水平。第二,优化教育活动的组织。从合理设置的教育规划方案出发,精心组织筹备当代大学生社会主义核心价值观教育任务,有条不紊地展开执行计划。第三,要强调教育者在教学关系中的主导地位。第四,开展思想教育必须得从大学生这个群体独有的特点出发,这样才能有利于达到期望的思想教育目的,思想价值观教育才能取得预期的良好效果。

由以上就主体性、主体间性理论及其关系开展的论述,能够发现,现阶段当代大学生社会主义核心价值观培育中需要主体间性理论作为理论指导的必要性。主体间性的理论框架为新时期在高校校园内开展当代大学生社会主义核心价值观培育极大地拓展了空间。充满青春活力的当代大学生求知若渴,个性突出,对各种事物充满了好奇和热情,这必然将受教育者的主体性充分发挥出来。这都要求从主体间性出发,认真改变长久以来的传统教育模式中过于简单的主客体观念,摆脱教育者的主体性膨胀的困境。在新的观念和新的指导理论中,大学生不可以再被当作简单的被动受教育者,而是同样可以发挥能动性、创造性的主体。因此,在现阶段的大学生社会主义核心价值观培育实践过程中,我国各高校应当更加合理地依照教育者和受教育者之间教学关系的客观现状,综合把握校生、师生之间的现实规律,才能激发两者共同努力,为推动当代大学生社会主义核心价值观培育的崭新境界而不断创造、不断进步。

基于每个人本性都具有社会属性,交往是处于社会关系中每个人进行生活生存必要的条件,而这种交往必然是主体间性的重要内容之一。德国哲学家尤尔根·哈贝马斯认为,主体性的理性在每个人交往的过程中也充分得以表现出来。交往中带有的理性,具有和作用于自然和社会的理性所不同的特点,更多地表现为每个人与其他人之间的沟通协调,是一种非强迫性的一致原则。这种交往理性表现在教育中时,则主张交往已经贯穿于教育始终,过程中的每个主体都是平等的,通过互动式的教学关系实现各个主体的提升。在这样的交往理论要求下,我国各高校应当尽快而切实地提高教师作为教育主体在当代大学生社会主义核心价值观培育关系中的沟通素质和交往能力,让"交往"在大学生价值教育中产生应有的效应。

(二) 其他国家价值观教育启示

其他国家价值观教育理论形成发展具有特有的时代背景和历史文化背景。我国大学生社会主义核心价值观培育具有社会历史和时代特有的痕迹,在教育对象、内容和目的上也是随着时代的变化而不断变化的,具有较强的特殊性。因此,培育当代大学生的社会主义核心价值观就必须要结合当前的时代特征、背景和现状来进行分析和探讨,并进行总结。

1. 尊重受教育者的主体地位,促进主体价值能力发展

价值观教育特别强调教育对象的主体性,特别是主体选择、主体自主性甚至反对教育者对其价值观形成的干涉。主体是相对于客体而言,主体性就是主体相对于客体在一个体系中展现出来的特点,具体可以区分为能动性、实践性和创造性。人的基本属性就是主体性,现代社会需要人发展自己的主体性,这对促进经济的发展、文化的繁荣、社会的进步具有十分深刻的意义。在教育活动中,教育者要尊重学生的主体性,鼓励学生充分发挥主体性,激发他们的主观能动性、实践性和创造性。价值观具有鲜明的主体性,当代大学生社会主义核心价值观必然要求突出学生主体性的培养。这表现为价值认知、价值选择等价值能力的培养,这些应该纳入社会主义核心价值观培育的目标范围之内。"从其内涵来看,是个体作为道德实践活动的主体,依据通过独立自主、主动积极的理性思考后选择的道德原则,自主、自觉与自愿地做出

道德选择与道德行为的素质或能力。"①

　　如今,越来越多的国家开始将学生主体性道德素质教育放在教育的首位,而现代核心价值观教育的指导思想也体现在对学生主体地位的重视上。教育必须兼顾学生的认知、价值观和行为,通过道德指引而非道德灌输,采用相互探讨的方式,使学生在潜移默化中树立健康的价值观,教师在整个教育活动中扮演的角色是引导者、辅助者而不是教育活动的管理者。这也是尊重受教育者主体性的表现。在教育中,如果尊重学生的主体性还不够,对学生进行灌输式教育为主,就会导致核心价值观教育效率低下,难见成效。具体表现如下:

　　第一,不能仅从社会的和谐稳定等极为宽泛的社会层面来宣扬核心价值观发展的重要性,没有体现出对个体的重视和尊重,也使个体本身忽视其自身的主体性。第二,灌输式的教育方式无视学生自身存在的主观能动性、创造性和实践性,使学生成为价值观教育的被动接受者,无视学生个体的个性化培养,也无视学生的兴趣和需要,导致课堂教学内容与现实生活脱节,达不到培育核心价值观的目的。第三,一方面忽视学生的主体性,另一方面又通过教条式教育使学生产生道德认同感。这种权利义务上的不平等不仅无法得到其希望得到的效果,还可能使学生产生逆反心理,产生扭曲的价值取向,比如在面对困难时无法或者完全没有意识去发挥自己的主观能动性,一味害怕和逃避。又比如,在教条式的教育下,学生丧失自己思考的能力,不管是在学习中还是在社会实践中,都表现出一种没有主见的循规蹈矩。这些对学生的发展都是非常不利的。一个国家、一个社会是由个人组成,个体的道德水

---

① 杨方:《社会转型期大学生价值观的嬗变——以 20 世纪 70 年代末至 21 世纪初为例》,《北京青年政治学院学报》2010 年第 4 期。

平将通过集合影响整个民族的道德素养。为此,我们在进行核心价值观教育时,要从根本上做起,重视每个人的个体性。

2. 核心价值观教育要注重受教育者个性的培养

共性与个性是人身上的两种基本属性,共性体现出人的社会性,而个性则体现出人的主体性。每个人都是生活在大社会中的独立的个体,因此,无论是人的共性还是个性都在一定程度上受到各种各样的社会环境、人文习惯等外界因素的影响。共性与个性并不是对立的,人为了适应复杂社会中的群体生活,就必须学会妥协,个性要求必须迁就社会的要求,个性只有与整个社会环境和谐共处,其存在才是稳定的,才能得到更大的发展。个性在很大程度上代表创造力,而创造力是促进科技发展的原动力。因此,培养创新型人才符合我国科教兴国、人才强国的国策。培养创新型人才的基础就是保护和鼓励人的个性的存在和发展。发达国家一致将发展人的个性视为教育的最终目的,一个人的个性同时也是一个人的价值,个性的发展也是价值的开发。因此,发达国家在培养青年人的价值观时很强调青年人个性的养成,有意开展一些社会实践活动、科学实验、模拟比赛等,给学生培养兴趣爱好、展示才华的机会。譬如,许多国家都专门设立一些咨询指导机构,向有需要的青年人提供各类辅导,其中,以解决学生在学习、工作、生活中面对的心理问题为主要任务的心理咨询对青年人价值观培养的引导作用最为强大。它通过心理疏导使学生在外界开导和自我疏导中实现心智的成熟,有利于其独立人格的生成。为了使心理疏导能更大程度地实现其价值,这些国家往往对心理咨询人员设立种种准入门槛,要求其必须受过专门的心理咨询训练,或者是该领域的专家。21 世纪开始,世界发生了翻天覆地的变化,经济发展突飞猛进,科学技术水平日新月异,经济发展已然开始进入信息化时代。知识、创新、信息逐渐成为推动经济进步的关键要素,个体所呈现出来的独立意识、创新能力等优良品质在这个时代显得弥足珍贵。与此同时,为了适应社会的多元化发展,为了适应国际的多极化状态,我国必须对经济的体制机制和增长方式进行实质性的改进。具体到实践中,必须在培养个性化人才方面加把劲,转变传统单调统一的模式,将人才培养模式一步步向多元化、多层次化发展,才能适应我国经济结构愈加复杂、经济发展不平衡的现状。纵观我国价值观教育事业发展的全过程,对青年人价值观培养的认识在不断刷新。比如,"科教兴国战略"的实行给价值观教育提出了因时制宜、因地制宜的新的科学发展要求,强调使每个学生都能够获得素质的全面提升、个性的自由发展;再比如,随着网络技术的推陈出新,要将数字化应用于理论教育,充分发挥互联网在贯穿、联系世界各地之间各类信息源的优势,使全体学生都能享受科学技术发展带来的对其个人能力、爱好、个性发展方面的好处。这些都再一次强调了在 21 世纪应当要重视学生的个性化教育,学校的道德教育也应当要适应这一新要求,如此才能保证中国价值观教育事业的活力。邓小平同志曾经说过:"时间不同了,条件不同了,对象不同了,因此解决问题的方法也不同。"①因此,教师应当更加具有针对性地落实教育工作,参照不同学生的不同情况,采用适应本地区背景和特点的教育方法,充分激发出学生的个性和创造力,提高学生应对未来在学习、生活中不断出现的新的挑战的能力。

3. 知行统一,注重引导受教育者自觉地进行道德实践

核心价值观的教育活动从根本上来说不单是理论知识的灌输,更重要的是将理论运用于实践,寓学于行。只有当学生能够在实践中将个人理想融入

---

① 中共中央文献研究室:《邓小平关于建设有中国特色社会主义的论述专题摘编》,中央文献出版社,1992 年,第 300 页。

社会理想，并以此严格控制自己的言行，形成优秀的行为模式时，道德教育才可称得上成功。实践是践行道德教育的重要途径，是培养学生核心价值观的基本要求，是一个理论联系实际的过程。一个人的道德品质包括他对道德的认知、情感，也包括他对道德的坚守，更包括他对道德的践行。其中最重要的是道德的践行，它是体现个人道德水平高低的基本标准。在个人将道德认识转化成道德行为的过程中，实践起着至关重要的作用。首先，实践来源于认识并且推动认识的发展。个人只有通过道德实践才能切身体会到道德的力量并且加以认同。当且仅当个人进行道德实践时，其对道德的认知水平才能得到提高，才能更好地对自己的道德行为加以约束。其次，认识是为了更好地实践。只有经过实践的检验，才能肯定道德认识的发展方向，道德认识才能逐步发展成为道德行为，实现知行合一。综上可知，为了弥补价值观教育活动中存在的知行不合一、理论脱离实际的漏洞，必须重视实践活动在教育活动中的重要性，通过实践提升道德水平。一些价值观教育较为成熟的国家就十分强调实践对理论教育的重要性，而道德实践更是价值观教育活动中的关键环节。例如，学生可以通过对规范行为进行模仿和重复使自己的优良习惯得到固定，而其进行"角色扮演"可以身临其境地体会不同社会角色应当遵守的社会规范。在上文中提到的几种价值观教育理论都对道德教育的实践性予以了肯定，都强调在道德教育中要重视对学生进行理论传授和实践的统一。然而，我国现阶段的价值观教育活动对实践的重视有流于形式化的趋势，易导致学生理论与实际脱节。在现阶段的教育中，应当将教育的重心转移到指导学生寓理论于实践中、解决实际生活中的道德问题上来，将培养学生自觉解决道德矛盾的能力作为教育的根本目标，以学生的积极主动作为教育的根本途径。为了达到这个目标，仍然应当重视对学生进行必要的理论教育,在此基础上,结合教育活动设计的实践活动和现实生活之中真实遇见的道德实践活动,帮助学生将正确的价值观固化为其本身的习惯和信念,并指导他们在日常生活中坚持这种习惯和信念并付诸实践。关于学校、教师如何进行指导、引领工作,笔者以为,可以通过以下形式开展实践活动:通过创设一些实践情境,以角色扮演的形式让学生感受不同社会角色在其社会定位中应当遵守的社会规范和行为准则,鼓励学生在模拟过程中谨慎地思考,分析面临的道德矛盾,主动进行价值判断,独立地做出价值选择,使其实现道德、思想、行为、情感上的统一,达到知行合一的目的。最后,在进行道德评价时也应当考量道德实践能力,将学生了解、坚持、践行道德标准作为综合评价标准,以此来提高道德教育的质量。

4. 实行人文方法与现代科学手段的结合

核心价值观教育作为一种道德教育,同时也是一种人文教育,直接目的是将教育的结果转化成学生本人的主体意识和行为模式,最终目的都是实现人的价值的全面发展,教育理念是以人为本。所以,核心价值观的培育首先必须做到"尊重人、理解人、重视人",充分发挥个人的主体性,保护和发展学生的个性,其次才是将社会责任感与使命感内化为学生自身的信仰。此外,作为一种人文教育,价值观教育理论应当将人文精神,如尊重科学、处理好人际关系和人与自然的关系等,贯穿于教育活动过程当中。人文教育的方法区别于自然科学的教育方法,它不是一种实证方法,而是基于个人的经验能力产生对自然、社会和人生的主观认识的方法。我国在教育方面素来有诸如言传身教、榜样力量、知行合一、修身养性等具备典型人文性的教育理论,这种优良传统在我国推行价值观教育过程中能发挥出独特的价值和优势。在任何领域,都应当与时俱进。在落实核心价值观教育的过程当中,不仅要灵活运用传统的人文教育科学方法,还要将现代科技手段融入教育,这也是现代科学技术突飞猛进给社会带来的便利和挑战。21 世纪是一个信息化的时代,各领域的竞争因为信息的高速流通变得更加激烈。此时,若一味故步自封,坚守于传统的教育方式而不加以创新,价值观的教育工作将无法适应社会化程度日益上升的学生的需求。① 因此,为了适应社会发展的需要,也是为了教育事业自身发展的需要,核心价值观的教学方法也应当推陈出新,融合现代化科学技术。但是不主张现代科技的拿来主义,主张的是将现代科技进行再创造,使其融入教育的各个环节,使得价值观教育在信息的采集、处理、传播、反馈、评估等方面实现全面现代化。这种现代科技的应用不是一次性的应用过程,而要跟着科技发展保持同步更新。核心价值观教育对现代化手段的引入将为教育注入新的活力和时代气息,为价值观的培育工作营造出与时俱进的人文环境。所以,一方面,要时刻注意网络、大众传媒等信息技术和心理测验、咨询等现代科技的走向与对教育活动可能带来的影响,主动接受并积极改造其成为培养现代意识和主体人格的有效辅助手段,发挥信息时代的优势。另一方面,也不能盲目沉浸在科技发展给人类带来便利的喜悦当中,时刻警惕这把双刃剑可能导致的不良后果,在实际运用中尽最大的力量消除其可能对思想道德教育带来的消极影响,结合传统的人文教育方法,提高教育的效率。

5. 注重课堂教学教育的同时,突出隐性教育方法的运用

核心价值观教育理论的改革和创新,既包括理论层面的改革创新,又包括教育方法的改革创新。教育的根本目的不变,始终是培养具有时代精神的

---

① 石云霞:《论社会主义核心价值体系教育的基本要求》,《思想政治工作研究》2007 年第 3 期。

高道德水平、高实践能力的人才。但是,随着时代的变化,国家的政治、经济、文化也在高速发展,青年人的心理状态与以往已十分不同。传统德教理论和方法已经不能适应这种现状。特别是我国在该理论的初级阶段主要停留在纯理论的研究上,鲜有对实施策略和方法的研究。即使随着研究的进一步进行,人们逐渐开始意识到实践的重要性,道德教育重理论轻实践的本质没有改变。为此,在稳步更新、发展、完善理论层面知识的同时,迫切地需要寻求行之有效的具体方法来改进我国的核心价值观教育理论。

第一,改进我国课堂教学,加强课堂教学的创新。思想政治理论课是我国目前使用最为普遍的德育方法,事实上,这也是大多数国家都会采用的最基本的形式。为了提高这种纯理论教学的效率,必须对课堂教学的内容和方式方法做出科学合理的设置。首先是课程的设置要合理。课程作为理论课的主要内容,也是德育的载体。课程内容应当根据本地区的实际情况、本国的教育政策、本民族的教育规律、本阶段的教育目标,结合学生的思想道德水平进行选择。其次是教学的方式要合理。虽然理论课主要以老师口头讲授为主要方式,但是在上课过程中,老师可以通过加强与学生对课堂内容的互动,积极调动学生主动学习的热情,带动学生的思考,引导学生主动接受、积极学习。应当明确的是,老师只是课堂教学中的引导者、鼓励者,应鼓励学生敢于质疑、敢于展示自己,结合日常生活中可能碰到的实践难题,充分给予学生思考和选择的机会。如此,学生便容易在欢快的课堂学习中提升道德修养水平、道德判断能力和行为能力,为道德实践打下良好的基础。

第二,优化学校校园文化和环境。作为学生的主要活动场所,校园文化环境和文化氛围对学生的价值观的形成十分关键。校园文化体现了一个校园的风气,主要由校容校貌、教学管理制度、道德规则和行为准则组成,是一个学校具备的一种与众不同并且持久稳定的精神面貌。在进行学生的思想道德建设时，往往都要以该校的校园文化为载体，包括校园文化的思想性、知识性和艺术性。在校教育对学生人文素质和道德修养的培养主要是通过氛围的感染、榜样的激励、文化的渗透、管理的健全、自然环境的影响等多角度多方面共同推进的，这种影响不是一蹴而就的，而是在长期的校园生活中通过点滴积累、潜移默化而成的。因此，为了更好地推进道德教育，必须重视校园文化的建设，争取营造出一个富有青春活力和精神感召力的校园氛围。要达到这个目的，首先要具体阐述一下校园文化的内容。一是物质层面的内容。校园文化首先体现在校容校貌中，干净整洁的校园环境更有利于学生的心理健康，同时，也能培养学生正常的审美观。二是制度层面的内容。校园文化的主体是师生，师生作为校园内的一个群体，应当有完善的规则制度加以约束。制度的制定应当遵循合理性的原则，在充分考虑师生的合理诉求与接受能力之后进行。三是精神层面的内容。学生在文明、健康的校园环境中更容易树立正确的价值观。校园的精神文明主要体现在学校优良传统的积淀上，形式上的表现有校训、校史，这些都是校园精神文明的载体。四是校园群体中榜样的带头作用。学生在群体中往往较容易被他人的言行影响，尤其是那些较为出色的人的言行。没有对比就没有前进的概念，校园文化中的良性竞争也是引导学生做出规范行为的有效手段。但值得注意的是，此处的榜样必须是一个具体的目标，只有树立一个具体的目标，学生才有动力和紧迫感去努力并收获成功。

第三，营造积极、活跃的校园氛围，让校园活动更加丰富多彩。社会实践就是通过教育者进行组织并引导受教育者积极去参加各种各样的社会实践活动，在改造客观世界的进程中顺便改造和完善他们的主观世界，使得他们的认识能力、理解能力和思想觉悟都能够不断提高,有利于让他们培养良好的思想品德。① 如果道德教育课程是为了夯实学生的理论基础,那么社会实践就是在培养学生将理论知识运用于实践的能力。社会实践的计划性远远不如思想政治课程,学生能从一项活动中获取怎样的思想观念具有极大的偶然性。甚至,学生参加活动本身就是带着不一样的目的进行的,如欣赏爱国主义的电影,有人从艺术角度考量,有人带着敬畏之心去膜拜,有人则完全抱着一种娱乐的心态。这既是实践活动难以控制的原因,也是实践活动对个人价值观念培养十分重要的理由。学生在活动出现道德矛盾时去思考、判断和选择,接受自己认为正确的价值观。活动的主要特点是娱乐与教育并存,比如体育竞技既可以锻炼身体,又可以培养人的竞争观念。"五四"纪念日活动既可以丰富学生的课余生活,又能有效地激发大学生的爱国情怀,进一步培养大学生的爱国主义情感。同时,社会实践对学生而言也是最直接的一种道德实践的方式,学生在社会实践中践行既存于脑海的思想道德观念,将理论诉诸实际行动,可以提高道德行为能力,促进学生的全面发展。在教育理念较为先进的许多国家,劳动教育也是校园课程设置的一部分。劳动教育可以使学生在生活和就业方面得到更加全面的指导。大多数学生认为,学生积极参加劳动锻炼不仅能培养学生吃苦耐劳的精神,还可以使其树立为国家利益服务的奉献精神。笔者也认为,在学校设置劳动教育课程对学生的成长和价值观的养成非常有帮助。具体的形式多样,可以建立校园服务平台,为学生提供校内服务的机会,也可以将实践活动扩展到校外,组织青年志愿者到社区服务、去边远地区支教,还可以支持、引导学生实施开展社会调研,增进学

① 参见陈万柏、张耀灿《思想政治教育学原理》,高等教育出版社,2007 年,第 224 页。

生与社会、他人之间的交流和理解,让学生在活动过程中树立健康积极的道德价值观。

第四,建立良好融洽的人际关系,要对心理健康咨询和教育活动足够重视。一般来说,学生的大部分认知都是来自社会实践,在社会实践中获知理论。而和谐的人际关系能够引导学生的思想认知向着良好的方向发展,对提高道德水平起着重要的作用。校园中学生的人际关系十分简单,主要有两种,一种是师生关系,另一种为同学关系。为了提高学生的思想道德素养,首先必须有良好的师生关系。学生首要的任务是向老师学习。因此,对老师而言,要树立优秀的教师形象。老师的言行是学生的第一模仿对象,一个优秀的老师能够让学生从心底产生敬佩之情。老师对学生的影响是在潜移默化中产生的。不应当将师生关系简单地理解为上下级关系,从某种角度而言,学生与老师应当是处于平等的地位进行思想交流的。这种平等性要求老师尊重学生的人格和个性,学会倾听学生的意见和想法,关心、鼓励学生,而不是训斥学生。笔者认为这样的关系应称为平等、民主的师生关系。而这种平等、民主的师生关系对培养学生自由、民主、平等的思想意识和理念是十分有利的,也能进一步使师生关系更加密切,进一步实现沟通交流。其次要有良好的同学关系。校园中的同学关系多是建立在同龄人群体当中的。同龄人之间的相互作用往往要超过其他人能够施加的作用。因此,学校应当积极营造一种和谐的校园环境,鼓励学生之间健康交往,增加他们沟通交流的机会,如此既能培养学生团结友爱、互相帮助的集体意识,对学生个人的身心健康也是十分有利的。同时,集体更能激励学生的竞争意识,良性竞争对学生的成长进步意义非凡。在上述两种校园关系的基础上,要充分重视学生的心理健康。学生的心理健康状况往往能通过学生处理校园关系体现出来。但是,必须严格区分品行问题和心理问题的界限。诚然,两者的外在表现差异可能并不明显,但对学生道德修养的影响大相径庭,不能混淆两者,尤其不能将心理问题一概而论,认为是学生的品行问题。为了实现这一点,老师必须了解学生,关爱学生的心理健康,必要时对学生进行适当的心理教育。

第五,关注网络时代背景下的思想教育。当前新型科学技术的进步发展使得传统枯燥的课堂教学模式已经难以适应当代思想道德教育的需求,因此传统的课堂说教模式必须加以突破和创新,要不断变革和创新现代的思想教育模式,创建多元化的新型思想教育模式。一方面是适应信息化时代信息高速传播的需要,另一方面是为了激发学生接受思想道德教育的兴趣,提高德育的实效性。计算机及互联网的普及给全球化思想交流带来了极度便利,高校大学生接受的文化观念和价值观念的数量及新颖程度也远非信息化时代之前的学生能比。在这样的情况下,大学生思想观念碰撞越来越激烈,学生对价值观念的思考越来越活跃。但是,网络是一把双刃剑,有利也有弊,这把双刃剑对学生带来的负面影响更加不容忽视。互联网信息的鱼龙混杂与学生自我鉴别能力薄弱相互作用,容易导致学生价值观混乱。为此,国家必须加强网络安全的管理和教育,加快网络安全软件的开发。学校也应当建立本校的思想道德教育网站,为学生提供思想道德、心理健康方面的咨询服务。同时,学校还要加强学生对不良信息鉴别能力的培养,从根本上缓解不良信息对学生的不良影响。对社会而言,绿色上网、健康上网是每个公民的基本义务,网络安全应当由每个公民共同来维护,共同创造出安全健康的网络文化氛围。

第六,倡导自我教育。自我教育理论强调的是个人本身在其价值观念形成的过程中所承担的责任,要求学生在明确思想道德教育的目的和自身发展的需求之后,通过自我认识、反思、选择、调控,主动、有计划地对自己实施改造活动,从而达到提升个人思想道德水平的目的。该理论十分重视学生的主观能动性,要求学生有积极寻求道德升华的意识。事实上,自我教育在学生良好的思想道德素质的形成过程中是十分必要的,这一程序具有不可替代性,是对学生进行思想道德教育时的一种内在要求。从某种角度来看,个人的成长本身就是一个自我否定、自我改造的曲折向上的过程,也就是自我教育的过程。而将自我教育引入价值观教育活动,对学生发挥主观能动性,自由、主动地进行价值选择和价值实践起到了很大的帮助作用。对自我教育理论的落实,具体来讲,可以从三个方面进行:首先是以身作则。以典型的学生模式为例,模型既是学习和行为的标准,又是一种微妙的影响。其次,从古代和现代文化资源中汲取先进思想教育学生,可以用"借古鉴今"的方法来提升学生的思维能力,拓展他们自学的领域。最后是营造良好的氛围。形成学校思想道德教育的主流,在主流意识形态的指导下,学生要增强自觉性,例如推荐具有较高教育价值的书刊,督促学生养成读书的习惯。

第三章　当代大学生价值观培育的源与流

大学生价值观培育对国家和民族发展意义重大,必须坚持正确的方向引领,社会主义核心价值观则是我国大学生价值观培育的方向指引与必要内容。社会主义核心价值观并非凭空而来,而是具有坚实的实践基础与知识观念基础。对我国大学生的价值观培育开展研究,有必要对当代大学生价值观培育的源与流进行梳理,对价值观培育的历史起点以及伴随培育过程的国内外环境进行充分了解。

第一节　当代大学生价值观培育背景

一、国际背景

20 世纪 80 年代开始,资本主义与社会主义都出现了新的发展与变化,世界开始朝着政治多极化、经济全球化、文化多元化的新局面演变。伴随着互联网等信息技术的普及与知识经济的快速发展,这些综合因素构成一种国际背景,深刻影响着当代大学生社会主义核心价值观的构建。

(一)资本主义新发展

资本主义自诞生以来,就始终处于意识形态的舆论中心,深刻影响着人们价值观的发展与变化,也影响着人类社会的政治、经济与文化生活。纵观资本主义的发展历程,已走过资本原始积累阶段、自由竞争阶段、垄断阶段和国家垄断资本主义阶段。在经历第二次世界大战后,国家垄断资本主义又从衰败中逐渐恢复,并呈现快速发展,最后进入滞胀时期。20 世纪 80 年代以来,尤其是在冷战结束后,资本主义在调整、改革和演变中进入一个新发展时期,出现了许多新变化,也具有了许多新特征,对当代大学生社会主义核心价值观培育产生了重大的影响。

其一,第三次科技革命使机器大生产时代转变为以信息技术为核心的自动化生产时代,这一改变极大地促进了资本主义生产力的发展。由于科学技术飞速发展,生产力获得了新的发展空间。其二,由于科技的发展,西方发达国家的第三产业数量急剧增加,这便会造成蓝领工人的减少和白领工人的增多,工人阶级科技文化水平获得提高,直接推动了社会生产力的发展,产业结构的调整在无形中也促成了就业结构的调整。其三,在第二次世界大战后,生产社会化程度提高,西方国家金融资本与工商资本进一步融合,股份公司长足发展,出现高新技术行业的新型公司,公司兼并层出不穷。企业组织形式的新变化增强了垄断资本抵御风险、增值自身的能力。其四,西方发达国家开始实行计划经济,利用各种财政货币政策和社会再分配政策调节国民经济运行,国家从市场经济的"守门员"转变为经济发展的干预者,在一定程度上缓解了资本私人占有对生产力发展的制约,提高了国民经济的总体效益。其五,西方发达国家利用其经济优势、科技优势甚至军事优势,在经济全球化乃至整个世界体系中占据主导地位,把广大第三世界国家变成它们的廉价资源供应地、获取高额利润的投资对象和推销剩余产品的市场,为资本的扩张和增值开辟了新的天地,从而使自身财富不断增加。这些资本主义的新发展都对当代大学生社会主义核心价值观培育带来了较大的冲击。

20 世纪 80 年代开始,我国对外开放与交流逐渐深入。但是,青年学生思想上还具有不成熟性,知识储备也不够充足,容易对资本主义产生模糊乃至错误的认识。此外,在学术交流中,一些专家学者对资本主义的错误描述也会让大学生的思想认识混乱。资本主义的新发展与大学生价值观培育息息相关,这也对大学生价值观培育提出了新的挑战。因此,当代大学生社会主义核心价值观培育的重要任务,应包含帮助大学生正确认识资本主义社会的新发展。只有通过核心价值观的培育,引导当代大学生立足马克思主义的立场、观点和方法,辩证地看待问题,正确认识资本主义的本质,准确地分析资本主义的新发展,才能消除大学生思想中的疑虑,纠正其认识上的偏差。总而言之,只有着眼于资本主义的新发展,才能让大学生对资本主义具备科学的认识,使之能够更加坚定社会主义理想信念,树立科学的世界观、人生观、价值观,进而促进当代大学生社会主义核心价值观培育。

（二）社会主义新变化

优化当代大学生社会主义核心价值观培育,社会主义新变化与其对大学生价值观的影响同样不可忽视。20 世纪 80 年代以来,中国总结社会主义国家以及新中国成立 30 多年来的经验,深刻剖析了"什么是社会主义,如何建设社会主义"的问题并作出科学回答,逐步建立起中国特色社会主义理论体系。

苏联解体、东欧剧变与中国特色社会主义兴起作为世界社会主义运动中的重大事件,对世界产生了深刻的影响。前者意味着社会主义运动的挫折,后者意味着社会主义的前进;前者意味着社会主义运动跌入低谷,后者意味着社会主义运动迎来新时代。错综复杂的社会主义发展道路,会让许多人产生迷茫与困惑,也冲击着当代大学生的思想观念。如何正确认识社会主义的发展进程,理性看待苏联与东欧社会主义的演变与中国特色社会主义的兴起,成为困扰青年学生思想观念的一个重要问题;如何正确回答这一问题,也是当代大学生社会主义核心价值观培育的重要使命。只有解答了这一疑问,才能在青年学生心中立起风向标,使青年学生坚定马克思主义理想信念,潜心致力于中国特色社会主义建设;也只有解答了这一疑问,才能够使青年学生精神奋发、意志昂扬。基于这一认识,在 2000 年 6 月中央思想政治工作会议上,江泽民同志提出希望全党共同深入研究如何认识社会主义的历史发展进程、如何认识资本主义的历史发展进程、如何认识我国的社会主义在实践过程中对社会以及国际带来的影响、如何认识当今的国际环境和国际政治斗争等当前直接影响干部群众思想活动的重要问题,在政治与思想上都取得进一步的认识。这一会议实际上回应了社会主义社会的新变化所带来的问题与影响,提出了对当代大学生社会主义核心价值观培育的新要求。

(三)当代世界发展新趋势

20 世纪 80 年代以来,国际环境发生了深刻的变革。知识经济出现于 20 世纪末,是一种建立在知识的产出、分配和应用基础之上的全新的经济形态,它的发展是当代世界的第一大趋势。在知识经济时代下,助力经济发展的最重要因素是人们创造和运用知识的能力。20 世纪 80 年代,随着知识经济的深入发展,劳动生产率得以极大提高,整个生产力系统也随之升级换代,而且人们的经济、社会和精神生活发生了巨大变化,同样推动着社会各领域发生一系列深刻的革新。

信息技术革命是当代世界的第二大趋势。互联网作为信息技术的载体,具有全球性,信息能够跨越时间和空间的距离,只要在可以连网的地方,信息就能够实现全球互通共享。互联网具有虚拟性和匿名性,在数字化的处理之下,真实的世界可以变得虚拟化,所有人的行为都可以在大众未曾发觉的情况下发生。互联网具有即时性,可以实时摄取全球各个地方的资讯并即时向任何地方传播。20世纪90年代以来,以互联网作为载体,信息技术的普及使人们的生活方式得到极大的改变,也深刻影响着世界的政治、经济与文化。

当代世界的第三大趋势为世界多极化。从两极格局终结后,各大国之间的关系开始重新定位与调整,各种政治力量也进行了重新分化重组,世界进入新旧格局的更替,朝着多极化方向曲折发展。如今在多极化趋势下,国际局势的主旋律为和平与发展,但是强权政治仍然存在,新干涉主义和霸权主义逐渐蔓延,局部的战争和不安宁、不确定的因素依然大量存在。

当代世界的第四大趋势为经济全球化。20世纪80年代以来,在地区合作的基础上,全球化成为世界经济发展的主要趋势:一方面,经济全球化促进了国际范围内生产力要素的优化与重组,让各国都能够获得新的发展机遇;另一方面,世界经济也因此加剧了不平衡性,发展中国家将面临巨大的压力和挑战。同时,因为各国之间的经济相互依赖日益紧密,一国经济特别是大国经济的变化会迅速地影响到其他国家的经济乃至世界经济。

当代世界的第五大趋势为文化多元化。自人类进入文明时代,多元文化就在持续发展。在今天,多种文化传统仍然深刻地影响着人类社会。塞缪尔·亨廷顿在其著作《文明的冲突与世界秩序的重建》中提出,世界上主要有中华文明、日本文明、印度文明、伊斯兰文明、西方文明、拉丁美洲文明和非洲文明等几大文明。20世纪80年代以来,全球化趋势日益加深,世界各文化体系的相互交流也越来越紧密。人们置身于多元文化景观中,更能通过相互比较来辩证看待本土文化,并能不断吸取异质文化的长处来发展本土文化的思维方式、审美水平和价值体系。但是,西方国家在经济、政治、科教等方面都已基本发展成具有较大优势的体系,这种优势在文化上则会表现为"文化帝国主义"和"文化霸权主义",对处于弱势的发展中国家本土文化造成强烈冲击,并导致"文明的冲突"。

当代世界发展的趋势对青年学生的思想观念产生了深刻的影响,同时也对当代大学生社会主义核心价值观培育提出新的挑战。首先,一些敌对势力对我国的意识形态斗争不再仅限于政治层面,而是进行到社会层面,并出现了新的表现形式,斗争的手段越来越不易察觉,并极具欺骗性。比如:一些国家借助文化艺术交流的名义,实际上为传播其生活方式与价值观念;一些敌对势力在经济交往中打着自由、民主、人权的旗号,实则推广其"西式"价值体系和政策。敌对势力在无形中的渗透,必然会使一些意志薄弱者或涉世未深者受到影响,对西方价值观念产生盲目的崇拜心理,从而背弃原有的社会主义价值体系。其次,在当代世界新发展趋势之下,国际领域内资本、信息、技术的交迭速度与自由性不断上升,这会使得传统的国家职能和主权地位被削弱,在一定程度上弱化了青年学生的国家意识和爱国情感,增加了社会主义核心价值观培育的难度。最后,在当代世界新的发展趋势下,世俗化、大众化的文化随着传播媒体的改进向全球扩张,只追求商业价值而忽视人文价值、追求感官享乐而不顾文化内涵等不良价值观念淡化了一些青年学生的理性关怀和集体意识。而信息技术的发展,又使当代大学生容易陷入虚拟的网络化生活中。人的价值取向越来越倾向于虚拟的网络世界、多维性的资讯和消费观念,使当代大学生社会主义核心价值观原有的培育方式及效果受到新的冲击与考验。总的来说,当今世界的发展趋势使文化价值和道德观念的并存与碰撞变得常态化,青年学生也因此不可避免地受到西方价值观念和生活方式的影响,这也给当代大学生社会主义核心价值观培育带来挑战。

二、 国内环境

当代大学生价值观的发展不仅深受国际形势的影响,而且和我国社会发展状况直接相关。我国是社会主义国家,目前已进入现代化建设的新时期。在现代化进程中,从传统社会向现代社会的过渡,本质上是传统社会的消解和现代社会的生成。这种大规模的社会转型,以及转型过程中出现的种种社会问题,必然会对大学生的价值观产生深刻的影响。如何引导大学生正确看待这些问题,对当代大学生社会主义核心价值观培育提出了新的要求。

(一) 中国社会基本特点

走中国特色社会主义道路,实行社会主义制度,是当代中国社会的基本特点。《中华人民共和国宪法》规定:"中华人民共和国是工人阶级领导的、以工农联盟为基础的人民民主专政的社会主义国家。社会主义制度是中华人民共和国的根本制度。禁止任何组织和个人破坏社会主义制度。"我们思考中国社会价值问题时必须要以宪法的这一规定为必要前提,同时这也作为一种制度背景来推进大学生社会主义核心价值观培育。"这个前提要求我们重视意识形态工作与国际共产主义运动史的联系,与中国革命史的联系,与世界的社会主义思潮的联系,以及与国内外敌对势力的意识形态对立。"①基于此,多年来,培育大学生社会主义核心价值观始终与探索共产主义运动史与社会主义思潮、深入了解中国特色社会主义的发展历程,以及反对敌对势力的意识形态侵略行径紧密相连。中国特色社会主义制度是当代中国发展进步的根本政治保障,是最为关键的政治资源,也是当代大学生社会主义核心价值观培育不可或缺的思想支撑。

---

① 童世骏:《中国社会价值观状况的背景分析》,载潘维、廉思主编《中国社会价值观变迁 30 年(1978—2008)》,中国社会科学出版社,2008 年,第 36 页。

回首中国的前进历程,正是由于社会主义理想的存在,我们才得以从奴役禁锢中解放出来,并进入社会安定与人民幸福的新时代。站在历史的长河中看未来,即使面临再困难的险境,都不能抛开宪法对基本社会制度的规定,更不能偏离中国特色社会主义道路,要在人民的心中树立起坚定的中国特色社会主义共同理想。这亦是当代大学生社会主义核心价值观培育的一个重要组成部分。

在当今社会的意识形态领域里,没有哪一种思想能够独占鳌头,永久地赢得所有人的无条件追随。任何处于主导地位的思想,都需要提供合理且令人信服的理由,同时保持与历史上众多传统价值观及不断发展的社会价值观的动态适应。一些传统价值观曾在历史上广泛统一了人们的思想。然而,在现代化的多元文化背景之下,其原本具有的号召力也有所下降,这凸显了多元文化对人类社会价值观体系带来的丰富性与挑战,以及其在塑造我们共同认知过程中潜在的深远影响。基于这种时代性遭遇,中共十六届四中全会就警示人们,党的执政地位来之不易,连同党的指导思想都不是与生俱来的,更不是一劳永逸的。因此,立足于始终稳固党的执政地位,增强党的指导思想的号召力,我们都需要革故鼎新,推进党的理论不断创新。中国式现代化理论是科学社会主义的最新成果,也是党的一个重大理论创新。带领广大群众理解和认同党的创新理论,是思政教育与舆论工作的关键部分,也是当代大学生社会主义核心价值观培育工作的重中之重。

另一方面,社会的现代性体现在政治、经济、文化等不同领域,而这些领域之间的复杂关系,构成了当前进行意识形态工作不可忽视的现实背景。我国从改革开放初期的"四个现代化",到二十大提出以建成社会主义现代化强国为中国共产党的中心任务,体现了党把握"现代性"的发展过程,也体现了现代化本身的历史展开。总结以往的历史经验,结合马克思主义基本原理,我们可以看出现代化是一个螺旋上升、曲折发展的过程,在这个过程中其内涵不断丰富,但也会出现各个层面和领域之间不同步、参差不齐的复杂情况。因此,开展当代大学生社会主义核心价值观培育,必须正视这些复杂情况,解答大学生的疑惑,并做出合理的解释,引导大学生树立正确的社会主义核心价值观。

（二）中国社会转型

改革开放以来,我国社会总共进行了三次社会转型,总体为计划经济体制向社会主义市场经济体制的转变。我国社会在转型过程中出现了四个显著变化。

首先是经济体制发生了深刻的改革。在改革开放之前,由于计划经济的影响,分配方式具有很强的平均主义色彩。我国重新审视对社会主义初级阶段的基本国情,找到了适应生产力发展要求的社会主义市场经济体制,从而解开了这种与生产力发展状况不符的局面。与之相应的是,我国的所有制结构也发生了变化,出现以公有制为主体、多种所有制共同发展的基本经济制度和以按劳分配为主的多元化分配格局。

其次是一场深刻的社会结构变革。第一是从整体社会到分化社会的转变,社会经济成分和组织形式日趋多元化。第二是由"职能型"向"自主型"方向转变的基层社会组织,企业和事业单位的独立自主性不断增强,改变了之前仅仅作为政府的"代理人"而存在的模式。第三是从"乡村型"向"城镇型"转变的农村社会,城镇化进程明显加快。第四是从整体上看,我国的社会结构由"农业型"转向"工业型",由"封闭型"转向"开放型",从"产品经济型"转向"商品经济型"。

再次,利益格局进行了深度调整。在计划经济时代,社会更多关注的是国家和集体的利益,而压抑了个人的利益。改革开放后,保护个人利益的理念和行为得到认同和肯定,人们普遍接受通过对个体正当利益的追求来促进社会的发展。与此同时,分配方式的变化和所有制形式的多样化发展打破了原有的利益格局,产生了新的社会阶层与利益集团,逐步形成多元化的利益结构。

最后,人民的生活也有了巨大的改变。一是人口流动性增强,城乡二元结构的"冰"有了消融之势。二是人民的观念发生了转变,从重集体利益向重个人利益,从讲求奉献到重视享乐,出现拜金主义、奢靡腐化等不良现象。这些重大变革的出现给我国社会造成了前所未有的冲击。今天,我国的社会价值观整体呈现为"多元共存,新旧交替"。其中,"多元共存"表现为在当今社会中既有对传统保守的价值观的继承,也有先进的价值观的产生;"新旧交替"表现为从历史角度来看,我国社会转型时期的价值观变化的总体发展趋势是吐故纳新、兴利除弊。这样社会转型时期的环境,促使当代大学生的价值观发生诸多转变。

第一,在经济迅速发展、科技日新月异的时代之下,拜金主义与享乐主义日益突出。在这样的价值观的冲击下,一些大学生会认为金钱是万能的,甚至一味追求"躺平"的生活,摒弃勤劳务实的优良作风。第二,个人主义逐渐盛行,传统价值观日益淡化。一些大学生忽视人际交往中应遵循的基本价值准则,极易以自我为中心,难以处理好个人利益与集体利益的关系,不愿成为"螺丝钉"或"铺路石",甚至对集体主义精神存有逆反心理。第三,在转型时期,信仰的解构容易使一些大学生的信仰处于空缺状态,被其他的不良观念乘虚而入,致使一些大学生出现信仰危机。第四,一些大学生力求凸显个性,采取偏激的行为,出现"愤青"的心理,甚至性格极端化或发生抑郁,不惜用与传统道德规范相悖的方式博得他人眼球。第五,在社会转型时期,大学生文化体系正陷入理想主义与现实主义前所未有的矛盾旋涡之中,价值观逐渐偏向娱乐化、通俗化,日益追求刺激,摒弃理性事物。一些大学生逐步放弃对人文关怀的追寻,自甘堕于及时享乐的应时文化风波之中,甘于成为社会潮流的附庸,高尚的人生理想和道德准则遭受巨大的冲击与亵渎。社会转型带来的巨大冲击时刻提醒我们,必须对症下药、借水行舟,有侧重地加强社会主义核心价值观培育,引导当代大学生树立正确的价值观念。

我们需要看到,在人的价值观形成发展的过程中,受到的影响一般都是潜移默化的,既会受到国内环境变化的影响,也会受到国外环境变化的影响。要应对这些变化,一般要采用积极正面的说服与引导。但在现实生活中,人们会面临生存与发展的困境,在社会发展过程中也不可避免地会出现一些尖锐的社会问题,例如中国社会多年来形成的贫富分化等问题。这些问题尽管成因不尽相同,但都会一定程度上影响大学生的价值观。近年来,这些情况引起社会各阶层的广泛关注,党和国家也开始采取措施,试图从社会根源上找到原因,消除这些不良问题。站在根源的层面上正视问题并努力解决这些问题,必将极大优化思政教育的社会背景,更好地提升当代大学生社会主义核心价值观培育的实效性。

第二节　当代大学生价值观培育的源泉

当代大学生价值观培育具有历史传承性的特点。当代大学生社会主义核心价值观培育继承了中华传统价值观教育的重要内容,并在此基础上不断传承发展。新民主主义时期的中国共产党价值观教育与新中国成立初期的社会主义价值观教育同样也是当代大学生社会主义核心价值观培育的宝贵源流。这些具有历史传承性的教育内容不仅在当时产生了影响，到了当代以及未来，仍会持续不断地对大学生社会主义核心价值观培育产生深远的影响。

一、 中华传统价值观

泱泱中华，至今已有五千多年历史，在漫长的历史长河中创造出了灿烂的中华文明，中华文化与民族精神蕴藏其中，中华传统价值观更是其核心内容。在悠久且曲折的历史发展进程中，中华传统价值观在培育民族精神、创造民族文化、维护社会秩序以及推进中华民族发展等方面发挥了极其重要的作用。教育始终伴随着中华民族的历史发展进程。经过数千年的教育实践，在价值观教育上，中华民族已积淀了丰厚的内容与经验。许多内容与经验具有超越时间的价值与力量，需要不断地得到传承和弘扬。

中华传统价值观在历史进程中逐渐形成、发展和丰富。夏、商时期，形成了王权集中的奴隶制国家，这个阶段是中国国家形成和发展的初期阶段，"帝""天"等概念产生，君主被视为"天子"，其权威被认为是由天赋予的，君主的权力往往与神权相结合，人们皆信仰"天帝""天命"，并将之视为最高权威和价值标准。西周时期，在继承夏商传统的基础上，周代统治者对"天命"观作出修正，认为王权受命于天，君主需要以德配天，提出"敬德保民"的"德治"观，中华民族传统价值观进入一个"自觉"时代。春秋战国时期是我国历史上一个特殊的大变革时期，由奴隶社会走向封建社会，政治、经济、礼制、风俗等方面都发生了深刻的变化。思想上，百家争鸣、相互激荡，春秋战国时期是中国传统价值观体系建构的重要时代，各家学者探索人道问题，认为"天道远,人道迩",人的地位和价值在中华传统价值观中受到更多关注。秦汉时期,儒家思想得到官方的推崇和发扬,形成以"三纲五常"为核心的价值观体系。"三纲五常"的价值观体系在政治上维护了君主专制和等级秩序,在社会伦理上强调个人对家庭和社会的责任与义务。魏晋时期政治分裂,士阶层兴起,但由于社会动荡,许多士人转向追求自然、简朴的生活,形成崇尚自然的价值取向。隋唐时期政治统一,中央集权加强,文化繁荣,儒释道三家融合达到新的高度,价值观包容并蓄。宋元明时期,价值观的演变体现在对儒学的复兴以及新儒学的发展上,这一时期重建了"天理"价值观。明末至清中叶,资本主义开始在中国萌芽,封建社会走向衰落,一些知识分子对传统儒家伦理和封建礼教等提出质疑,他们强调理性、科学和实用主义,这些思想对传统价值观产生了冲击。鸦片战争后,面对西方列强的侵略和文化的冲击,一些先进的中国知识分子开始反思传统价值观,并提出科学、民主、自由、平等的理念,这标志着中国传统价值观向现代价值观的转变。

随着时代发展,中华传统价值观的内涵不断积淀。一是形成英勇不屈的爱国精神和民族气节。历史上,齐太史、汉苏武、蜀诸葛、唐杜甫、宋文公、明炎武等都是中华民族之气节的杰出代表。汉代苏武出使匈奴,匈奴人要他投降,他坚决拒绝,以致被流放于边外近 20 年,始终坚贞不屈;北宋范仲淹以天下为己任,"先天下之忧而忧,后天下之乐而乐";明末顾炎武提出"保天下者,匹夫之贱与有责焉耳矣",梁启超将其概括为"天下兴亡,匹夫有责"。这些人物崇高的爱国精神与坚强品质深刻融会在中华民族传统价值观中,这也是中华民族在五千多年的历史进程中,虽时有分裂,但民族统一始终成为主流,中华文明世代传承、绵延不绝的重要原因。二是形成崇尚和谐的社会精神与价值追求。"和谐"作为中国传统文化的核心理念,贯穿于个人修为、国家治理、社会建构等各个层面,并集中反映着人们面对和处理"人与人""人与社会""人与自然""人与自身"关系时的主张、态度和取向,已经成为中国文化与社会价值观中的基因特色。三是形成仁爱观。孔子提倡"仁者爱人",指出"志士仁人,无求生以害仁,有杀身以成仁",强调有志向的人和有仁德的人不会为了自己的生命而损害仁德,甚至愿意为了实现仁德而牺牲自己的生命。中华传统价值观中的仁爱观并非狭义的"亲亲"之爱,而是超越"亲亲"之爱的博爱,必然推己及人、由人及社会、由社会及自然。仁爱观还与诚信、恩义等观念联系紧密,指引着中国人尊重他人、关爱社会、感恩自然,坚持走和谐共生之路。四是形成胸怀天下的家国情怀与自强不息的奋斗精神。儒家主张"天下为公",人们应该共担社会责任,中华民族无数仁人志士都秉持着"修身、齐家、治国、平天下"的价值观念,树立起崇高的价值信念和理想目标,并为之坚持奋斗,不懈追求。综合来看,中国封建社会时期的社会核心价值观可以用儒家学派提出的"五常",即"仁、义、礼、智、信"来概括。"仁、义、礼、智、信"不仅是个人道德修养的标准,也是社会秩序和国家治理的基石,对中国传统社会的价值观念和行为模式产生了深远影响,影响着社会道德水平的提升和社会价值观体系的形成,对中华民族的长远发展意义深远。

中国古代的价值观教育在特有的时代背景和社会条件下,具有突出特点。第一,没有设立专门的价值观教育,但价值观教育自然贯穿于教育过程和教育内容当中。在中国古代,有官学、私学和家学等教育形式,无论何种形式,都没有专门的价值观教育,但价值观教育就渗透在教育的内容和形式中。在内容方面,中国古代的教育体系以儒家思想为核心,价值观教育主要围绕儒家的"四书五经"进行,《大学》《中庸》《论语》《孟子》等经典著作是教育的主要内容,它们传达了儒家的"仁、义、礼、智、信"等核心价值观,对学生潜移默化地产生价值观影响。在形式上,古代价值观教育不单依靠课堂教学,也强调知识与实践的结合,即所谓"知行合一",鼓励学生在日常生活中实践道德准则,做到言行一致。第二,价值观教育注重社会伦理观的教育,学校、家庭、社会三位一体共同发力。中国传统社会形成以忠孝为本的"三纲五常"伦理道德体系,其中"三纲"指的是君为臣纲、父为子纲、夫为妻纲,"五常"则是指"仁、义、礼、智、信"这五个基本的道德准则。在古代价值观教育中,学校教育学生忠于君主、孝顺父母、尊敬师长等道德规范;父母和长辈在家中通过言传身教,教育子女遵守孝道、尊敬长辈、履行家庭责任。社会层面,则通过各种仪式、节日、庆典等活动,强化忠孝等传统价值观。这种三位一体的价值观教育,使得"三纲五常"成为中国传统社会中无所不在的道德准则,它不仅影响个人的行为和选择,也起到维护社会秩序的作用。第三,价值观教育与智育、美育相统一,相辅相成。董仲舒在《春秋繁露》中谈及德与智的关系,主张"必仁且智"。他认为:仁与智是相辅相成的。如果只有仁德而无智慧,那么在施爱于人时,都不知分辨好坏;如果有智慧而无仁德,那么智慧可能不被用于正道,这样的智慧于人无益反而有害。因此,必须同时将仁与智结合起来,这样培养出的人才才是合格的人才。在德与美的关系上,中国古代教育重视"以美辅德",即通过艺术和审美活动来辅助道德教育,使人在欣赏美的同时,提升道德修养。音乐和礼仪是教育的两个重要方面,它们相辅相成,共同塑造人的品德和性格。这种思想在儒家教育中尤为突出。如《周礼》提到"乐教"和"诗教",强调音乐和诗歌对陶冶人的情操、提升人的道德境界的重要性。

二、 新民主主义革命时期的价值观

近代以来,面对民族危机和救亡图存的迫切需求,中国社会经历了价值观的深刻变革。一方面,在复杂的社会矛盾面前,中国社会的传统价值观受到强烈质疑和批判,人们力求社会和文化等方面的变革;另一方面,西方的民主科学思想传入中国,尤其是1917年俄国十月革命的胜利和1919年五四运动加速了马克思主义思想在中国的传播,中国共产党的革命传统价值观在此进程中形成,并且逐渐成为社会价值观的重要组成部分。

新民主主义革命时期,党的主要任务是完成反帝反封建的革命任务,建立一个独立、自由、民主、统一和富强的新中国,为中国的现代化和社会主义建设奠定基础。这一时期,中国共产党主要从以下几方面开展价值观教育。第一,开展以爱国主义为核心的民族精神教育。爱国主义在新民主主义革命时期不仅是社会核心价值体系的重要组成部分,也是推动革命前进的重要动力。因为爱国主义不仅是一种情感,更是一种行动的号召。通过爱国主义教育,一方面可以激发人民的革命热情和奋斗精神,激励人民为了国家的独立和民族的解放而不懈奋斗;另一方面还可以有效凝聚民心与集中社会资源,为革命道路巩固力量。第二,开展以共产主义为奋斗目标的马克思主义思想教育。中国共产党自成立之初,就将马克思主义作为党的指导思想,并在党内和革命队伍中进行广泛的马克思主义理论教育,包括唯物史观、阶级斗争理论、社会主义和共产主义理想等。第三,开展以为人民服务为宗旨的道德情操教育。这种教育源自马克思主义的基本原则,即无产阶级政党的一切工作都是为了最广大人民的根本利益。在新民主主义革命时期,中国共产党明确提出"为人民服务"的口号,并将其作为党的宗旨和行动指南,集中体现了中国共产党的性质与中国共产党人的先进性。这种教育在党内外帮助形成了一种积极向上、奉献社会的良好社会风尚。第四,开展以艰苦奋斗为重点的革命精神教育。这种教育强调在困难和挑战面前,要具备坚韧不拔的意志和勇于拼搏的精神，以及为了实现革命目标和社会主义建设事业而不怕牺牲的勇气。在新民主主义革命时期，中国共产党领导的革命力量面临着极其艰难的斗争环境，无论是面对强大的敌人，还是面对物质条件的极度匮乏，都需要革命者具备艰苦奋斗的精神。因此，以艰苦奋斗为重点的革命精神教育成为动员和鼓舞人心的关键。

为了实现党的核心价值观向全社会共同的核心价值观的转化，中国共产党人采取了以下三个方面的措施。第一，教育和引导。中国共产党通过教育系统、媒体、文化活动等多种渠道，以人民群众喜闻乐见的形式，如精神讲话、歌会、话剧等，广泛传播社会核心价值观，包括爱国主义、集体主义、社会主义、和谐社会等理念。党的理论和路线方针政策被融入教育课程和教材，以培养公民的社会责任感和集体意识。第二，实践和示范。党员和干部被要求以身作则，率先践行党的核心价值观。通过在各自的工作和生活中展现出良好的道德品质和行为模范，党员和干部成为社会主义核心价值观的传播者和实践者，从而影响和带动更多的人接受和认同这些价值观。最关键的是，坚持走群众路线，始终秉持为了人民群众、依靠人民群众的原则和方式，争取广大人民群众的认同与支持，集中群众优势。第三，制度和文化建设。中国共产党通过建立和完善相关制度，将核心价值观融入社会治理和公共服务中。同时，通过文化建设和政策引导，弘扬传统美德和时代新风，倡导文明礼貌、诚实守信、公正法治等价值观念，使之成为社会共同遵守的行为准则。

三、 新中国前 30 年的价值观

新中国前 30 年，中国社会仍然存在许多落后于时代发展的旧思想、旧观念，为适应社会主义革命和建设事业的需要，适应国家和社会发展的新要求，中国共产党开展了一系列思想改造运动。经过曲折的长期努力，初步破除了

封建思想、小农意识等陈旧的价值观念和思想,推动人民群众逐渐接受新的社会主义价值观。中国共产党的价值观教育也在这个阶段经历了从革命价值观向社会主义价值观的转变和发展。在这一时期的价值观教育上,呈现出三大突出特点。

其一,价值观教育的政治色彩浓厚。作为新中国的执政党,中国共产党致力于巩固新生的人民政权,推动社会主义革命和建设。在此背景下,价值观教育紧密围绕党的路线方针政策,强调培养具有社会主义觉悟的劳动者和接班人。当时,许多知识分子都认识到了政治思想在个人成长和社会发展中的重要性。毛泽东指出,中国的知识分子和青年学生都应当努力学习,不仅要在专业知识上求得进步,也要在思想上、政治上保持先进性,不断进步。①为了实现这一点,毛泽东提出,知识分子和青年人都要学习马克思主义理论,积极主动关心时事政治。一般意义上讲,提倡青年人学习马克思主义理论、主动关心时事政治,无疑是提升公民政治素养、有益于推动社会进步的正确主张。然而,新中国成立后,迎来了一段对政治高度强调和宣传的特殊时期。在这个阶段,人们对革命领袖和导师的理论持有坚定的信仰,对毛泽东怀有极高的崇敬之情,对党中央和毛主席的指导和决策表现出极高的服从性。在社会层面,政治意识超越了经济意识,政治活动取代了经济行为,政治觉悟的重要性超越了生产觉悟、科技觉悟的重要性。这种现象不仅干扰了科学合理的价值观教育,更导致了社会资源的分配和人才发展的方向出现了偏差,影响了社会的全面发展。

其二,价值观教育强调重视社会实践。这个阶段非常重视教育与社会实

① 毛泽东:《关于正确处理人民内部矛盾的问题》,人民出版社,1964年,第22页。

践的结合,这与毛泽东提出的"教育要与生产劳动相结合"的方针密切相关。毛泽东鼓励知识分子和青年学生参与农业生产、工业劳动和其他社会实践活动,以实现知识分子与工农群众的结合,促进理论与实践的结合。在这样的思想指导下,学校教育体系进行了改革,鼓励学生参与社会实践,到农村分校、工厂实习等,使学生能够在学习书本知识的同时,获得实际工作经验,通过实践来检验和巩固学习的成果。与此同时,大量的城市知识青年前往祖国边疆、农村、工厂、连队等,上山下乡,接受贫下中农的再教育,增强他们的社会主义觉悟。

其三,经历"大跃进"时期,价值观教育曾一度陷入困境。随着社会主义改造和"一五"计划胜利完成,中国共产党和中国人民在社会主义建设道路上都展现出极大的热情和决心。然而,中苏关系破裂、苏联撤资,国内又要继续推进"一五"计划,在复杂国内外局势和发展背景下,要实现外资中断下的紧急自救,党中央提出要使全国人民团结起来,充分调动人民群众的积极性,共同克勤克俭,艰苦奋斗,争取在较短时间内实现高速度的发展,加快建设社会主义现代化国家,改善中国落后面貌,提高人民生活水平。1958 年 5 月,党中央召开中共八大二次会议,制定了"鼓足干劲,力争上游,多快好省地建设社会主义"的总路线。在广大人民群众高涨的奋斗热情与党中央的支持领导下,"大跃进"运动在全国范围内迅速展开。随着运动铺开,党中央与各地许多领导干部在初步改革胜利与革命理想主义的光环下骄傲自满,大多数群众也沉浸在虚幻的道德理想主义与盲目的奋斗热情当中,在坚信"人定胜天"的同时,将实际抛之脑后,理想和实践都严重脱离社会现实,浮夸之风盛行。超脱实际的幻想必定不可能长存,很快就被现实揭露,被实际生活水平和生产力水平打破。"大跃进"的理想遭遇破产。

四、 新时代的价值观

社会主义核心价值观凝结着中华民族全体人民共同的价值追求,是维系国家、社会与公民的重要精神纽带,拥有着凝聚民心和汇聚民力的强大力量。社会主义核心价值观建设,对民族发展、社会进步具有重要意义。2012 年党的十八大召开,标志着中国特色社会主义步入新时代。随着新时代前进的步伐,社会主义核心价值观建设与大学生社会主义核心价值观培育也要紧贴时代发展脉搏,紧跟时代发展步伐。高校是人才培养的高地,对大学生价值观进行引导与培育,关系到国家的长远发展大计。因此,必须坚持对大学生进行社会主义核心价值观培育,培养出真正有理想、敢担当、能吃苦、肯奋斗、能肩负起民族复兴大任的新时代优秀青年。

在党的十八届一中全会上,习近平总书记在谈到发展中国特色社会主义文化道路时,强调要不断提高国家文化软实力,加强社会主义核心价值体系建设的重要论述。[1] 2013 年 12 月 30 日第十二次中央政治局集体学习和2014 年 2 月 24 日第十三次中央政治局集体学习,都讨论了文化软实力和社会主义核心价值体系两者之间的含义和关系。习近平首先强调了增强国家文化软实力的重要性。他指出,核心价值观是文化软实力的灵魂、文化软实力建设的重点。[2] 发展中国特色社会主义文化,提高中国文化的国际影响力和竞争力,是增强国家文化软实力的重要途径。这也就意味着,中国需要在文化领域进行更深入的改革和创新,加强文化事业的建设。同时,习近平也强调了加强文化自信、增强文化认同感的重要性,这也是加强社会主义核心价值体系建设的重要任务之一。最后,习近平强调,提高国家文化软实力,要

---

① 朱继东:《新时代党的意识形态思想研究》,人民出版社,2018 年,第 297 页。
② 习近平:《习近平谈治国理政》第一卷,第 163 页。

努力夯实国家文化软实力的根基,即"深入开展社会主义核心价值体系学习教育"。① 习近平关于将"增强国家文化软实力"与"加强社会主义核心价值体系建设"联系起来的重要论述,一方面强调了两者的紧迫性及联系,另一方面又为中国特色社会主义文化事业的发展指明了方向。

2017 年 10 月,在中国共产党第十九次全国代表大会报告中,习近平明确阐述要求发挥核心价值观的引领和支撑作用,推广中华优秀传统文化和革命文化。报告还明确提出了新时代中国特色社会主义的发展目标和战略方向。强调推进社会主义核心价值观建设,这是进一步推动中国特色社会主义取得更多成果的必要措施,对于中国的现代化建设和全面深化改革开放,有着重要的现实意义和战略意义。2018 年 8 月,习近平在全国宣传思想工作会议上强调,在实践中,我们不断深化对宣传思想工作的规律性认识,提出了一系列新思想新观点新论断,这就是坚持党对意识形态工作的领导权,坚持思想工作"两个巩固"的根本任务,坚持用新时代中国特色社会主义思想武装全党、教育人民,坚持培育和践行社会主义核心价值观,坚持文化自信是更基础、更广泛、更深厚的自信,是更基本、更深沉、更持久的力量,坚持提高新闻舆论传播力、引导力、影响力、公信力,坚持以人民为中心的创作导向,坚持营造风清气正的网络空间,坚持讲好中国故事、传播好中国声音。② 这也意味着社会主义核心价值观已经被正式确立为中国特色社会主义的核心理念之一,并将作为宣传思想工作的重要指导方针。

2019 年 4 月 30 日,在五四运动 100 周年纪念大会上的讲话中,习近平将培育和践行社会主义核心价值观确立为新时代青年的基本思想作风,社会主

---

① 习近平:《习近平谈治国理政》第一卷,第 160 页。
② 习近平:《习近平谈治国理政》第三卷,外文出版社,2020 年,第 311 页。

义核心价值观的宣传和实践已经成为新时代的重要任务之一。2019 年 10 月,在党的十九届四中全会上,首次以决定的形式提出用社会主义核心价值观指导文化制度建设,在新时代下,中国特色社会主义文化建设需要更加注重价值观的引领和指导。

当前,大学生社会主义核心价值观培育已经积淀了深厚的理论与实践基础,且受到国家的高度重视与社会的极大支持,具备良好的培育条件。步入新时代,培育大学生社会主义核心价值观需要考虑两个结合。其一,与中国具体实际相结合,坚持从中国具体实际出发,考虑现实需要和现实条件,将价值观培育的条件扎根在中国实际的土壤当中。其二,与中华优秀传统文化相结合,注重从中华优秀传统文化中汲取养分,从中华民族的精神之源中寻找力量,增强文化自信自强。

第三节　当代大学生价值观培育的流变

大学生价值观培育的流变主要体现不同时期我国著名共产党人的探索及其对历史经验的高度总结和理论概括。中国共产党认识到,价值观是一个国家、一个民族、一个社会的灵魂,对社会稳定和发展有着至关重要的作用。因此,在不同的历史时期,中国共产党都在积极进行探索,构建适合中国国情、与时代相适应的社会主义核心价值观。中国共产党在各个领域都进行了积极探索和实践,比如教育、文艺、传媒等。这些探索和实践促进了社会主义核心价值观的形成和推广,形成了"爱国主义、集体主义、社会主义、科学精神和人道主义"五大核心价值观。随着时代的变迁,人们的生活方式、价值观念都在发生着变化,中国共产党还在不断地推动社会主义核心价值观的发展建设和宣传培育。

一、 毛泽东同志对价值观的探索

在党的发展历程中,毛泽东同志虽未直接阐述社会主义价值观或撰写相关专著,但在对社会主义建设道路的探索过程中,逐渐构建了对"社会主义本质"及社会主义价值理念的深入理解。这一理解是中国共产党人对社会主义价值体系的首次深入探索与思考。进一步来看,毛泽东的社会主义价值观中,独立、富强、民主、平等这四个元素占据着举足轻重的地位。这些价值理念不仅体现了社会主义的核心理念,也彰显了他对国家发展和人民福祉的深切关怀。

(一) 独立

毛泽东同志被誉为"近代以来中国伟大的爱国者和民族英雄",他将毕生精力倾注于中国人民的解放事业,矢志不渝地追求着民族独立和人民解放的崇高目标。在党的七大上,他庄严宣告:"为建设一个独立的、自由的、民主的、统一的、富强的新中国而奋斗。"[①]他深知,独立与民主是国家繁荣昌盛的基石,然而近代的中国却饱受帝国主义侵略和封建主义压迫的摧残,缺失了这两大基石,导致国家陷入深重的苦难。为了改变这一历史局面,毛泽东同志坚定地领导中国人民推翻帝国主义和封建主义,让中国事务由中国人民自己来决定,绝不容许任何外部势力的无理干涉。同时,他致力于重塑中国人民的自尊与自信,让中华民族以崭新的姿态屹立于世界民族之林。

在这一理念的指引下,毛泽东同志对任何轻视、敌视中国或企图干涉中国内政的境外势力都保持高度警惕。新中国成立后,他提出"另起炉灶"和

---

① 《毛泽东选集》第三卷,人民出版社,1991 年,第 1026 页。

"打扫干净屋子再请客"的外交策略,开启独立自主的外交新篇章。他鼓励人们向外国学习,但强调要结合中国的实际情况,避免盲目模仿。同时,他警觉地提醒人们防范西方资本主义国家的"和平演变"图谋,以防政权颠覆的悲剧重演。基于对国际形势的精准判断,毛泽东同志积极推动中美关系正常化,为中国的未来发展铺平了道路。他的伟大贡献不仅体现在带领人民改变了国家的命运,更在于他对中国民族独立和人民解放事业所做出的卓越努力。毛泽东同志,这位历史伟人,将永远被铭记在中国人民心中。

(二)富强

富强,即人民生活的富足与国家的繁荣昌盛,是毛泽东同志青年时期就确立的拯救民生与国家危难的崇高目标,也是他追求的社会主义核心价值。因此,在新中国成立之前,毛泽东同志便明确将工作的重心放在生产建设上。他深刻认识到,社会主义的建设与发展离不开坚实的物质基础。面对当时经济落后的中国,毛泽东同志曾忧虑地指出:"现在我们能造什么?能造桌子椅子,能造茶碗茶壶,能种粮食,还能磨成面粉,还能造纸,但是,一辆汽车、一架飞机、一辆坦克、一辆拖拉机都不能造。"①他警告说,如果我们不能迅速改变这种落后的状况,不仅会影响国家未来的发展,还可能再次遭受外部势力的欺凌。在阐释富裕的内涵时,毛泽东同志强调:"而这个富,是共同的富,这个强,是共同的强。"②这一观点清晰地表明,在社会主义制度下,富裕不应是少数人的特权,而应惠及全体中国人民。在社会主义建设的道路上,他坚信只有依靠广大人民群众的勤劳和智慧,才能构建一个物质丰富、生活美好的社会主义国家。当中国农村涌起社会主义运动的新高潮时,他满怀信心地表

---

① 《毛泽东文集》第六卷,人民出版社,1999 年,第 329 页。
② 同上书,第 495 页。

示,难道"不能在几十年内,由于自己的努力,变成一个社会主义的又富又强的国家吗"?[①] 这些思想不仅彰显他对人民幸福生活的深切关怀,也是对社会主义经济建设方向的有益探索,为我们指明了前进的道路。

（三）民主

人民当家作主是毛泽东同志毕生不懈探索的核心议题。早在革命年代,他就明确指出:"革命任务的核心在于争取民主。"这里的"民主"与抗日救国的历史背景紧密相连,唯有通过抗战赢得独立和解放,才能为国内的民主政治建设奠定稳固的基础。在抗战胜利前夕,当黄炎培先生问及国家未来的治理之道时,毛泽东同志自信地表示:"我们已经找到新路,我们能跳出这周期率。这条新路,就是民主。只有让人民来监督政府,政府才不敢松懈。只有人人起来负责,才不会人亡政息。"[②]

这一表述不仅展现了毛泽东同志对民主的理解,即人民监督和共同责任是民主的核心,更凸显了他将人民群众视为国家治理的主体,旨在避免政府权力的滥用。新中国成立后,毛泽东同志及中国共产党人积极推进社会主义民主建设,确立了人民代表大会制度作为国家根本政治制度,并通过立法确保人民当家作主的权利。五四宪法明确宣告:"中华人民共和国的一切权力属于人民。"在处理党与非党的关系时,毛泽东同志提出了"长期共存,互相监督"的方针。他深知,要维护民主政治的健康发展,必须虚心听取民主党派的意见,包括那些激烈的批评。这种开放和包容的态度不仅无损党的权威,反而有助于推动社会主义建设的进步。

毛泽东同志心中的民主,与资产阶级民主截然不同。它是一种以人民

---

① 《建国以来重要文献选编》第七册,人民出版社,1993 年,第 215 页。
② 黄炎培:《八十年来》,文史资料出版社,1982 年,第 148—149 页。

为主体、共同参与管理的新型民主,旨在营造既集中又自由、既统一又充满活力的政治氛围。这种民主理念对构建更加公正、和谐的社会具有深远的意义。

（四）平等

毛泽东同志坚信,社会主义的核心价值目标在于根除剥削制度,并构建社会主义制度。他认为,从社会个体的角度出发,人们原本应当享有平等的社会地位。然而,现实中生产资料的占有差异和职业分工的分化导致了不平等现象的出现。因此,他强调,只有在公有制的基础上,构建一个公平合理的社会主义国家,才能使广大民众在政治、经济和社会各个层面实现真正的平等。

首先,政治平等是实现社会平等的关键一环。它确保中国人民享有同等的政治权利,能够积极参与国家的民主管理。特别是人民代表大会制度的建立和实施,为人民群众提供了当家作主的平台,充分保障了他们的合法权益。此外,毛泽东同志还亲自主持制定了我国首部社会主义宪法,明确了全体社会成员的权利与义务,并强调"全国人民每一个人都要实行,特别是国家机关工作人员要带头实行"①,从而为人民的权利和义务提供了法律保障。其次,经济平等是社会平等的坚实基础。它体现在生产资料的公有制和公平合理的分配机制上。毛泽东同志认为,生产资料公有制是实现劳动平等和分配公平的前提,有助于缩小社会成员之间的贫富差距。然而,在对待工资制这一按劳分配的方式时,他表达了担忧,认为它可能引发个人主义倾向。因此,他提出了用供给制替代工资制的想法,但这一尝试

①《毛泽东文集》第六卷,第 328 页。

在实际操作中干扰了社会主义经济建设的正常秩序。最后,社会平等是追求全面平等的终极目标。它意味着社会中的每一个人都应享有平等的地位和权利。为此,毛泽东同志在革命时期就提出了"官兵一致"的原则,强调官兵之间在政治上的平等地位。在社会主义建设时期,他更是对党内特权思想保持高度警惕,通过"三反""五反"等斗争,努力营造一个风清气正的政治环境和社会氛围。

二、 邓小平同志关于价值观的探索

邓小平同志虽未直接深入探讨社会主义价值问题,但在其广泛的论述和实践中,我们不难发现他频繁使用"价值"和"价值观"等概念。在回答"什么是社会主义,怎样建设社会主义"这一核心问题时,他的思考和实践深刻地反映了对社会主义价值及其实现途径的深入探索。这些探索逐渐汇聚成了内容丰富的社会主义价值思想。

在邓小平同志的视野中,共同富裕、民主法治、精神文明以及人的全面发展,构成了他社会主义价值观的核心内容。共同富裕是他对社会主义经济目标的明确阐述,体现了社会公正和普遍富裕的追求;民主法治则是他对社会主义政治制度的期待,旨在通过民主参与和法治保障,实现社会的和谐稳定;精神文明则关注人的精神世界和道德建设,是社会主义文化价值的体现;而人的全面发展,则是对社会主义最终目标的追求,即实现人的潜能的全面挖掘和素质的整体提升。

(一) 共同富裕

在邓小平同志的深刻见解中,社会主义相较于资本主义的优势,关键在于通过积极推动生产力的飞速发展,摆脱当前社会落后的面貌。他坚信:"没有贫穷的社会主义。社会主义的特点不是穷,而是富,但这种富是人民共同富裕。"①中国坚定选择社会主义道路,是因为资本主义虽能令部分地区和少数人迅速积累财富,但往往导致全国范围内贫富差距的扩大,许多人仍难以摆脱贫困的枷锁。因此,我们追求的并非两极分化或平均主义,而是全体中国人民共同享有的社会主义富裕。邓小平同志曾多次强调:"社会主义的本质,是解放生产力,发展生产力,消灭剥削,消除两极分化,最终达到共同富裕。"②他将生产力的发展和人民收入的增加作为我国经济工作的重要衡量标准,因为空谈社会主义制度的优越性而不为人民带来实际利益,无助于社会主义建设的持续发展。在南方谈话中,邓小平同志进一步阐述了他对共同富裕的构想。他提出,"一部分地区、一部分人可以先富起来,带动和帮助其他地区、其他的人,逐步达到共同富裕"③。为实现这一目标,必须找到能够激发广大人民群众勤劳致富的物质动力。然而,历史经验告诉我们,过度强调分配公平可能会陷入"共同落后,共同贫穷"的困境。因此,邓小平同志提出建设社会主义市场经济作为解决之道。他认为,市场经济的竞争性能够有效激发人们的积极性和创造性,同时承认人们追求物质利益的合理性。但在此过程中,政府必须发挥调控作用,通过合理的税收政策等手段调节收入差距,防止地区间的两极分化。例如,让先富起来的地区多交利税,以支持贫困地区的发展。

(二)民主法治

邓小平同志深刻总结了"文化大革命"的历史教训,他指出,民主与社会

---

① 《邓小平文选》第三卷,人民出版社,1993 年,第 265 页。
② 同上书,第 373 页。
③ 同上书,第 149 页。

主义之间的紧密联系——"没有民主就没有社会主义"①——被忽视,是导致民主受损、法律被践踏的主要原因,造成了严重后果。他高度重视国家的制度建设,特别是领导制度和组织制度的建设。在邓小平同志看来,"我们过去发生的各种错误,固然与某些领导人的思想、作风有关,但是组织制度、工作制度方面的问题更重要。这些方面的制度好可以使坏人无法任意横行,制度不好可以使好人无法充分做好事,甚至走向反面……领导制度、组织制度问题更带有根本性、全局性、稳定性和长期性"②。为此,他提出了"要加强民主就要加强法制"的重要思想,强调只有在法律的保障下,民主制度才能稳固,不受个别事件或个别领导人的影响而动摇。同时,邓小平同志非常重视民主观念的教育,因为坚持四项基本原则中的每一项都与民主紧密相连,关系到党和国家未来的发展方向。他强调,"社会主义愈发展,民主也愈发展。这是确定无疑的"③。

然而,值得注意的是,中国人民所追求的民主不是资产阶级式的民主,也不是西方民主社会主义所宣扬的民主,而是符合中国国情的社会主义民主。因此,在推进民主政治建设时,我们必须立足中国实际,不能简单地照搬西方国家的政治模式,否则"只会引发国家混乱、人心涣散"。

(三)精神文明

邓小平同志深邃地指出,过去我们曾长时间忽视了生产力的发展,因此,当前我们亟须集中力量建设物质文明,同时也不能忽视社会主义精神文明的构建。在我国社会主义建设的初期,由于对社会主义本质的理解不够深入,

---

① 《邓小平文选》第二卷,人民出版社,1994 年,第 168 页。
② 同上书,第 333 页。
③ 同上书,第 168 页。

我们在完成社会主义改造后,未能及时调整工作重心至经济建设上,反而继续将阶级斗争置于核心地位,这在一定程度上制约了我国的经济发展,导致人民生活水平长期得不到显著提升。回首过去,社会主义建设的成效不尽如人意,根源在于我们未能深刻认识到社会主义的本质在于解放和发展生产力。这种认识上的不足,使得我们在加强物质文明建设方面缺乏应有的重视。然而,当我们取得物质文明建设的显著成就后,新的问题又浮现出来:精神文明建设相对滞后,导致社会道德水平出现下滑。对此,邓小平同志曾表示:"我们一定要教育好我们的后一代,一定要从各方面采取有效的措施,搞好我们的社会风气,打击那些严重败坏社会风气的恶劣行为。"[①]这句话深刻揭示了精神文明与物质文明之间的紧密联系,强调了精神文明建设的重要性。因此,邓小平同志提出了"两手抓,两手都要硬"的战略方针,强调物质文明和精神文明建设要齐头并进。同时,他还倡导"五讲四美",以推动社会风气的改善。他特别重视青少年的思想教育,希望通过加强社会主义精神文明建设,培养出"有理想、有道德、有文化、有纪律"的新时代青年。这些思想和实践为我国当前的社会主义文化建设提供了宝贵的经验和启示,具有深远的现实意义。总之,邓小平同志对物质文明和精神文明建设的深刻理解和有力推动,为我国社会主义事业的全面发展奠定了坚实的基础。

（四）人的全面发展

邓小平同志坚信,我们党在现阶段的政治核心任务就是坚定不移地推进四个现代化。他认为,实现社会主义现代化和人的全面发展,首要的就是大力发展生产力。这是因为社会主义的本质就在于解放和发展生产力,只有通

① 《邓小平文选》第二卷,第177页。

过坚实的物质文明建设,我们才能为社会的整体进步打下牢固的基础。然而,他也深刻认识到,片面追求生产力的飞速发展,可能会对社会秩序和人的道德观念造成一定的冲击。改革开放初期,市场经济的蓬勃发展在带来经济繁荣的同时,也带来了部分社会成员道德滑坡、信仰迷茫的问题。针对这一挑战,邓小平同志强调,在推动经济迅猛发展的同时,必须同步加强社会主义精神文明建设。他认为,高度的精神文明不仅是社会主义社会的独特标识,更是实现人的全面发展的思想基石。他发人深省地提出:"我们要建设的社会主义国家,不但要有高度的物质文明,而且要有高度的精神文明。"①

同时,邓小平同志坚信,人的因素在社会发展中扮演着至关重要的角色。他在继承毛泽东同志关于"人的发展问题"的深刻思考基础上,进一步提出了培养"有理想、有道德、有文化、有纪律"的社会主义新人的目标。他深知理想和纪律是中国共产党在革命时期取得胜利的重要法宝,因此,他强调在当前社会,加强对新一代社会主义"四有"新人的革命理想和革命纪律教育至关重要。邓小平同志认为,生产力的发展是实现人的全面发展的物质基础,而社会主义精神文明建设则为人的全面发展提供了必要的思想支持。培养社会主义"四有"新人,是实现人的全面发展的具体途径。只有这样,我们才能逐步迈向"人的自由而全面发展"的宏伟目标。

三、 江泽民同志关于价值观的探索

江泽民同志虽未直接阐述社会主义价值观,但他对社会主义价值议题给予了高度关注。他深入探讨了"建设什么样的党,怎样建设党"这一核心议题,并在新的历史条件下,对如何持续引领广大人民投身社会主义建设、如何

————————

① 《邓小平文选》第二卷,第 367 页。

确保党的先进性和纯洁性等问题,给出了深刻的回答。这些探索与思考不仅体现了他对社会主义价值的独到见解,更为当前我国培育和践行社会主义核心价值观提供了宝贵的思想指引和实践策略,具有极其重要的指导意义。

（一）人民利益至上的价值取向

在探讨"三个代表"重要思想时,我们必须强调其核心要素——始终代表中国最广大人民的根本利益。这一理念不仅将人民群众视为评价的最高标准,而且将人民的福祉置于工作的核心位置,是中国共产党保持先进性的基石。江泽民同志曾明确指出,中国共产党的行动准则始终基于"人民的利益高于一切"[①]的原则。这彰显了党作为工人阶级的先锋队,始终将广大人民的利益置于首位,摒弃任何私利。因此,在评价党的工作成效时,最广大人民的根本利益成为不可动摇的评判尺度,这体现了马克思主义政党的坚定政治立场。

江泽民同志还多次强调,群众路线是党的基本工作方法,即"从群众中来,到群众中去"[②]。这要求党员干部深入基层,倾听群众的声音,理解并反映他们的意愿,确保党的决策和工作真正符合人民群众的需求。同时,他强调党员干部必须正确地行使权力,绝不允许以权谋私或形成既得利益集团。党的作风直接影响民心,因此必须坚决纠正任何不利于党的发展和人民利益的不良风气。全体党员干部应当真心实意地为群众着想,急群众之所急,成为人民利益的坚定维护者和实现者。人民利益至上的价值导向不仅符合马克思主义的价值标准,更是中国共产党对无产阶级政党群众观的传承与创新,展现了党对人民利益的深刻理解和不懈追求。

---

① 《江泽民文选》第三卷,人民出版社,2006年,第280页。
② 《江泽民文选》第二卷,人民出版社,2006年,第146页。

（二）建设社会主义物质文明的价值目标

始终代表中国先进生产力的发展要求,这是"三个代表"重要思想的核心组成部分,也是我们创造物质价值和建设社会主义物质文明的最高追求。根据马克思主义理论,生产力是推动社会发展的根本动力,它主导着生产关系和上层建筑的变革方向,并预示着它们的发展趋势。因此,生产关系和上层建筑必须与生产力的发展相适应。中国共产党自成立之初就作为中国先进生产力的代表,深刻认识到生产力与生产关系的重要性,在社会主义建设的探索与发展过程中始终重视生产力的保护与发展。在最高国务会议第六次会议上,毛泽东同志指出,"社会主义革命的目的是为了解放生产力"①。邓小平同志则将发展生产力视作加强精神文明建设的物质前提,并在实践的基础上提出了衡量社会主义经济建设优劣的"三个有利于"标准。而江泽民在前人思想的基础上,强调发展先进生产力对文化进步和实现民众利益至关重要。这表明,发展生产力是马克思主义政党的核心任务,也是衡量国家发展的关键。为了国家的强大和民众的福祉,我们必须努力推动生产力的发展。

发展已然成为当今时代的重要课题,而我国社会正面临着由经济全球化带来的机遇和挑战。江泽民同志基于对世情和国情而作出的准确判断,先后提出了"必须把发展作为执政兴国的第一要务,不断开创现代化建设的新局面""科学技术是第一生产力"等重要思想。对当代中国,发展意味着要实现社会的现代化和人的现代化,而实现这一目标就必须适应发展先进生产力的要求。因此,我们党必须持续推进深化改革,以消除所有制约先进生产力发展的因素。同时,我们必须长期坚持科教兴国战略,持续增加对基础教育和

① 《毛泽东文集》第七卷,人民出版社,1999 年,第 1 页。

基础研究的投入，以便更好地适应科技迅速变革、竞争日益激烈的社会环境。唯有如此，我们党的各项工作才能满足先进生产力的发展需求。

（三）注重社会主义道德建设的价值理想

"三个代表"重要思想包含始终代表中国先进文化的前进方向这一要素，这不仅是构建社会主义先进文化的指导原则，也是加强社会主义精神文明建设的核心目标。有观点认为，文化会孕育和形成一种思想，这种思想成为社会文化结构的核心。当人们以这种思想为指导行事时，就会形成特定社会的道德意识形态。从某种角度看，道德是一种通过实践来理解和影响世界的文化形式，它对整个社会都有深远的影响，构成文化的核心。江泽民同志曾强调，加强社会主义思想道德建设是发展先进文化的关键环节。由此可见，"三个代表"中的先进文化观念体现了江泽民同志对社会主义道德的深刻思考，这种文化观对人们具有重要的引导、激励和凝聚作用，同时也是社会主义上层建筑和人们思想素质的重要组成部分。为此，江泽民同志高度重视社会主义道德建设。他认为："如果只讲金钱、只讲物质利益，而不讲理想、不讲精神动力，干部群众就会失去共同的奋斗目标，失去凝聚力，失去前进的创造力。"①历史和实践都证明了，国家的繁荣与民族的进步，与社会的思想道德水平息息相关。邓小平同志明确指出，如果我们缺乏共产主义的道德和理想，社会主义的建设也就无从谈起。因此，我们必须坚持依法治国与以德治国并举，为社会的秩序和氛围奠定坚实的思想道德与法律基石。同时，我们应在全社会广泛推广爱国主义、集体主义和马克思主义思想教育，旗帜鲜明地反对和抵制各种非马克思主义的错误思想。江泽民同志也强调，"我们正

---

① 《江泽民文选》第一卷，人民出版社，2006年，第577页。

处在经济、政治、文化全面而深刻改革的时期。这是建党以来党面临的又一次大变革。越是大变革时期,越是需要理论指导"①,我们必须树立广大人民的民族自信心,激发他们的共同理想去建设社会主义,鼓励他们为实现中华民族的伟大复兴而不懈奋斗。

四、 胡锦涛同志关于价值观的探索

党的十六大以来,以胡锦涛同志为代表的中国共产党人立足于新的历史条件之下,在带领广大人民群众开展社会主义建设时,相继提出了"科学发展观、构建和谐社会、建设资源节约型和环境友好型社会、树立社会主义荣辱观及加强社会主义核心价值体系建设"等核心内容。同时,科学发展观作为中国特色社会主义建设的指导思想,在推动我国经济社会全面发展方面发挥了重要作用,蕴含了深厚的社会主义价值观。胡锦涛同志虽然没有直接提出"社会主义核心价值观"这一具体概念,但在领导中国社会主义建设的过程中,通过强调社会主义核心价值体系的重要性,以及提出相关理念和任务,实际上为后来社会主义核心价值观的明确提出奠定了坚实基础。由此看来,胡锦涛同志已经在这一重大理论问题上迈出了重要步伐,为后来的发展指明了方向。

(一)"以人为本"的价值理念

"以人为本"是科学发展观的核心内容,同时也体现了中国共产党始终坚守的"全心全意为人民服务"的宗旨。有学者提出,过去只关注经济增长而忽视人民福祉的发展观念,实际上是以物质为中心,这与强调"以人为本"的科学发展观截然不同。胡锦涛同志曾强调:"坚持以人为本,就是要以实现人的

———————
① 《江泽民文选》第一卷,第43页。

全面发展为目标,从人民群众根本利益出发谋发展、促发展,不断满足人民群众日益增长的物质文化需要,切实保障人民群众经济、政治、文化权益,让发展成果惠及全体人民。"①简而言之,"以人为本"是我们党评估所有工作效果的关键标准,因此我们必须摒弃过时的发展观念。更重要的是,"以人为本"的理念明确回答了发展"为了谁"、发展"依靠谁"的问题,这也体现了对马克思主义"以人为本"思想的继承与发展。因此,对我们来说,深刻理解科学发展观的理论精髓,自觉树立和践行科学发展观,以及推动我国经济社会全面发展,具有深远的现实意义。这种意义主要体现在如下几个方面。

首先,"以人为本"的理念本质上强调的是以民为本、执政为民的价值观。早在春秋时期,管仲就在他的著作《管子·霸言》中初步阐述了"以人为本"的思想,他写道:"夫霸王之所始也,以人为本。"这是"以人为本"观念的雏形。然而,这里的"以人为本"作为建立和巩固封建政权的重要手段而存在,由此可见它的理论立足重点围绕着君而非民,管仲提出的人本思想具有一定的历史局限性。在当代中国,"以人为本"的理念是中国共产党人在继承中国传统民本思想和借鉴西方人本主义的基础上进行的合理发展和超越。在这个理念中,"人"的含义广泛,涵盖了农民、工人、知识分子等所有参与全面建设小康社会、推进中国特色社会主义伟大事业的劳动人民。"本"则是指党的一切工作都应以广大人民群众的根本利益为核心。总之,坚持"以人为本"就必须始终坚持全心全意为人民服务,胡锦涛同志为此强调:要满足人民群众日益增长的精神文化需要,促进人的全面发展。② 其次,"以人为本"要尊重人民主体地位,发挥人民首创精神。"以人为本"强调人既是发展的终极目

① 《胡锦涛文选》第二卷,人民出版社,2016 年,第 166—167 页。
② 同上书,第 291 页。

标,也是推动发展的核心动力,凸显了人在发展中的主导地位。毛泽东曾说: "世间一切事物中,人是第一个可宝贵的。"①在建设社会主义的道路上,我们必须切实保护人民的各项权益,满足他们不断增长的物质和精神需求,并坚守"发展为了人民,发展依靠人民,成果由人民共享"的原则。在当今快速发展的时代背景下,人已成为社会生产中最为活跃和关键的因素,对经济发展起着举足轻重的作用。要实现全面、协调和可持续的发展,就必须激发全民的创新精神,推进科教兴国和可持续发展战略,并在全社会培育对劳动、知识和人才的尊重,以促进人的全面发展。同时,"以人为本"的核心理念是推动个体的全面发展。科学发展观深刻体现了马克思主义关于人的发展的观点。马克思曾指出,人的本质是社会关系的总和,非抽象存在。因此,人的全面发展涉及素质、技能和社会关系等多个层面,而这些层面的发展都离不开科学发展观的实践。显然,单纯的经济发展并不足以实现人的全面发展,因为影响因素多元。所以,在推动经济社会全面发展的过程中,我们必须不断完善和加强社会其他方面的建设,以更好地促进人的全面发展。

(二)"全面发展"的价值取向

全面发展作为科学发展观的重要组成部分,是在对传统发展观念进行反思的基础上提出的。传统的发展观念在某些实际工作中过于侧重经济增长,而全面发展则强调经济、社会、文化和生态等多个方面的协同进步,以此作为对传统观念的修正和升级。传统理念往往将发展等同于经济领域的高速增长,有时甚至以牺牲生态资源和劳动者的健康为代价。然而,科学发展观并不排斥经济发展,它追求的是社会的全面进步,这包括经济、

---

① 《毛泽东选集》第四卷,人民出版社,1991年,第1512页。

政治和生态文明的协调发展。因此，在科学发展观中，物质文明、政治文明、精神文明和生态文明是相互依存、相互促进的。缺少其中任何一项，都会对社会的和谐发展产生深远影响。科学发展观的提出，旨在实现经济高质量快速发展与社会全面建设的双赢。在构建和谐社会的征程中，我们必须双管齐下：既要推动经济持续健康发展，又要加强社会各层面的建设。一方面，通过不懈努力加强物质文明建设，为社会的改革与进步奠定坚实的物质基础；另一方面，通过政治、精神及生态文明建设的同步推进，为物质文明的发展营造更加优越的环境。由此可见，科学发展观不仅精准地把握了社会全面发展的内在规律，更深刻地反思了传统发展观片面追求高速增长而忽视发展质量与效益的问题。这种发展理念，无疑是我们走向更加美好未来的重要指引。

（三）"社会和谐"的价值思想

在当下这个全面蓬勃发展的时代背景下，推动社会的和谐发展不仅深刻反映了广大人民群众的殷切期盼，更体现了中国特色社会主义的本质属性。正因如此，科学发展观明确提出了关于社会和谐的核心思想。就笔者个人观点而言，其精髓可以概括为以下几个方面。

其一，社会的协调发展。要实现社会的协调发展，我们需要促进人与人之间的和谐发展，同时也要确保人与社会、人与自然之间的和谐共生。此外，为了全面而均衡地发展，我们还须推动生产力与生产关系、经济基础与上层建筑之间的协调共进。这样一来，政治、物质、精神以及生态文明等各个方面的建设都将能够相互协调、相互促进，共同构建一个更加和谐的社会。在过去的实践中，传统发展观片面地追求经济的高速增长而忽视人民的根本利益，导致我国城乡发展差距逐渐扩大，也造成社会发展不协调的现实问题。

而科学发展观指出,人们若想推动经济社会的协调发展,解决城乡和区域之间、不同群体之间的差距问题,就必须逐步破除城乡二元结构、构建协同发展的新格局,同时还应当为社会各方面的协调发展提供有效的制度保障,从而推动经济社会的全面发展。由此可见,科学发展观是针对以往发展过程中出现的问题而提出的一种新的发展理念,它深刻地反映了社会主义建设的规律,并对其进行了科学认识和准确把握,体现了在科学发展问题上所具有的高度价值自觉。

其二,社会的可持续发展。恩格斯曾经指出:"但是我们不要过分陶醉于我们人类对自然界的胜利。对于每一次这样的胜利,自然界都对我们进行报复。每一次胜利,起初确实取得了我们预期的结果,但是往后和再往后却发生完全不同的、出乎预料的影响,常常把最初的结果又消除了。"[①]由此可见,社会的可持续发展,核心在于达成人与自然之间的和谐共存,以及实现经济发展与生态资源的协调平衡。这一理念的实践有助于我们更好地构建"资源节约型"和"环境友好型"社会。相较之下,传统的发展观念过于偏重经济增长,甚至不惜一切代价来满足当代需求,这无疑对我国的生态环境和经济的可持续发展造成了深远影响。科学发展观明确反对"先污染后治理""先破坏后恢复"的陈旧模式,倡导在推动经济快速发展的同时,必须加大对生态环境的保护力度。这种发展模式旨在开辟一条新路,即实现"生产进步、生活富足、生态优美"的和谐愿景。总的来说,科学发展观对人与自然、经济发展与生态保护之间的关系有着深刻洞察,无疑为我国的可持续发展提供了有力支持。

---

① 《马克思恩格斯选集》第3卷,人民出版社,2012年,第998页。

五、 新时代关于价值观的探索

凝聚社会共识和实现"中国梦"的基础,在于我们如何构建社会和培育公民。对此,习近平总书记明确表示:"我们要在全社会大力弘扬和践行社会主义核心价值观,使之像空气一样无处不在、无时不有。"[①]

(一)国家层面的价值目标:"富强、民主、文明、和谐"

"富强、民主、文明、和谐"的倡导,深刻体现了我国社会主义建设的核心价值追求。这一理念是从国家层面所提炼的主导价值观,在社会主义核心价值观体系中占据着举足轻重的地位。与此同时,它还是我们党带领广大人民群众全面建成小康社会和实现中华民族伟大复兴宏伟目标的价值取向,为社会和公民层面的价值追求提供了正确的方向指引。此外,作为我国当前的国家发展目标,"富强、民主、文明、和谐"蕴含着深厚的理论底蕴。其中,富强意味着人民的富裕和国家的强盛,它要求我们坚持以经济建设为核心,通过解放和发展生产力,推动社会财富的持续增长和综合国力的稳步提升,从而引领全体人民走向共同富裕。而民主,不仅是人类社会的崇高价值追求,也是中国共产党人不懈的奋斗目标。我们所倡导的民主是人民民主,它旨在保障广大人民当家作主的权利,对维护社会稳定和推动经济发展具有至关重要的作用。对此,邓小平同志曾指出:"没有民主,就没有集中统一;没有集中统一,党就没有战斗力。"[②]文明不仅可作为衡量社会进步的重要指标,同时,它也体现了社会主义制度的独特优越性。因此,我们在推进物质文明建设的同时,也必须注重社会主义精神文明的建设,使其成为推动国家和民族进步的重要精神力量。和谐深深植根于中华传统文化,也是中国人民一贯的行为准

---

① 习近平:《在文艺工作座谈会上的讲话》,人民出版社,2015年,第23页。
② 《邓小平文选》第一卷,人民出版社,1994年,第307页。

则。在当今时代,构建社会主义和谐社会对缓解社会矛盾和解决生态问题至关重要,有助于实现人与人、人与社会、人与自然的和谐共存。总的来说,国家层面的价值目标为我国的社会主义建设提供了明确的方向,不仅契合了中国人民建设现代化强国的愿景,而且为其他层面的价值目标的实现提供了坚实的保障。

(二) 社会层面的价值目标:"自由、平等、公正、法治"

倡导"自由、平等、公正、法治"彰显了人们对理想社会秩序的向往,这一价值目标不仅代表了社会层面的追求,更体现了我们党始终如一的价值坚守。"自由"作为人们长久以来的共同追求,同时也是一个颇具争议的话题。近代西方学者强调,自由并非随心所欲,而是在法律框架内的自由行动。实现人的自由,也是马克思主义者所追求的崇高目标。"平等"则是指在政治和经济层面上,每个人都应享有同等的社会地位和权利义务,确保所有人都能分享社会发展的成果和机会。"公正"即公平正义,它既是马克思主义的核心价值,也是社会主义本质的必然要求。为了维护这一价值,我们必须保护每个人的合法权益,为其创造一个公平正义的社会环境,确保发展成果惠及全民。同时,我们也需妥善平衡公平与效率的关系,避免陷入平均主义的误区。"法治"作为国家治理的基石,摒弃了过去的"人治"方式,确保了法律实施的稳定性和公正性。依法治国必须恪守法律面前人人平等的原则,任何组织和个人都不能超越法律之上,必须严格执法,从而切实保障全体人民的合法权益。总之,社会层面的这些价值目标不仅反映了我们党在社会主义建设中的深入探索,也是我们坚持和发展中国特色社会主义的重要价值导向。

（三）公民层面的价值目标："爱国、敬业、诚信、友善"

倡导"爱国、敬业、诚信、友善"，这不仅是从公民层面提出的必须遵循的道德准则，也体现了对全体公民的道德期望。爱国，作为自古以来的共同价值理念，是每个公民的基本责任和义务。在现今社会，爱国不仅表现为对祖国的深厚情感，更体现在积极投身于中国特色社会主义的伟大实践中。因此，我们应大力弘扬爱国主义精神，使之成为推动我国社会主义建设的重要精神支撑。敬业，是职业道德的核心要求，它体现了人们对工作的认真态度和高度的责任感。我们应该树立崇高的职业追求，以恪尽职守、精益求精的态度投入到工作中，在平凡的岗位上实现自己的价值，从而赢得社会的尊重。诚信，既是社会道德的基础，也是社会主义道德建设的关键内容。它具有教育、评价和调节社会行为的重要功能，对推动经济社会发展、构建和谐社会关系起着至关重要的作用。友善，即团结互助和善待人的品质，它是对和谐人际关系的最好诠释。历史和现实都告诉我们，缺乏善意和包容的社会是无法形成良好的社会氛围的，更谈不上构建和谐社会。因此，我们是否以友善的态度待人，不仅关乎个人的道德修养，更影响着整个社会的文明进程。总的来说，公民层面的这些价值目标是社会主义国家公民应当恪守的道德准则，同时也是我们追求更高层次价值目标的重要基石。

第四章 当代大学生社会主义核心价值观
培育的影响因素分析

社会存在决定社会意识。大学生社会主义核心价值观的形成发展受当时政治经济等各方面环境条件的影响,被打上深深的时代烙印。当代的新变化、新需求、新发展和新条件等,对当前大学生社会主义核心价值观培育也形成了新的需求导向。因此,要想准确地把握当代大学生社会主义核心价值观状况,就必须认真了解和分析当代大学生社会主义核心价值观培育的时代特征,这是前提条件,也是把握大学生社会主义核心价值观培育要求,反思不足,提出对策的基础。

第一节 当代大学生社会主义核心价值观培育的挑战

大学生社会主义核心价值观形成是个体内在价值观各要素与外在环境相互作用的结果。而个体价值观的形成,并不是遗传的结果,而是社会外在环境影响的结果。可以说,先有社会价值观的影响,有环境的塑造,才有个体内在价值观的形成。从社会因素、家庭因素和个人因素三方面进行深入分析,揭示当代大学生社会主义核心价值观培育的挑战,有助于把握当代大学生社会主义核心价值观培育的时代背景特点与人才培养要求。

一、社会因素的影响

（一）经济全球化带来的文明碰撞

全球化起源于资本主义在世界范围内扩张,其中经济的全球化把世界市场联结在一起,使世界各国和不同地区的经济活动相互渗透、互相依赖,使生产要素在世界范围内流动和配置。经济全球化最先带动的便是资本要素的发展,特别是资本要素在全球范围内的流动以及由此带来的经济合作与竞争,并由此带来的贫富分化、资本掠夺等冲突。在经济全球化进程中,不可避免地出现文化渗透、价值变迁及制度移植等现象。① 就是说,经济全球化带来人们对不同生产方式选择与认识的冲突,带来文明的冲突。最初,世界各国、民族间文明的冲突较多指的是民族间、习俗之间,以及生产制度、国家体制文化之间的冲突。当前,中国特色社会主义进入新时代,和平与发展仍然是世界的主题。而中国在世界舞台上扮演的角色越来越重要,地位越来越突出,责任越来越大。出于全方位、多层次、立体化的外交布局,中国发出并实施"一带一路"倡议,作为领头国发起创办亚洲基础设施投资银行,参与设立丝路基金,并举办了"一带一路"国际合作高峰论坛、二十国集团领导人杭州峰会、亚太经合组织领导人非正式会议、亚信峰会和金砖国家领导人厦门会晤等。中国作为主要国家提出构建人类命运共同体,给世界各国、各民族发展提供了中国智慧、中国方案。

经济全球化,以及由此带来的文化全球化和东西文明的冲突,必然影响着大学生对世界各国经济发展方式、西方政治体制的看法,其中也包含了对中国的外交政策、中国经济崛起后以及和平发展的价值取向。在剧烈变革的

---

① 宁先圣、石新宇:《社会主义核心价值体系与当代社会思潮》,社会科学文献出版社,2011年,第46页。

时代当中,在全球化多元文化的背景下,当代大学的价值观也发生了深刻的变化。其中,既有坚持中国特色社会主义理论信仰、积极投身中国梦的实践当中去、自觉践行中国特色社会主义核心价值观的大学生;也有崇洋媚外、盲目全球照搬西方文明的大学生;还有一些拒绝外来一切文化,孤芳自赏、闭门造车、封闭排外的大学生;等等。这就是全球化给大学生社会主义核心价值观培育带来的挑战。

(二)社会政治建设中意识形态领域斗争复杂

当前世界格局处于一超多强的局面,但同时全球治理格局也发生了新变化。大国博弈之间,美国外交政策的变化牵动大国关系的调整。中国呼吁协调合作,解决国际热点问题,成为国际舞台上的建设性力量。但中国面临西方敌对势力的渗透,同时面临政治体制改革带来的负面影响,我国意识形态领域斗争依然复杂。西方,尤其以美国为代表的资本主义国家,还是希望通过和平演变来消灭社会主义国家,就是通过文化入侵和品牌入侵来改变人民的消费习惯和思维方式。美国对中国的打压显现在各个方面:在军事上,透过我国台湾、日本形成的第一岛链对我国进行领海限制;在外交上,通过每年的所谓“人权白皮书”、对台军售、对日驻军等方式对我国进行孤立;在经济上,通过反倾销、技术封锁、更改关税、调节汇率等方法,削弱中国的经济实力;同时将自己的核心价值观——所谓的“自由、民主”——向中国灌输,从而实现从社会主义国家内部瓦解社会主义制度的策略。因此,我们在与资本主义国家进行经济科技等方面的对抗时,在培养大学生的精神意识形态层面,必然也要设法有效抵抗西方资本主义思潮的入侵。中共中央办公厅在《关于进一步加强和改进新形势下高校宣传思想工作的意见》文件中指出:“意识形态工作是党和国家一项极端重要的工作,高校作为意识形态工作前沿阵地,肩负着学习研究宣传马克思主义,培育和弘扬社会主义核心价值观,为实现中华民族伟大复兴的中国梦提供人才保障和智力支持的重要任务。"面对复杂的意识形态斗争,用社会主义核心价值观引领广大师生的任务更加艰巨,掌握网络舆论主动权的任务更加凸显,坚决防止宗教极端思想渗透的任务更加迫切,高校落实好立德树人的根本任务更加迫切。

(三) 社会文化多元化带来的价值观问题

多元文化主要概括了两种形式的文化冲突。第一种指的是殖民主义者与被殖民者之间的文化冲突。存在这种文化冲突的原因是殖民者对原住民的殖民管理,殖民者带着本国的文化闯入原住民的世界,并且将这种文化理念强加于被殖民者的生活中,两种文化往往差异显著,因此这种矛盾显得十分突出。第二种形式是不同的民族之间的文化冲突。每个民族有其独特的文化底蕴和历史渊源,因此其文化的表达形式也是千差万别的,虽然能够共同生存,但是暗藏的矛盾仍是难以调和的。[①] 教育学家班克斯曾大胆提出定义,他认为所谓"多元文化"是指"一个国家由不同信念、行为、肤色、语言的多样文化所组成,其彼此关系是相互支持,且均等存在的"。在全球化过程中,世界开始发生一些根本性的变化,在政治层面出现了多极化,在发展经济领域也实现全球化,就连文化,在越来越频繁的跨国交往中也开始产生了多元化的趋势,这些都是全球化不可避免的发展态势。"多元文化"这一理念的提出其实是一种历史的必然,是人们在发展的进程中不断总结经验之后达成的共识。而在这个全球化进程空前发展的时代,文化的传播速度空前,信息对人们的生活的重要性也提高到了空前的地步,在某种程度上,甚至已经超

---

① 王锋:《教育生态视域下江苏高教发展研究》,博士学位论文,南京林业大学,2014 年,第14 页。

越了生产机器的重要性。文化软实力体现了一个国家对其他国家的吸引与影响能力,其增强有助于更广泛地对外传播本国文化。换言之,文化软实力的强弱直接决定着本国文化在世界文化之林能否立足。自 20 世纪 90 年代以来,韩国以推广娱乐产业为国策。目前,韩国电视剧、歌曲、电影占据了手机、电脑屏幕的大片江山,对我国年轻人产生广泛的影响。但其中的某些思想也让青年人形成了盲目拜金、追星的扭曲心理,造成了人生观、价值观的紊乱。

文化的多元化就是培养当代大学生社会主义核心价值观的一个时代背景。大学生树立价值观的过程中会受到更多方面的影响,价值观也开始表现出多元化、复杂化和开放化等特点,由单一到多元,由简单到复杂,由虚无到务实。随着改革开放的推行、市场经济的确立,经济发展速度空前带来了相对充足的物质基础,大学生价值观也开始摆脱计划经济时期那种单一的政治方向而开始有了更多、更复杂的选择。文化的全球化可以拓展大学生价值观的选择范围,对其价值观培养实际上是积极影响。在多样性的文化环境中,高校学子们的视野不再局限于一个狭隘的界限内,而开始学习其他国家、民族的文字、语言、历史、宗教、风俗习惯等新奇有趣的文化。如此可以激发学生们的创新能力,成长为创新型人才。文化的全球化同时意味着选择的多样性。只有不停地比较、思考、判断和决定,大学生才能最终确定自我的内心需求和发展方向,才能更加坚定自己的选择。

(四)社会信息化带来的价值观复杂影响

20 世纪中叶以来,电子计算机、光纤等新兴技术与新兴行业的发展带来通信网络和社会信息化的发展。20 世纪末,美国宣布人类进入信息化的时代,"信息高速公路"带来人类生活、生产与交往方式的革命。总的来说,社会信息化带来人类生活空间、生活方式的改变,带来人们获取信息方式的改变,也给人们带来海量信息压迫、信息选择困难以及主体性丧失等负面影响。进入 21 世纪,信息技术的迅猛发展,特别是新媒体的发展与网络的普及,带来了青少年网络生活方式巨大变革。一方面,大学生在开放、多元、自主的新媒体生活中,获得了更大的自主权和选择权,价值取向也呈现多元化。但另一方面,也会由于自身的猎奇心理,思维方式的局限性以及世界观、人生观、价值观还不够成熟和稳定,容易沉迷于虚拟世界,容易受网络消极文化的影响,容易脱离现实生活。网络信息化时代,是一个前喻、并喻和后喻时代同时并存的时代,而网络生活中更突出后喻时代的特点,前辈需要更多地向后辈学习。在这样的时代特征下,一方面,社会主流文化和主导价值观的权威性减弱;另一方面,青年亚文化、大众文化等非主流文化影响力增加,网络杂音、噪音自发产生影响更为突出,带来大学生对主流文化和主导价值观认同的弱化、淡化。总的来说,由于社会信息化发展带来了网络生活方式的变革,大学生网络生活自主性占据主导地位,因而多元文化自发带来对价值观的复杂影响难以预测和控制,对大学生社会主义核心价值观培育提出了巨大挑战。

二、 家庭因素的影响

家长是孩子的第一任老师,影响着孩子能否扣好人生第一颗纽扣。个人成长的最初环境始于家庭,家庭是当代大学生社会主义核心价值观培育的重要场所,家庭教育更是社会主义核心价值观培育的必要环节。良好的家庭教育不但可以促进个人在成长过程中形成良好的精神素养,而且能提升个人的综合能力,推动个人的发展。家庭教育的影响会伴随着个人的成长发展始终,当代大学生社会主义核心价值观的形成离不开家庭教育的力量,与家庭教育有着密切联系。

（一）家庭、家教、家风建设有待加强

家庭是社会的基础，家教是价值认同，家风是家庭教育的传承，家教家风建设对促进国家发展、民族进步、社会和谐有重要意义，家庭的前途命运同国家和民族的前途命运紧密相连。当代大学生社会主义核心价值观培育，要让大学生都能知道、熟悉、理解并践行社会主义核心价值观，要从家庭入手，以家教为切入点，以家风为传承，将社会主义核心价值观融入每个家庭成员心中，不断传承和发扬光大，让新时代家庭观成为家庭践行的道德规范和行为准则。父母的言行举止、知识储备、思想道德素质都会影响子女的成长，良好的家教家风建设有助于大学生践行社会主义核心价值观。然而当前家庭教育的现状有待改善，部分家长由于日常工作繁忙，很少关心大学生的心理和价值观引导，只关心大学生的衣食住行。甚至一些家长文化水平较低，常年在外打工，并不在子女身边，使得子女在成长过程中性格、思维方式、价值观形成等都会受到一定影响，不利于大学生社会主义核心价值观培育。因此，要加强家庭家教家风建设，引导大学生在日常生活中不断积累、践行和弘扬中华优秀传统文化，践行社会主义核心价值观。

（二）家庭教育模式有待改进

家庭是社会构成的基本单元组成，家庭教育更是对个体的成长起着至关重要的作用，并且家庭教育方式也对子女的社会主义核心价值观的培育具有深远影响。社会主义核心价值观的培育，要让每个家庭都成为社会主义核心价值观播种、生长的沃土，成为社会主义核心价值观培育的一块块"责任田"。然而，传统的家庭教育模式存在着许多不足之处。首先，家庭教育理念有待更新。一方面，大多数家庭仍然沿袭传统的家庭教育理念，家长期望子女成才，能够学有所成，始终秉持"知识才能改变命运"的信念，因此只关心大学生

的在校学习成绩,唯成绩论,从而忽略了大学生的心理健康发展、思想道德修养和品格的形成,缺乏对大学生社会主义核心价值观方面的培养。另一方面,不少家庭存在家长溺爱和保护子女的现象,把子女放在家庭的核心位置,导致子女出现自理能力较差、缺乏自律、骄纵任性、以自我为中心、社交能力差、孤独等现象,甚至有些家长会倾其所有地满足子女提出的任何要求,毫无原则地纵容子女的各种行为,导致子女缺乏对事物的正确判断能力,缺乏艰苦奋斗的精神,缺少抗挫折能力,没有形成正确的价值观。当他们在步入大学生活之后,只能独自应对处理各种事情,在大是大非面前,往往不知所措,经受不住各种新鲜事物的诱惑,缺少是非判断能力,容易误入歧途。其次,家庭教育模式有待改进。一方面,一些家长缺少与子女的沟通,常常采用灌输式、命令式教育模式,导致家长与子女长期处于不平等的地位。在家庭教育中,有些家长总是处于强势的地位,不讲道理,以强硬的态度强迫子女必须按照自己的想法做事,久而久之陷入恶性循环,导致子女没有选择的权力,更不愿意敞开心扉与家长沟通交流。长此以往,家长难以了解子女内心的真实想法,无法掌握子女的思想动态,使家长与子女之间的关系疏远,子女缺少对家长的信任和认同,不利于家长对子女的社会主义核心价值观的培育。另一方面,家长与子女由于年龄的差距、成长环境的不同,思想沟通存在代沟。大学生在步入大学以后,开始相对独立的学习生活,与家长之间的沟通交流自然而然地减少。同时,由于子女不在身边,家长生活的重心放在工作上,日常只能凭借通信工具与子女进行交流,缺乏对子女的日常关心,不了解子女的所思所想及近期在学校的生活学习情况,很难与子女进行深入交流。有些大学生具有很强的独立意识和自我保护意识,有着自己的价值判断准则,认为家长的文化水平不高,思想观念传统保守落后,已经跟不上时代的步伐,更不愿意采纳家长的意见建议,不愿意听从家长教育,厌烦他们唠叨。不合适的家庭教育模式给一些大学生带来严重的逆反情绪和惯性逆反心理,更不利于对大学生社会主义核心价值观的培育。

（三）家长自身综合素养有待提升

部分家长作为大学生社会主义核心价值观培育过程的主要参与者,忽视榜样示范作用。一方面,家长自身的综合文化素养会影响子女社会主义核心价值观的培育,因为家长的言谈举止、行为素养、学历文化、道德素养等会对子女的价值观起着潜移默化的熏陶作用。在家庭中,家长如果有着较高的综合素养及文化水平,将会重视家庭教育并创造良好的家庭氛围;子女受到家长日积月累的行为熏陶,将会保持积极乐观向上的心态,充满正能量,形成正确的价值观。如果家长的受教育程度相对不高,没有较高的综合素养,在相关理论知识层面有所欠缺,又存在言谈与行为不符等现象,这种行为会形成错误的示范引导,不利于大学生做出正确的道德判断和道德选择。另一方面,家长忽视子女核心价值观的培育。一些家长认为对子女的爱就是给予物质上的充足保障,忽视对子女精神层面的关心。还有一些家长受应试教育影响"重智轻德",忽略对子女在心理健康和道德修养等方面的培养。其实,子女在成长的过程中,特别需要家长的关心、关注和爱护,家长的关爱能够促进子女身心健康发展,并且在此过程中也能增进家长与子女之间的感情,建立良好的信任关系,从而促进社会主义核心价值观培育。

三、学校因素的影响

高校作为当代大学生思想政治教育的主阵地,在社会主义核心价值观培育方面发挥着主体作用,承担着培养社会主义合格建设者和可靠接班人的重要任务。学校因素的影响主要包含以下几个方面。

（一）新时代高校"三全育人"现实要求

1. 课程体系的设置是学校影响因素中的核心

高校通过开设思想政治理论课程,系统地传授社会主义核心价值观的理论知识,引导大学生深入理解其内涵和意义。同时,结合课程思政原则,系统性地开展课程思政建设,将课程思政融入课堂教学建设全过程,将科学挖掘的思政教育资源有机融入。在专业课授课中,将社会主义核心价值观融入教学情景、教学实践,使学生在学习专业知识的同时,实现价值塑造、知识传授、能力培养的紧密融合。

2. 校园文化的熏陶对学生价值观的塑造具有潜移默化的影响

高校通过举办各类文化活动、志愿服务、社会实践等,营造积极向上的校园文化氛围,让学生在参与中体验、感悟社会主义核心价值观的力量。这种文化氛围的熏陶,能够使学生在潜移默化中接受并认同社会主义核心价值观。

3. 教师的言传身教对学生价值观的塑造具有关键作用

高校教师是学生的引路人,教师的言行举止、价值观念都会对学生产生深远影响。因此,高校须加强对教师的师德师风建设,引导教师以身作则,践行社会主义核心价值观,为学生树立榜样。

4. 学校的管理和服务水平也是影响学生价值观的重要因素

高校应建立健全的管理制度,提供优质的服务保障,让学生在校园生活中感受到公平、公正、和谐的氛围。这种氛围有助于学生形成积极向上的价值观念,激发他们为社会主义现代化建设贡献力量。

（二）高校思想政治工作的制度影响

高校思想政治工作制度,作为推动大学生社会主义核心价值观培育的重要支撑,发挥着不可或缺的作用。它不仅为大学生的价值观塑造提供了明确的导向,而且通过一系列制度化的教育和引导,使社会主义核心价值观在大学生心中生根发芽。以下将从四个方面详细论述这一制度对培养大学生社会主义核心价值观的具体影响。

1. 精准规范引导,确保价值观培育的坚定方向

高校思想政治工作制度以其高度的规范性和引导性,确保了大学生社会主义核心价值观培育的坚定方向。这些制度明确规定了教育目标、教学内容和教学方法,为教育者提供了清晰的指导,使得教学过程更加科学、系统。在这样的制度下,大学生能够更加深入地理解社会主义核心价值观的内涵,从而坚定自己的信仰和追求。同时,这些制度还规范了教育者的教学行为,确保了教学内容的正确性和一致性,避免了因为个人主观理解而产生的偏差。

2. 强化实践体验,促进价值观的内化于心

高校思想政治工作制度注重实践教育,通过丰富多彩的实践活动,让大学生在亲身实践中体验和感受社会主义核心价值观的真谛。这些实践活动包括但不限于志愿服务、社会调查、实习实训等,它们为大学生提供了深入了解社会、认识国情的机会。在实践中,大学生能够真切地感受到社会主义核心价值观的力量,从而更加自觉地将其内化为自己的价值观念和行为准则。同时,实践活动还能够促进大学生之间的交流与合作,培养他们的团队合作精神和社会责任感。

3. 营造浓郁氛围,形成价值观培育的肥沃土壤

高校思想政治工作制度致力于营造积极向上的校园文化氛围,为大学生社会主义核心价值观的培育提供了肥沃的土壤。通过举办各种讲座、展览以及其他文化活动,将社会主义核心价值观的基本内容和要求融入其中,使大

学生在潜移默化中受到熏陶和感染。同时,还鼓励大学生积极参与校园文化建设,发挥他们的创造力和想象力,共同打造和谐、健康、向上的校园文化环境。在这样的环境中,大学生能够更加自觉地接受社会主义核心价值观的培育,形成正确的价值观念和道德观念。

4. 创新工作机制,提高价值观培育的实效性

高校思想政治工作制度不断创新工作机制,提高大学生社会主义核心价值观培育的实效性。这些创新机制包括但不限于新的教学方法和手段、个性化的教育方案以及有效的评估机制等。通过采用案例教学、情境教学、网络教育等新的教学方法和手段,这些制度激发了学生的学习兴趣和积极性,提高了教学质量。同时,制度还注重对学生的个性化培养,根据他们的不同特点和需求制定个性化的教育方案,使每个学生都能够在适合自己的方式下接受社会主义核心价值观的培育。此外,制度还建立了有效的评估机制,对大学生的社会主义核心价值观培育效果进行定期评估和反馈,及时发现问题并进行改进和调整,从而确保了教育目标的实现。

（三）高校社会主义核心价值观培育的目标要求

高校社会主义核心价值观的培育是一项既具战略性又具深远意义的工作。其目标要求不仅体现了国家对高等教育在立德树人方面的期待,也反映了社会对未来人才在道德品质、价值追求上的期许。

高校社会主义核心价值观培育的目标应聚焦于学生个体层面,即要使学生深刻理解和认同社会主义核心价值观的核心理念,自觉将其内化于心、外化于行。这要求高校在教育过程中,不仅要注重理论知识的传授,更要通过实践活动、校园文化建设等多种途径,让学生在实践中感知、体验和领悟社会主义核心价值观的深刻内涵。

从社会层面来看,高校社会主义核心价值观培育的目标在于培养具有高度社会责任感、良好道德品质和强烈国家意识的公民。这意味着高校教育应致力于提升学生的社会责任感和公民意识,引导学生关注社会、关注国家,积极参与社会事务,为国家的发展和社会的进步贡献自己的力量。

从国家层面来说,高校社会主义核心价值观培育的目标是实现国家长治久安、社会和谐稳定、人民幸福安康的重要保障。这要求高校在培育过程中,不仅要注重学生的个体发展和社会责任感的提升,更要关注国家大局,引导学生树立正确的国家观、历史观和民族观,自觉维护国家的统一和稳定,为国家的繁荣富强贡献智慧和力量。

总的来说,高校社会主义核心价值观培育的目标要求是全方位的、多层次的,既关注学生的个体发展,又注重社会和国家的需求。高校应以此为目标,不断创新教育方法和手段,提高教育质量和效果,为培养德才兼备、全面发展的人才做出更大的贡献。

四、 个人因素的影响

当代大学生社会主义核心价值观的形成不仅受社会、家庭、学校等因素的影响,还受大学生个人因素的影响。个人因素是社会主义核心价值观培育的关键因素,与社会、家庭、学校等因素形成教育合力,共同作用于当代大学生社会主义核心价值观的形成。

（一） 大学生价值取向多元化、功利化

社会主义核心价值观具有一元统领的功能,但是当代大学生价值取向多元化。一方面,信息化时代外来文化的入侵,导致多种价值观的碰撞冲突。一些大学生在一味追求个性发展的过程中容易受外来文化的影响,产生传统道德观念的叛逆,出现一些道德偏差和错误倾向。另一方面,一些大学生积

极进取,具有很强的创新意识,追求个性发展和自我价值的实现,缺乏集体意识,容易为追求个人利益而牺牲集体利益,产生错误的价值观倾向。同时,随着我国经济的快速发展,当代大学生的生活水平明显改善,成长环境较为顺利,经历挫折较少,导致一些大学生心理承受能力较弱,抗挫折能力较差,遇到困难容易造成价值取向的偏差,呈现价值追求功利化的特点。

(二)大学生的认知水平有限

马克思主义理论是社会主义核心价值观的理论源泉。所以,要加强大学生马克思主义理论知识的学习,坚持读原著、学原文、悟原理,夯实大学生核心价值观践行的理论基础。一般情况下,具有深厚马克思主义理论知识的大学生通常拥有良好的认知能力,因此,从内心深处接受并认同社会主义核心价值观的精神实质,更能深刻地领会社会主义核心价值观的内在意义和时代内涵,更有助于推动大学生自觉践行社会主义核心价值观。然而,缺乏马克思主义理论知识储备的大学生,由于自身认知水平有限,在学习马克思主义理论知识时难以领悟其中的思想真谛,面对是是非非,很难辨别真伪,遇到问题困难时,很容易被误导,造成理想信念的偏差,从而影响其对社会主义核心价值观的根本认识。因此,要坚定当代大学生的理想信念,让大学生深刻理解习近平新时代中国特色社会主义思想的道理、学理、哲理,深化对"中国共产党为什么能,中国特色社会主义为什么好,归根到底是马克思主义行,是中国化时代化的马克思主义行"[1]的认识,深化对新时代伟大成就的理论逻辑、历史逻辑、实践逻辑的认识,树立对马克思主义的信仰、对中国特色社会主义的信念、对实现中华民族伟大复兴中国梦的信心,在强国建设、民族复兴的历

---

① 习近平:《开辟马克思主义中国化时代化新境界》,《求是》2023 年第 20 期。

史潮流中确立正确的人生目标,为一生的奋斗奠定基石。

(三)大学生的心理和思想发展不成熟

当代大学生的智力发展达到高峰,但一些人缺乏辨识能力,在心理上发展不成熟。在从青年过渡到成人这个年龄段,他们的抽象逻辑思维能力占据主导地位,思想活跃,好奇心强,精力充沛,追求新鲜刺激,反应敏捷,善于独立思考,敢于标新立异,能快速适应社会的新变化,自我表现欲强,具有顽强的探索精神,批判性和独立性较强。但毕竟缺乏社会实践,思想易脱离实际,有时好走极端,表现出一定的片面性和盲目性,往往不分是非良莠,易受错误思潮的影响,辩证思维能力较弱,缺乏分辨能力。大学阶段是个体思想意识发展的关键时期,大学生在心理发展层面还没有完全成熟,部分大学生不能正确对待认识自己,难以适应环境变化。部分大学生对大学生活理想化,为自己设计了许多成才的目标,但是缺乏足够的思想准备,使得思想和现实之间出现强烈反差。在这个过程中,可能会因为一些事情与自己之前所形成的思维习惯产生冲突,随之带来困惑或意志消沉,从而产生厌学情绪,因此在心理上常常表现出不稳定性。大学生独立意识较强,有着自身形成的固定思维方式和价值评判准则,在大学学习生活中会接触到形形色色的新鲜事物,喜欢自主选择自己感兴趣的课程。如果社会主义核心价值观培育方法仅仅运用单纯的理论灌输,就会使大学生产生厌倦情绪,无法从内心真正接受和认同社会主义核心价值观理论内涵。在传统教学过程中,又很难在较短时间内改变大学生的固有思维习惯,这种固化的思维影响着大学生对社会主义核心价值观的认同。另外,一些大学生理想信念淡化、利己思维、责任感缺失等现象对社会主义核心价值观培育有着巨大的阻碍作用。部分学生认为社会主义核心价值观与自己毫不相关,完全是党和国家的事情,于是表现出对与自身利益无关的冷漠。此类意识在很大程度上影响着大学生对社会主义核心价值观的正确认知，背离社会主义核心价值观所倡导的价值追求，不利于大学生形成正确的价值取向。

第二节　当代大学生社会主义核心价值观培育的机遇

一、新时代的现实要求

社会主义核心价值观的提出，解决了我国建设什么样的国家的问题，解决了建设什么样的社会的问题，解决了培养什么样的公民的问题。当前，要想中华民族伟大复兴的中国梦能早日得以实现，就必须把社会主义核心价值观作为价值支撑。

社会主义核心价值观是实现中华民族伟大复兴的中国梦的价值支撑。大学生是青年主力军，是民族希望，国家未来。实现中国梦，需要广大青年形成广泛的价值共识和共同的价值追求，在实践中国梦当中实现个人梦想。我国已经超越日本成为了世界第二大经济体，协调推进"四个全面"是当前我国大国强国的战略布局。全面建成小康社会，全面深化改革，全面依法治国，全面从严治党，需要社会主义核心价值观作为精神动力和思想保证。中国改革开放已有40多年，深化经济改革是推动我国经济发展的重要方略。面对错综复杂的国际环境，以及国内意识形态发展和经济建设的要求，拥有一个稳定的态势是我国社会建设和经济发展的重要前提。邓小平曾经说过："中国的问题，压倒一切的是需要稳定。"[1]因此，我国的进一步发展必须有一个相

---

[1]　《邓小平文选》第三卷，第286页。

对稳定的政治、经济和人文环境。

金融危机过后，我国经济受到全球经济环境的波及，以往依托的传统社会体系，在全球化加速推进的市场经济大潮中，面临着社会价值动力转换的挑战，传统经济体制下的推动力有所减弱。同时，伴随着经济发展而来的社会价值转化，正深刻影响着人类社会的价值观体系，其潜在的正面影响与挑战并存。我国的传统意识体系和社会体系建立在相对固定的地理区域、相对单一的市场环境、相对稳定的金融组织以及主观思想的相对统一之上。但在当前的新形势下，由于市场经济的多样性，个人社会流动性日益频繁，不同意识形态的影响使得过去的社会群体发生变动。

经济全球化将导致经济大幅度波动和社会体制的大量改革。这些改革使我国人民的生活水平和经济水平有了巨大的变化。但在这些社会变革中，我国社会主要矛盾已经转化为人民日益增长的美好生活需要和不平衡不充分的发展之间的矛盾。如贫富差距加大，区域经济的差异变大，社保制度不健全等。社会冲突加剧，西方资本主义的思想往往冲击人们的意识形态。不少人存在误解，认为资本主义的社会制度体现了自由、社会的进步和人们生活水平的富裕。西方的价值观和生活方式已逐渐渗透到他们的心中。如何坚持自己的特色和中国民族的精神，维护自己国家的精神支柱？答案是，社会主义核心价值观。中国提出构建具有中国特色的社会主义核心价值体系，就是为了提高国家的文化软实力，提升文化竞争力。

二、 加强与改进高校思想政治工作的核心任务

党的十八大提出"教育是民族振兴和社会进步的基石"，要"把立德树人作为教育的根本任务"。在高等教育中，学生的道德、信仰和对社会主义的坚定信念是立德树人的主要内容。中国现在正处于经济转型期，社会矛盾逐渐

突出。面对社会矛盾的冲击、西方文化的入侵,大学生的人生观、价值观往往还不稳定,而且大学生的抗压能力和意志尚不坚定,很容易造成大学生放弃自己理想,产生迷茫,精神动力缺失。由于互联网的快速发展,当代大学生可以轻易地从网上获得一些不良信息,这些信息包罗万象、良莠不齐,他们很容易受到各种思想的影响。同时,由于当代的大学生思想非常活跃,对新事物的求知欲更强,所以就更容易受到各种不良的社会价值观的冲击,部分大学生缺乏正确的人生观、价值观,往往容易产生自私、冷漠、追求物质享受的思想,成为"精致的利己主义者"。而且对网络上很多不良的信息,一些大学生缺乏辨别是非真伪的能力,很容易被网上不当舆论所左右,不能正确地评价事物。当前,高校思想政治工作的首要任务是培育社会主义核心价值观,引导大学生树立正确的价值观,提高他们的应变能力,培养他们的社会责任感、吃苦奉献的精神和艰苦奋斗的作风。

三、 大学生健康成长成才的指针

树立正确的人生观、价值观和世界观,是大学生成长的关键,是高校思想政治教育的总开关。大学教育与中小学教育不同,大学教育是为了培养成熟的具有高素质和有一定专业知识的人才,这种人才需要对社会主义建设做出贡献,实现自己的社会价值,在自己的能力范围内,对国家、社会做出自己力所能及的贡献,从而实现个人价值和社会价值。人才是一个国家社会经济发展的源动力,但在人才专业知识的积累之前,必须有良好的道德观、人生观、世界观、价值观。立德树人,有才必先有德。德才兼备才是当代大学生作为一个全面发展的人才需要做到的。在百年未有之大变局之中,我国当代大学生集体肩负着实现中华民族伟大复兴的历史使命,身为时代骄子、社会栋梁,大学生应该自觉主动提升自己的文化修养,努力践行社会主义核心价值观。

大学生从毕业进入社会起，就是新时代中国特色社会主义事业的建设者，是国家发展的中流砥柱，是推动社会变革的重要力量，他们的价值方向与国家价值方向密切相连，他们的价值观关切着国家公民的整体素质，甚而主宰国家未来的发展，影响中华文明的传承。养成社会主义核心价值观既是养成个人品德，也是养成国家、社会的大德。培育好大学生的社会主义核心价值观，对做事有正确的认识和判断，对社会有责任意识，对做人有理想信念。大学生作为青年的优秀代表，要从小事做起，要从现在做起，在行动中、在生活中——践行社会主义核心价值观，使之成为自己生活的原则和标杆，自觉自发地奉行社会主义核心价值观的标准和要求，而不能只喊口号，而是要在实现中国梦当中成长成才。

第五章　当代大学生社会主义核心价值观培育存在的问题及原因分析

当代大学生价值观形成是学生个体内在价值认知、价值选择与价值践行相互作用的结果，同时也是外在因素影响作用的结果。外在影响因素包括社会客观环境、学校教育、家庭环境、同辈群体等。当代大学生社会主义核心价值观培育定位于高校大学生的培育，一般研究偏向从学校角度来探讨对策，本书是从大学生社会主义核心价值观培育角度来分析存在的问题。

一、 大学生缺乏社会主义核心价值观系统学习

作为一个非常注重价值观的国家，新加坡于 1986 年发表《共同价值观白皮书》，针对国内民众日益被西方文化腐蚀的价值取向采取了相应的行动，来进一步维系新加坡自身独特的价值理念和民族特征，提出共同价值的五大价值理念，即"国家至上，社会为先；家庭为根，社会为本；关怀扶持，尊重个人；求同存异，协商共识；种族和谐，宗教宽容"，作为其核心价值观。党的十八大以来，习近平总书记多次强调，"要大力培育和弘扬社会主义核心价值体系和核心价值观，加快构建充分反映中国特色、民族特性、时代特征的价值体系"①。因为，树立的核心价值观涉及一个国家、一个群体，甚至一个企业身上，它对个体或群体精神力量的凝聚是十分有利的。塑造社会主义核心价值

---

① 习近平：《习近平谈治国理政》第一卷，第106页。

观,达成统一的价值共识,对个体或群体追求方向的汇聚是有百利而无一害的,更容易形成社会整体的发展动力。

在中国当代大学生核心价值观学习方面,尚缺少如此明确、具体和系统的定位,缺乏社会主义核心价值观学习的具体内容,造成学生难以形成稳定直接的价值观指导自己完成理想,而且对思想政治教育工作教学造成很大问题。同时,形成一个适用于所有学生的社会主义核心价值观也十分困难,更不用说是一个内容简明易记的观点了。

二、 社会主义核心价值观培育的理论和实践存在脱节

当前,不少高校在大学生社会主义核心价值观的培育环节中存在着社会主义核心价值观培育仅仅停留在书本上,停留在纯理论教学,学生往往也只是得到了理论,了解一般意义上的理论知识。要让社会主义核心价值观在大学生中入心入脑,生根发芽,开花结果,必须理论同实践相结合。2013 年 12 月 23 日,中共中央办公厅印发了《关于培育和践行社会主义核心价值观的意见》,强调:"拓展青少年培育和践行社会主义核心价值观的有效途径。注重发挥社会实践的养成作用,完善实践教育教学体系,开发实践课程和活动课程,加强实践育人基地建设,打造大学生校外实践教育基地、高职实训基地、青少年社会实践活动基地,组织青少年参加力所能及的生产劳动和爱心公益活动、益德益智的科研发明和创新创造活动、形式多样的志愿服务和勤工俭学活动。"光靠传统课堂教学是远远不够的,要让大学生走出去,将实践教育与学分关联,让大学生从心底重视社会实践。一是广泛开展道德实践活动。以诚信建设为重点,加强大学生的社会公德、职业道德、家庭美德、个人品德教育,形成修身律己、崇德向善、礼让宽容的道德风尚。二是在大学生中常态化组织开展各类形式的志愿服务活

动,形成我为人人、人人为我的社会风气。大力弘扬雷锋精神,广泛开展形式多样的学雷锋实践活动。把学雷锋和大学生志愿服务结合起来,建立健全志愿服务制度,完善激励机制和政策法规保障机制,把学雷锋志愿服务活动做到基层、做到社区、做进家庭。三是完善实践教育教学体系,开发实践课程和活动课程,加强实践育人基地建设,打造大学生校外实践教育基地、大学生社会实践活动基地。在实践教育过程中,大学生可以树立正确的人生观、价值观、学习观和就业观,去投入社会,理解理论,并且学习到理论的作用,例如可以采取市场调查、社会实践、参观学习等形式,校内实践与校外实践相结合,培养大学生树立正确的人生价值观。

三、 社会主义核心价值观培育队伍建设亟待加强

2020 年 2 月,教育部出台《新时代高等学校思想政治理论课教师队伍建设规定》(教育部令第 46 号)(以下简称《规定》),要求高校配齐建强思政课专职教师队伍,高校应当根据全日制在校生总数,严格按照师生比不低于 1∶350 的比例核定专职思政课教师岗位。高校思政教育的教师队伍包括思想政治理论课教师、辅导员、班主任和学生管理工作干部。从目前总体情况来看,高校中该群体在数量上和质量上均未能达到教育部的要求。尤其是思政教师在高校中往往配置不足,很多思政教师往往在日复一日冗杂的授课压力下,挤不出时间对自己的专业知识进行研究,无法完成对自身素质的提高。思政教师从平均年龄来看,年龄普遍偏大,上课时的敬业精神、课堂组织能力和多媒体课件应用能力不足,往往上课质量不高,学生在课堂上注意力不集中,无法专心听课。因此,思政课教师须在学校相关育人政策指引下明确工作职责,认识到授课之外的日常思想政治教育工作也是提升自身素质的重要渠道。学校应加大课程改革力度,增加实践课程和实践环节,创造师生接触

的机会,提供共同提高的平台。①

对辅导员队伍来说,专职辅导员数量也远远不足,部分高校因人员编制和经费紧张等原因,没有严格按照教育部规定的 1∶200(200 个学生要配 1 个专职辅导员)比例配备专职辅导员。专职辅导员比例较低,兼职辅导员比例过高,他们在繁忙的教学工作之余兼任辅导员工作,往往还要依靠兼任班主任的帮忙。很多辅导员也是半路出家,往往是以其他专业教师的身份来当辅导员,缺少对马克思主义理论必要的研究和学习。而且目前在校的辅导员往往比较年轻。年轻的辅导员刚刚大学毕业,缺乏系统的理论知识,政治素质、政治站位还不够,指导学生的实践经验较为欠缺,甚至有些辅导员存在对意识形态的把握不准、对马克思主义信仰教育领会不够的情况。反观之,有部分从事辅导员工作时间较长的教师,思想观念又跟不上现在新时代大学生的节奏,往往用传统的观念看当代大学生,不善于和学生进行平等的交流。辅导员流动性比较强,平时又要完成大量的工作,缺乏经验的传播和继承。

四、 大学生社会主义核心价值观培育方法仍显陈旧

对大学生社会主义核心价值观进行培育的主战场是课堂,但是仅仅依靠课堂无法满足网络时代教育的需要,还应该将教学扩展到课堂外,利用论坛、微信、QQ 群、网站等多种教育形式,进行大学生核心价值观培育新方法的创新。作为一种新的思想政治教育阵地,网络不应该被直接用来给学生思想政治教育的课堂教学内容和方式带来变革;只有空间转换,通过一个新的名字,才能吸引学生的注意力。网络思想指导下主要由高校辅导员根据中央政治局的思想教育工作队伍,开展思想教育工作的团队必须具备较高的思想政治

---

① 张宝强:《高校辅导员队伍与思政课教师队伍交流机制研究》,《学校党建与思想教育》2015 年第 18 期。

素质和境界,且具备利用网络技术来建设文化思想工作的人文关怀能力和管理能力。因此,要求教师学习思想政治的网络知识,拓宽了思想政治教育课程,更好地和大学生实现互动。

大学生社会主义核心价值观培育是一个系统工程,在方法上必须实现传统和现代的有机结合,与时俱进,务实创新,才能达到既定目标。习近平总书记强调,"要注意把我们所提倡的与人们日常生活紧密联系起来,在落细、落小、落实上下功夫"。① 通过"开发打造社会主义核心价值观'体验教育'和'自主教育'平台"②,构建高校培育社会主义核心价值观的长效机制势在必行。除了线上线下教育这些方法,还包括"显性教育和隐性教育相结合""说服教育和情感教育相结合""他育和自育相结合""理论教育和实践教育相结合"这些技术的使用,从而突出培育的"科学性""人文性""主体性"和"实践性"。③

五、 大学生自身思想道德素质不高

大学生自身已具备的思想道德素质是开展社会主义核心价值观培育的基础。一方面,通过社会主义核心价值观培育,提升大学生思想道德素质;另一方面,大学生整体思想道德素质,特别是理想信念、道德观念等已有素质,会影响社会主义核心价值观的培育。

(一) 缺失人生理想和马克思主义理想信念

由于受到网络的冲击和某些舆论的带动,部分大学生对马克思主义信仰

---

① 习近平:《习近平谈治国理政》第一卷,第 165 页。
② 任少伟:《高校培育和践行社会主义核心价值观典型做法与经验启示——基于全国 80 所高校创新典型范例文本实证研究》,《思想教育研究》2016 年第 12 期。
③ 董良:《论大学生社会主义核心价值观培育方法的四大结合》,《黑河学刊》2017 年第 5 期。

抱有反对甚至敌视的态度,有些大学生缺乏马克思主义的坚定信念,部分大学生没有人生理想,只有眼前的"小确幸"。他们对社会主义理想产生怀疑,崇拜西方自由主义文化。此外,针对大学生群体理想不明朗、信念不坚定与宗教信仰不明确的状况,应多加引导和从严管理,通过主动的呵护与鲜明的指向,积极打造高校理想信念教育亲和力以及理想信念教育的全程化。①

（二）利己主义和功利化思想凸显

调查发现,当今的大学生,大多在长辈们细腻且充满爱意的关怀下成长,这种环境一方面塑造了他们追求个人意愿与需求的意识,另一方面也带来了如何平衡个人追求与国家发展之间关系的挑战,以及如何在多元文化中寻找共同价值、促进社会和谐的潜在机遇。他们往往抱有实用主义的观念。以大学生入党动机为例,很多大学生入党仅仅是为了将来能找个好工作,入了党好办事,存在功利思想。这种错误的思想也影响大学生的就业选择。部分大学生眼高手低,既想不吃苦,又想拿高薪。综上所述,部分大学生产生了缺乏紧迫感、责任感和意识观念的问题。当然,还应该加强舆论引导和净化社会环境,通过增强马克思主义理论教育的方式,积极营造有美好理想氛围的环境,确保形成一个能促使大学生拥有健全人格和正确信仰的重要基础。②

（三）道德观念和诚信意识淡化

一是公德意识下降。部分大学生秉持多一事不如少一事的观念,怕被误解或牵连,这是逃避社会责任的借口。课堂上玩手机,不专心听课,不尊重老师,在桌椅上乱涂乱画的校园现象时有发生,这说明大学生在文明礼仪的自

---

① 汪双喜、曾向红:《高校理想信念教育的挑战与对策——基于一项大学生群体宗教信仰状况的调查》,《教育教学论坛》2010 年第 27 期。
② 蔡为青:《部分大学生信仰缘何世俗化功利化》,《人民论坛》2016 年第 22 期。

我修养方面的不足。二是诚信意识下降。考试季大学生作弊方法层出不穷，替考、夹带、高科技电子设备等作弊方法数不胜数。应对课堂点名，代签现象屡见不鲜。学术造假、代写论文盛行。学生欺诈性的行为不考虑后果和成本，价值观无限趋近自己的利益。三是奉献意识淡。大学生要成为合格的社会主义建设者和接班人，必须不计个人回报，为国家的建设积极肯担当，能吃苦耐劳，甘于奉献。而上文调查显示，当下有些大学生只知道依靠别人帮助，一味索取，而自身的奉献意识不够，计较自己的利益，贪图享乐，不愿付出。相关的随机抽样调查研究表明，当代大学生道德观念和诚信意识缺失问题较为突出，因此必须从构建社会诚信运行机制、发挥学校主导作用、提高家长素质和挖掘大学生自身积极因素四个方面①出发，去积极寻找解决大学生诚信意识缺失问题的对策。

---

① 王起友、王莹：《大学生诚信意识缺失问题实证研究》，《河北师范大学学报》（教育科学版）2013 年第 6 期。

第六章　当代大学生社会主义核心价值观培育的原则与方法

第一节　当代大学生社会主义核心价值观培育的原则

大学生社会主义核心价值观培育以树立当代大学生社会主义核心价值观,促进大学生不断成长成才为目标。大学生社会主义核心价值观培育方法是指对大学生进行引导、提升,以培育社会主义核心价值观所采用的手段或方法,将社会主义核心价值观培育的理论、规律运用于指导实践时形成的方法。原则方法处于方法论较高层面,具有指导性、规定性的特点。但其具体运用于实践,还依赖一般方法的实现。大学生社会主义核心价值观培育一般方法是指一般情况下,大学生社会主义核心价值观培育经常使用的方法,具有可操作性、应用性强的特点。

一、　社会发展要求和个体发展需求相统一的原则

从方法论的角度来说,理论或原理的运用即是原则。坚持社会发展要求和个体发展需要相统一的原则是运用马克思主义关于个人与社会的辩证关系原理于大学生社会主义核心价值观的体现,符合社会主义意识形态的相关要求。即便"在社会主义市场经济运行中,协调好国家、集体、个人的利益关

系,仅靠市场规范是不可能的,还必须坚持社会主义的分配原则"①。在这方面,马克思主义认为:"人的本质不是单个人所固有的抽象物,在其现实性上,它是一切社会关系的总和。"②这一论断,科学地揭示人的本质,说明了人是处于一定社会关系中处于社会活动的人。

社会主义核心价值体系的信念取向,是引导全社会树立中国特色社会主义的共同理想。这一共同理想信念的内容实质,就是坚持以人为本,把人民群众作为最高价值主体,通过实现人民群众的共同建设、共同享有而达到实现人的自由全面发展这一最高价值目标。因此,对大学生进行社会主义核心价值观教育必须贴近大学生的现实要求,将对学生的思想教育与解决学生的实际问题紧密地结合在一起,这样才能够真正使社会主义的核心价值体系具有现实说服力,也更能够使大学生从内心接受这一价值体系所包含的基本价值。事实上,个人离不开社会这个大集体,受社会的经济关系、政治关系、道德关系、业务关系、家庭关系等制约与发生作用。个人处于这些社会关系中塑造自我、发展自我,成为社会中的、历史中的人。而社会也离不开个人的发展。社会的发展,需要以个人的劳动能力、身心条件以及各方面素质的发展为基础,离开个人的发展,犹如有机体离开了细胞,将会消亡。坚持社会发展与个人发展辩证统一的原理,运用于当代大学生社会主义核心价值观培育,即坚持社会发展的价值要求——凝聚社会价值共识,巩固思想基础与坚持个体发展的价值需求——精神生活提升与价值满足的需要的辩证统一。

坚持社会发展要求和个体发展需要相统一的原则是新中国成立以来大学生思想政治教育的积极经验。新中国成立以来,高校思想政治工作根据社

---

① 葛晨虹:《要不要坚持集体主义价值导向》,《高校理论战线》1993年第5期。
② 《马克思恩格斯全集》第1卷,人民出版社,2009年,第501页。

会发展对人才的需要,围绕党的中心任务开展教育活动,以保证高校人才培养的社会主义方向。这一过程表明,高校思想政治教育工作必须适应社会发展的基本要求,主要包括两个方面:一是要正确分析中国特色社会主义发展的阶段性特点与政治经济文化需要;二是要坚持德育为经济建设服务的基本点,根据新形势、新特点主动加强与改进高校思想政治工作。

中国特色社会主义进入新时代,当代大学生社会主义核心价值观坚持社会发展要求和个体发展需要相统一,具体体现为以民族复兴使命为着眼点,以社会主义核心价值观为引领,培养新时代人才。

第一,坚持运用习近平新时代中国特色社会主义思想理论来指导培育与中国社会发展要求相适应的大学生社会主义核心价值观,必须明确高校人才培养的思想导向。习近平总书记明确指出,要坚持不懈培育和弘扬社会主义核心价值观,引导广大师生做社会主义核心价值观的坚定信仰者、积极传播者、模范践行者。要坚持不懈促进高校和谐稳定,培育理性平和的健康心态,加强人文关怀和心理疏导,把高校建设成为安定团结的模范之地。要坚持不懈培育优良校风和学风,使高校发展做到治理有方、管理到位、风清气正。思想政治工作从根本上说是做人的工作,必须围绕学生、关照学生、服务学生,不断提高学生思想水平、政治觉悟、道德品质、文化素养,让学生成为德才兼备、全面发展的人才。①

可见,社会主义核心价值观为实现民族复兴提供价值引领、精神动力,民族复兴为社会主义核心价值观培育提供目标导向。习近平总书记在党的十九大报告中对社会主义核心价值观融入社会发展各方面,转化为人们的情感

---

① 习近平:《习近平谈治国理政》第二卷,第 377 页。

认同和行为习惯的论述,为当代大学生社会主义核心价值观培育提供了基本遵循和思想导向。

第二,坚持引导大学生以民族复兴为己任,在实现中国梦中实现个人价值追求。进行社会主义核心价值观教育,必须贴近大学教育的精神诉求,这样才能够将社会主义核心价值观的理论精髓与大学教育有机地结合起来。当代大学生是民族复兴的见证者和参与者,也是社会主义事业建设的出谋划策者。新时代是中华民族从站起来、富起来到强起来,在新的时代条件下决胜全面建成小康社会,进而全面建成社会主义现代化强国的时代,是实现中国梦的时代。

然而,一些大学生对自己的身份认知缺乏社会定位,从而影响其履行社会责任的全面性。[①] 新时代为大学生成长成才、实现人生价值追求提供了舞台与机遇。当代大学生应当主动担当民族复兴的历史使命,勇于投入与历史同向、与祖国同行、与人民同在,服务人民、奉献社会的伟大社会实践当中。同时,有必要帮助他们多开展集体活动、多参加社会实践,对他们进行适应性教育,培养他们顽强、百折不挠、乐于助人、乐观向上的品格,培养他们学会处理人际关系,并具有良好的合作精神及团队精神。[②] 只有这样,大学生才能提升自己的价值实践能力,不断增强本领才干,自觉加强学习、勤奋探索,向书本学习、向实践学习、向群众学习,并且以学习为首要任务,从学习开始,靠本领成就价值,在实现中国梦中实现个人价值追求。

---

① 夏雅敏:《基于系统思维的大学生社会责任意识培育路径研究》,《中国青年研究》2013 年第 11 期。
② 朱小根:《论经济社会发展与大学生心理素质的培养》,《教育与职业》2011 年第 14 期。

二、 一元主导和多样发展相结合原则

必须坚持运用马克思主义理论来指导建设中国特色社会主义道路,形成目标一致的价值共识和思想共识,就是培育当代大学生社会主义核心价值观的目的。一定要将体现出中国特色放在培育大学生社会主义核心价值观过程中的首要位置,同时还要坚定不移地坚持社会主义本质,坚持马克思主义的一元主导。"当下中国社会的诸多社会问题以及道德问题,有复杂的社会原因,转型期社会特有的无序化、个体化、碎片化、价值紊乱、制度管理缺少细节等,就是其相关深层原因。变革转型的过程既是发展的机遇期,也是各种问题的多发期……社会变化就是从有序到无序再到新的有序的发展过程。"①因此,大学生价值观的形成发展具有明显多样性。这与大学生个体发展需求多样性紧密联系,因而在坚持一元主导的前提下,又要坚持促进学生多样价值观健康发展。

大学生社会主义核心价值观培育坚持一元主导与多样发展是唯物辩证法关于矛盾关系原理的运用。唯物辩证法认为,矛盾具有普遍性和特殊性两个方面,任何事物都是普遍性和特殊性的统一。矛盾的普遍性指矛盾无所不在,无时不有,是事物的共性。矛盾的特殊性是指矛盾着的事物及其各个方面都有其特点,是事物的个性。两者相互区别又相互联系,共同构成了矛盾的两个方面,并且两者会随时无条件地相互转化和改变。坚持大学生社会主义核心价值观培育的共性内容就是一元主导,多样发展即矛盾的特殊性,指培育的个性内容。

培育社会主义核心价值观对社会具有极为重要的现实意义。它是凝聚

① 葛晨虹:《中国社会转型期面临道德问题的解读与思考》,《齐鲁学刊》2015 年第 1 期。

人心的重要途径,是构建和谐社会的根本,是实现社会主义价值目标的思想保证和行动指南。① 我国的改革开放促使社会文化多元化,相应带来了社会价值取向多样化的趋势。就高校而言,培育大学生的社会主义核心价值观有不可忽视的作用,因为社会多元文化导致大学生在这种多元价值并存、缺乏社会主流价值体系引导的氛围下,对社会主义核心价值体系的分辨与选择能力减弱。也就是说,大学生是一个处于成长过渡期的群体,在社会多样化的发展环境中,更是体现出个性发展丰富多彩、千姿百态的特色。因此,高校要履行自己的职责,承担对大学生进行社会主义核心价值观教育的重要任务。

在社会价值取向方面,大学生呈现出如下几个特点。一是多样性。既有积极向上,也有消极落后;既有符合主导价值取向的,也有背离主导价值取向的;有的追求标新立异,有的追求平凡"佛系",有的追求做追梦人,有的只想做"平面人",而且一些大学生的价值追求还呈现不稳定、多变的状态。二是多重性。多重指的是不同方向、性质、特点,如公与私、真与假、善与恶、美与丑等不同性质行为的交织。大学生处于一个复杂、多变的风险社会当中,由于缺乏社会经验,"三观"并未完全成熟,一些学生身上出现多重性或不一致性,如价值认知与价值行为的脱节、对他人价值评价的高要求与对自身价值评价的低要求等。三是冲突性。社会转型期间,人们的价值观处于新旧交替、矛盾转化的状态是难免的;但大学生由于自身的特点,更加容易出现价值观的冲突、迷茫、困惑。上述大学生价值取向的三个特点,亟待主导的价值观进行引导,帮助大学生形成成熟、正确的价值观。

大学生社会主义核心价值观培育的一元主导,要从国家、社会对人才培

---

① 邓志斌:《大学生社会主义核心价值观培育中的问题与对策》,《当代教育论坛》(校长教育研究)2008 年第 7 期。

养的思想道德素质要求出发,坚持立德树人,坚持培养社会主义事业建设者与合格接班人的目标指向。这是目标上的一元主导,也就是说,"理论层面上的马克思主义中国化,无论是对中国传统文化精粹的汲取,还是对中国现实社会问题的创造性回答,都离不开实践层面上的马克思主义中国化这个基础,并且都是为实践层面上的马克思主义中国化服务的"①。至于培育内容,主要是以马克思主义基本原理,及其在中国化的先进成果作为指导,进行系统的思想、政治、道德理论的全面指导,使大学生学习、掌握、运用马克思主义的观点、立场来分析人生价值问题,指导价值选择与价值行为。从方法的主导来说,坚持普遍适用的基本方法,如实事求是、依靠群众、理论与实际相结合等。

大学生社会主义核心价值观培育的多样发展,指遵循大学生价值取向多样化、差异化的特点,适应与促进大学生多样化、个性化的价值发展需要。事实上,各个国家、各个民族都重视人才培育的特殊性,主张因材施教,注重学生的个性化教育。如孟子将教育对象分为五类,用不同的方法教之;王阳明主张对具有不同个性和水平的人,不能采取相同的教育内容与方法,把他们培养成为一模一样的人;夸美纽斯把学生分为"六类",实施不同的教育;第斯多惠从学生发展的不平衡性、差异性出发,强调了教育的多样性。总之,无论是矛盾关系的原理,还是教育实践,一致说明,大学生社会主义核心价值观培育需要坚持一元主导与多样发展的原则。

三、 自主建构和教育引导相统一的原则

大学生价值观形成是自主选择与外在价值观进行融合,内化为自身价

---

① 汪信砚:《马克思主义中国化的丰富内涵》,《江汉论坛》2011 年第 4 期。

值观体系的过程,同时也是外在教育引导影响的过程,也是两者过程辩证统一的体现。任何时候,"社会主义核心价值观的培育是一项长期系统的工程,不仅需要思想上教化、行动中养成,更需要制度上约束"①。大学生社会主义核心价值观培育的过程,实际上是一个教育的施教与受教的过程,是教育与自我教育的统一。价值观是对"价值"的认识、对"价值"的确定,即我的需要与对象属性满足需要的关系,是由大学生个体本人所确认的。从这个角度来说,认识"价值",形成价值观,内因是依据。大学生自觉认同培育目标和要求,经过充分考虑后作出价值选择与价值判断,并具有自主调节、巩固价值的行为,在形成价值观的过程中体现出自主性、能动性和创造性。

随着现代思想政治教育的发展,重视大学生在教育过程的主体地位,发挥大学生主体性,成为大学生思想政治教育的指导思想。不仅要一般地肯定大学生个体在教育活动中的主体地位,更要积极地发挥与培养其主体性,即发挥与培养大学生在社会主义核心价值观培育过程中的价值认知、价值选择与价值行为能力。而"青年大学生的思想观念呈现出既对立又统一、既冲突又交融的特点,在复杂观念的支配下,其行为模式又表现为踏实肯干、好高骛远、随波逐流等几种类型"②。因此,现代思想政治教育认为,受教育者的主体地位的确立,使得受教育者与教育者之间不再是主客体之间的关系,而是主体间平等的关系。这种关系强调受教育者不会盲目迷信

---

① 赵永明:《"90 后"大学生社会主义核心价值观培育论略》,《思想理论教育导刊》2016 年第 3 期。
② 孟凤英:《转型期大学生思想观念特点与行为模式分析》,《许昌师专学报》2000 年第 6 期。

教育者的权威,而是在开放、自由平等的过程中来认识、判断与选择教育者的教育;强调受教育者兴趣、观点的表达,现实生活中教育者与受教育者之间的双向互动。大学生与教育者是一样的,既是学习的主体,也是教育的主体,在人格上是独立、平等的,两者是平等对话、理解关系,而非强制、压服关系。同时,在互动过程中,大学生价值认知、选择与践行能力得到培养、提升。

在大学生社会主义核心价值观培育过程中,虽然其自主建构是内在依据,但其形成与发展情况受外在条件的制约与影响。对大学生进行社会主义核心价值观教育,必须牢牢把握住作为教育对象的大学生群体自身的思想特点,要贴近大学生的思想。一方面,利用与现实紧密联系的教育素材进行启发式教育,而不是单纯理论的灌输;另一方面,也要对现实社会中出现的负面现象进行更为理性的分析和评价,避免大学生思考问题过程中走片面化、极端化的路子,从而提高社会主义核心价值观教育的实效性和感染力。学校对大学生进行有组织、有计划、有目的的自觉引导,是培育大学生社会主义核心价值观顺利形成必不可少的条件。从哲学方法论的指导来说,灌输社会主义意识的理论说明了科学社会主义思想不可能在工人当中、在人民群众当中自发形成,社会主义意识不可能不学而会,要坚持灌输的原则。也就是说,社会主义核心价值观不可能在大学生自主建构当中自发地形成,不可能不教而懂、不学而会,而是需要通过外在的熏陶、影响、引导,形成自主建构的条件。

"人的现实本质是一切社会关系的总和。社会由个人组成,而个人也不能脱离社会而存在,人的价值是社会价值与个人价值的统一。人的社会价值是个人的劳动创造对社会需要的满足,亦即对社会的奉献;人的个人价值是社会对个人需要的满足,亦即个人通过自己的劳动创造而从社会中获取。"①
因此,要坚持大学生社会主义核心价值观培育教育引导和自主建构共同协调
的原则。第一,要充分发挥教育者的主导作用,通过提升教育者的综合素质
与教育能力,为发挥教育者的主体作用奠定基础。第二,提高大学生自主建
构的积极性、主动性与创造性,发挥其在社会主义核心价值观培育过程中的
自我教育能力。引导大学生掌握自我管理、自省自律、自我学习等方法,通过
正确的自我认识、自我评价、自我调节,实现价值观在知、情、意、行等方面的
和谐发展,形成正确的价值观。

第二节 当代大学生社会主义核心价值观培育的一般方法

原则是一般方法,一般方法是原则的具体化、操作化。大学生社会主义
核心价值观培育依赖一般方法的运用。要卓有成效地把培育和践行社会主
义核心价值观做深、做实,迫切需要科学的方法,进而采取切实可行的行动。

一、价值观认知教育法

大学生社会主义核心价值观培育的价值认知教育法指教育者有目的、有
计划地培育大学生社会主义核心价值观理论知识所采用的方法。认知是形
成价值观的重要条件,通过理论教育切实提高大学生受教者的理性思考水
平,帮助他们牢牢筑起社会主义核心价值观的坚实基础。理论教育一直以来
是全国各高校引导大学生学习马克思主义理论,形成科学思维、理性认知的
重要方法。从这个方面考虑,价值认知教育是基本的方法。

---

① 徐柏才:《论大学生社会主义核心价值观构建的主要原则》,《理论月刊》2011 年第 10 期。

价值认知教育法需要教育者具备较高的理论素质和教育技巧。正确系统的理论内容、清晰明了的逻辑系统、科学准确的相关概念是进行理论教育的必然要求。当前,在反思价值观教育灌输的缺陷和不足时,要善于发现价值观灌输时运用的不恰当、不合理的内容和手段。"高校社会主义核心价值观培育要因时而进、因事而化、因势而新,具体要做到以下几点:理念引领为先,注重以文化人、以文育人;创新教育方式,从传统的'输出-输入型'转变为'互动-共鸣型'。"①这要求在采取价值观的理论教育时,要保证内容的正确性、科学性、逻辑性,能够对大学生生活学习给予指导,最大限度地发挥出理论教育的成效。教育者应当考虑,如何将马克思主义基本原理融入理论教育当中,使大学生形成自己的立场、观点,为大学生社会主义核心价值观形成提供思想武器、理论指导。

提高大学生的理论认识,形成科学的思维方式,为价值认知、价值选择与价值践行提供科学的理论基础。"必须强化教育引导,增进社会共识,创新方式方法,把社会主义核心价值体系融入大学生思想政治教育全过程。"②因此,围绕这一目的可以采用如下几种具体的理论教育方法。一是课堂讲授。通过高校课程设置,依据教学大纲与教材,对大学生进行传统、系统的理论传授。这是高校进行大学生社会主义核心价值观教育最为常用、最为普遍的理论教育方法。这一方法的特点是,能在严格的教学管理中,对社会主义核心价值观的理论进行系统化教授,能在讲清楚基本概念、基本理论的同时,结合

---

① 王红:《"互联网+"时代大学生社会主义核心价值观培育路径》,《华南师范大学学报》(社会科学版)2018年第3期。
② 高允秀:《当代大学生社会主义核心价值观教育的思考》,《内蒙古师范大学学报》(教育科学版)2012年第1期。

国家经济文化发展的现实来讲解社会主义核心价值观的内容。此外,"在网络日益发达、声音多元化的今天,有必要对思想政治教育工作的方式方法进行创新和强化,才能实现培养和弘扬社会主义核心价值观的教育目标。在理工科类专业的教育中,理工科课程在总学时中占有极大的比重,可以也应该承担一些思想政治教育的辅助性任务"①。二是专题报告。开展社会主义核心价值观的专题,灵活地选择讲座的时间、地点、理论和时事内容,以新颖、深刻的内容,进行社会主义核心价值观的专题讲授、讲解。三是宣传教育。通过大众传媒的宣传,让人们潜移默化地形成对社会主义核心价值观的认知、情感与认同。常用来宣传教育的大众传媒,就包括广播、电视、录像以及现代新媒体。随着社会主义核心价值观宣传教育的大众化、生活化,许多生活场景,如食堂、宣传栏、横幅、广告牌、标语等,都可以灵活地成为社会主义核心价值观宣传教育的具体方式。四是理论培训。通过培训班、讲习班的方式来学习社会主义核心价值观理论。这种方法可以围绕大学生社会主义核心价值观培育的某一专题,确定理论学习内容、联系实际,以自觉为主,进行必要的辅导学习,以提高和统一思想认识。坚持以学习贯彻党的二十大精神为指导,以培养以民族复兴使命担当为己任的大学生为着眼点,重点进行价值观自信的专题培训。

二、 价值观情感教育法

高校思想政治教育工作中,情感教育具有重要意义,有助于营造和谐的课堂教学氛围,提升整体教育工作时效性,增强整体的教学工作效果。价值情感教育法是教育者通过真挚的情感、善意的言行,激发大学生的情感共鸣,

---

① 陈晟、江昀、周强等:《高等教育理工科课程中植入社会主义核心价值观内容的讨论与实践》,《教育教学论坛》2016 年第 13 期。

从而发自内心地从情感上认同的教育方法。通过建立文化自信、化解社会矛盾、解决社会问题、凝聚社会力量①,培育核心价值观。然而,情感认同是社会主义核心价值观认同的重要组成部分,关注人的情感在教育的影响下促进价值观的形成发展,激发人的精神动力。情感对价值观形成有着特殊的作用。价值观的形成是在对价值认知的基础上,注入自身的意愿、倾向,进而做出价值选择。在这个价值选择的过程中,情感具有如下效应:一是调节效应,即调节对价值选择、价值践行的喜好与否,削弱或巩固对社会主义核心价值观的认同、践行;二是感化效应,即通过情感沟通,用诚恳的态度、真挚的情感感动大学生,取得他们信任,并进而培养他们对社会主义核心价值观的积极情感,使大学生乐于接受教育信息,顺利实现社会主义核心价值观的内化。

相对于价值认知教育法,价值情感教育法具有动之以情、以情感人、潜移默化、渗透的特点。一是以情动人。主要是指教育者本身所持有的情感状态。价值情感教育的积极态度,能在人与人的关系中起到感化作用,成为一种潜移默化的精神力量。最终,通过价值情感教育法,以教育者对社会主义核心价值观身体力行、言传身教的方式,起到促进价值情感认同形成的教育效果。二是以境动情。教育者通过利用自然环境以及人设的社会主义核心价值观培育情境,使大学生处于生动形象的教育情境当中,进而形成对社会主义核心价值观的情感认同。情境的创设,可以通过语言描绘、图像呈现、实景模拟,以及实景参与的方式进行,还可以借助音乐、美术、诗歌、小说、戏剧、电影、电视等文学艺术的形式,美化社会主义核心价值观的表达形式,使大学生在美的、形象生动的情境中形成对社会主义核心价值观情感的认同。

---

① 李文阁:《论社会主义核心价值观的形成、内涵与意义》,《北京师范大学学报》(社会科学版)2015年第3期。

三、价值观践行教育法

新媒体时代,大学生社会主义核心价值观培育离不开大学生主体的自主性因素及其自我意识,也就是说,最为关键的环节就是大学生进行自我教育的环节。[①] 价值观教育者通过引导和组织大学生积极参加各种社会实践活动,不断提高大学生价值践行能力,来培育大学生社会主义核心价值观的方法就是价值践行教育法。所谓的价值践行,就是将大学生的社会主义核心价值观的外化方式,也是形成、巩固大学生社会主义核心价值观的教育方法。只有经过反复的价值实践和确认,才能形成稳定的价值观念,才会把正确的价值行为变为自觉。通过精心组织大学生参加社会实践活动,帮助他们在社会中开拓视野,在实践中认识、感受、体会社会主义核心价值观,促使他们运用在课堂中学习的社会主义核心价值观理论知识,形成具体的价值认知与价值情感。而在这个过程中,大学生社会主义核心价值观践行也会得到进一步的稳定和完整。当代大学生社会主义核心价值观的稳定形成过程伴随着他们的生活和学习,他们所学知识和经验逐渐升华。而这种从对价值的认识、实践,再到"内化于心、外化于行"的自觉价值观践行的过渡过程,需要经过反复的社会实践才能获得。要想形成相对稳定的价值观念,就必须经过多次和反复的价值观实践和确认;只有这样,才能将正确的价值行为变为一种不需要人监督和提醒的自觉性行为。

具体来说,大学生社会主义核心价值观的价值实践教育法,有几种常用的形式。一是社会服务。大学生通过自身的能力,在奉献社会、提升自我的过程中,形成具体的社会主义核心价值观认知、体验。社会服务活动内容是

---

① 范益民:《新媒体时代大学生社会主义核心价值观养成的主体维度》,《继续教育研究》2018年第 4 期。

非常丰富多彩的,活动方式也是多种多样的,如科技服务、咨询服务、信息服务和生活服务等。很多高校利用寒暑假组织大批积极追求进步的大学生去企业事业单位参与社会实践,甚至去农村开展"三下乡"、支教活动,进行价值践行教育。二是参加劳动。劳动是创造价值的源泉,也是形成价值认知与情感的基础,对社会主义核心价值观有直接的塑造作用。参加劳动,主要是通过生产劳动和公益劳动,以及义务劳动、实习劳动等方式进行社会主义核心价值观的价值践行,认识价值创造的意义,形成大学生进行社会主义核心价值观践行的自觉性。特别要注意,要让大学生认识到劳动对价值创造、实现人生意义的作用,是自身能力的对象化与确证,而不是一种惩罚与磨难。三是社会考察。通过对践行社会主义核心价值观具体行为或与社会主义核心价值观相悖的各种现象进行观察、分析,并通过理论引导,得出结论,使感性认识上升为理性认识,对人学生践行社会主义核心价值观有引导、纠正与巩固作用。

四、典型价值观教育方法

大学生社会主义核心价值观培育典型教育法又名示范教育法,一般是以树立正面典型来带动和影响大学生,从而提升大学生价值追求,引导他们的价值认知与选择,并由此付诸行动的方法。典型教育法的重要特征是采取翔实的正面人物或者事迹作为情景化、形象化的教育介质,宣扬他们的崇高价值观、美好的道德修养、取得的卓越成就,从而全面引导大学生自觉化地向往和模仿。重视挖掘、培养先进典型作为大学生学习的榜样。凡是模范遵守社会主义核心价值观要求的个人或者群体,都应该被发现、宣传并推广,使其成为大学生群体学习的标杆。在当代大学生社会主义核心价值观培育过程中,通过表彰宣传先进组织、人物、事迹,树立先进典型,号召广大大学生学习其精神、思想和行为，以期提高大学生的思想认识。

而从哲学角度来看，马克思主义是典型教育法的理论发展的重要来源。马克思唯物主义辩证法表明，不平衡性是事物发展的主要形式。每个人的主体性存在，导致人们在价值观上存在一定的差异。这种差异会对他们的行为产生不同的影响。因此，就需要树立具有正确价值观、正确价值行为的典型作为人们的示范榜样。而"典型教育法是思想政治教育的一般方法，在思想政治教育方法中具有重要的地位"①，而先进典型的选取及其对大学生认知心理优化具有明显的促进作用。这样的典型都是兼具特性和共性的个体。因此，这种个体的示范对每个人来说更具有针对性和现实性。在使用典型教育法时，要特别重视挖掘典型的突出精神品质和示范行为。而在大学生学习典型时，也要引导他们注重学习典型的高尚人格和精神气质。结合每个校园的实际情况和大学生所关心的内容，选择典型人物或者事迹，务求翔实，自然贴近大学生的生活、学习和内心期盼。人物和事迹真实是典型最宝贵的生命线，任何试图对典型进行夸大、造假、拔高的行为都会产生极大的负面效应。

在保证真实性的前提下，典型所具有的个性和共性与大学生的交集越多，那么对大学生的鼓舞和激励的作用也就更大。应重视榜样的广泛性、层次性与真实性。榜样的塑造可以是提供机会和条件培养出来的，但是不应该是人为刻意炒作起来的，更不能弄虚作假、虚假宣传或者片面拔高。榜样的挖掘和塑造也不能仅仅局限在某些领域和层面，要重视各个职业团体、社会群体当中榜样的挖掘和塑造，成为激励大学生的榜样。由于典型通常带有一定的时代性，一部分典型的精神事迹在不同时代也许带有落后性。因此，在

---

① 喻军、曾长秋：《论大学生认知心理的优化——以先进典型教育法为视角》，《湖南科技大学学报》（社会科学版）2012 年第 6 期。

为大学生选取合适的典型时,一定要考虑到时代性,否则会引起大学生的不适应,造成他们忽视典型的优秀因素,转而对其落后性产生反感的不良影响。积极运用好典型教育法,培育、宣传大学生典型集体,为大学生树立正确、真实、优秀的示范集体,对培育当代大学生社会主义核心价值观有重要积极影响。

五、 价值观教育新方法的探索与运用

随着我国经济社会的快速发展,当代大学生社会主义核心价值观培育也需要应对更多的新问题、新挑战、新任务。在这样一种新常态下,各高校要顺应社会发展形势,探索新方法。

(一) 学科渗透方法

每一个学科的知识都不是孤立的,都与其他学科有着错综复杂的联系。心理学认为,学科间的互相渗透有助于彼此的学习与研究。学科渗透法要求,在大学生的学科教学中尽可能多地融入当代大学生社会主义核心价值观教育元素,发挥潜在的引领价值。在以往的价值观教育灌输中,简单、枯燥、呆板的纯价值观理论往往得不到大学生的接纳。但是,大学生对自己选择的专业课程,或者是因为兴趣,或者是因为考核更为严格,往往会投注更大的学习精力。因此,可以大胆尝试将价值观教育中的教育元素创新地穿插到各专业学科课程的教学资源中去。同时,从哲学角度来看,各专业的学科课程其实都是一种科学化的方法论,因此其内在的规律性是和当代大学生社会主义核心价值观教育的内涵和本质一致的,教育者也可以积极地从其他学科的教学资源去挖掘符合自己的教学模式和方法。纵观近现代科学史,各学科之间的交叉融合往往能摩擦出新的科学火花,这种火花的存在又对各个学科的创新性、启发性发展都有巨大的推动作用。随着社会的发展,价值观教育的内

容没有及时地更新,在先进性上有所欠缺。相比较而言,我国当代大学生社会主义核心价值观教育水平的提升速度不如人文社科类学科和其他很多科学技术来得快。美国大学在这方面的一些有益实践可以为我国高校当代大学生社会主义核心价值观教育提供一些有价值的参考。

在美国大学教育中,"普遍推行公民教育和品格教育,致力于培养符合美国社会核心价值观的合格'好公民'",其中主要"以课堂教学改革和各种实践活动来增强核心价值观教育的实效"。① 美国大学都非常注重在学科教育中采取价值观教育渗透法,每一位学生所修的专业课,都要求他们特别从人文社科的角度去进行思考分析。这是政府高度重视下强化通识教育,把核心价值观教育贯穿于学科教学中②,成效越来越显著。

相对而言,我国多数高校的专业学科主要聚焦于专业知识和技能的传授,而在一定程度上忽略了价值观教育与学科内容的有机结合,导致两者间存在一定的割裂。这种情况不仅限制了学科间的交叉融合与发展,也可能影响大学生思维的创新与拓展。因为当学生仅从单一维度去理解学科时,他们可能缺乏跨学科的整合能力,难以在多元化的文化背景下形成全面而深刻的价值观体系。面对多元化文化对人类社会价值观带来的挑战与潜在影响,我们需要进一步探索如何将核心价值观教育更好地融入各学科,以促进学生的全面发展。这也是多年来我国在科研上缺乏顶尖人才的一个重要原因,因为真正的科学大师,无论是牛顿还是爱因斯坦,除了有过人的专业知识,还具有深厚的人文社科素养。

---

① 胡晓敏:《美国大学生核心价值观教育论略》,《教育评论》2014 年第 7 期。
② 孙建青、赵春娟:《美国大学生核心价值观教育特点分析及启示》,《山东青年政治学院学报》2014 年第 3 期。

在美国顶级学府哈佛大学任教 30 多年的哈佛学院前院长哈瑞·刘易斯教授拥有极其丰富的教育专业经验,在其所著的《失去灵魂的卓越:哈佛是如何忘记教育宗旨的》①一书中,旗帜鲜明地抛出令世界瞩目的"哈佛大学是如何忘记教育宗旨的"观点。该书描述了代表美国知识标杆的美国常青藤联盟大学是如何为应对日益激烈的竞争,逐渐被商业性机构捆绑,导致学校忘记大学本身应有的目的——将作为优秀年轻人代表的大学生培养成具有社会责任感的人,而哈佛大学这种违背初衷的发展方向又是如何影响美国各所大学的发展模式。作为社会主义国家,我国在前阶段也曾出现部分高校争夺教育资源、盲目扩大学校规模,甚至以追求经济利益作为最终目标的现象,这就背离了我国办高等教育的初衷和目的,与高校要办好人民满意的教育的目标背道而驰。这一切都在警醒,要时刻把大学生价值教育工作放在应有的高地上,如果大学生没有养成正确的社会主义核心价值观,他们纵然学到了卓越的知识和技术,又如何能成为社会主义合格的接班人,又怎么为这个社会的发展做贡献?因此,除了要求大学生要真正把握其内涵和必要性,在当今价值多元的现实背景下,新时代我国高校必须秉持立德树人的理念,在培养大学生社会主义核心价值观上下狠功夫。这需要我们站稳政治的立场,坚持党的领导,加强思想政治教育,引导学生树立正确的世界观、人生观和价值观。同时,要注重实践教育,让学生积极参与社会实践和志愿服务等活动,增强社会责任感和国家认同感。只有这样,我们才能培养出具有高尚品德和健全人格的新一代大学生,为国家的发展和社会的进步做出积极贡献。

———————

① [美]哈瑞·刘易斯:《失去灵魂的卓越:哈佛是如何忘记教育宗旨的》,侯定凯译,华东师范大学出版社,2012 年,第 3 页。

（二）无意识教育方法

无意识教育方法也被称作隐性教育方法，是指教育者以间接的方式对被教育者施加潜移默化的影响，以达到教育目的。无意识教育方法的提出，是针对传统的有意识教育方法而言的。为了革除传统教育中的弊端，一种崭新的无意识教育方法越来越受到大学生和教育者的欢迎。无意识具有自发性。无意识的反映或体验始终处在意识阈限之下，不能为主体所觉察。无意识的存在和活动是在不知不觉中自发实现的，具有自发性、无目的性、稳定性、非理性等特点。"无意识教育是以无意识心理活动的特点和功能为基础的。是教育者有目的、有意识地将教育目的、教育内容寓于一定的活动中，在受教育者周围设置一定的生活情境和文化氛围，使受教育者在轻松愉快、不易觉察和不需意志努力的情境中内化教育者提出的品德要求，以提高思想品德的德育方法。"①无意识教育的优势是它的教育方式更加灵活，更具隐蔽性、平等性和愉悦性。从价值观形成的规律来看，隐性教育方式以其潜移默化、润物无声的方式影响和陶冶学生情操。因此，"大学生社会主义核心价值体系教育应充分发挥灵性的校园、身边的感动、个人的体验等隐性教育因素"②。由此看来，无意识教育强调的是"润物细无声"式的教育方法，通过营造具有教学作用的环境和气氛，同时又淡化教学的严肃和紧张，使得教学内容以更加春风化雨的形式为大学生所吸收。

实施大学生社会主义核心价值观培育工作需要一定的物质条件和物质

---

① 孙光琼、冯文全：《一种值得重视的德育方法——无意识教育法》，《当代教育论坛》2006 年第1 期。
② 李义丰：《大学生社会主义核心价值体系教育的校园隐性教育因素探究》，《前沿》2013 年第2 期。

保障,这些物质条件包含经费投入、基本建设和活动基地建设等一系列财力和物力。① 在我国高校,无意识教育的因素一般由这几个系统构成:物质实体系统,即高校建筑风格、文化体育设施、校园景观美化等;价值观系统,即校园文化建设方面,包括学校传统、精神风貌、校风教风学风等价值观;文体活动系统,包括大学生的校园文化活动、科技创新活动、各种志愿者活动等;典型示范系统,即一些良好的师生典型示范,也包括和谐的师生关系。隐性教育方法有其独特之处,即淡化价值观教育中的道理、观点、目的陈述,但又巧妙地把这些内容都融入教学所在的环境、过程、氛围中。笔者认为,必须积极创新大学生社会主义核心价值体系教育的方法,探索显性教育和隐性教育相结合的新途径。

这种崭新的教育方法对大学生这种仍然带有青春期逆反心理的群体来说,有着独特而又富有成效的作用。其前提条件是,"高校对学生社团的重视程度、软硬件投入、建设的体制机制等方面存在着诸多问题,亟须高校在办学过程中加强人才培养的顶层设计,强化全方位育人意识,为全面发展的人的教育创造条件"②。从另一角度看,在我国以前传统的、有意识的当代大学生社会主义核心价值观培育过程中,对如何让学生变被动为主动、变客体为主体的主体性教育原则的研究和执行还不够成功。大学生无意识教育虽然仍然处于探索阶段,但是非常符合当今的社会发展形势和目前大学生群体的心理特征,它将逐渐发展成为当代大学生社会主义核心价值观教育中的一股重要力量。

在探索和运用当代大学生社会主义核心价值观新方法的过程中,除上面

---

① 刘川生:《大学生日常思想政治教育实效性研究》,北京师范大学出版社,2009 年,第 183 页。
② 王淼:《大学生主体性培育视角的高校社团建设研究》,《教育理论与实践》2016 年第 3 期。

介绍的方法外,还有学者提出冲突缓解法、心理咨询法、交往教育法、情境教育法、群体教育法,等等。需要特别说明的是,群体自我教育主要通过团队成员之间的从众与感染效应、示范与模仿效应、合作与冲突处理等方式来实现育人目的。"提高网络传播社会主义核心价值体系的教育效果需要构建以平台和内容为重点的支撑机制,以引力提升、控制占领、舆论导向为重点的引领机制,以线性传播、数字传播、循环传播为重点的协调机制,以接受主体、接受背景、传播媒介和谐统一的接受机制。"①可见,上述方法极大地丰富和发展了现有的传统价值观教育方法,使得现阶段我国各高校的当代大学生社会主义核心价值观教育更具先进性和时代性,更加有利于社会主义核心价值观体系在大学生心中开花结果,有助于为我国的社会主义建设提供一大批兼具知识技术和良好人格的高素质人才。

---

① 张秋山、李维意:《高校社会主义核心价值体系教育的网络传播机制》,《河北大学学报》(哲学社会科学版)2014 年第 4 期。

第七章 当代大学生社会主义核心价值观培育路径

社会主义核心价值观的基本内容体现在三个层面：国家追求富强、民主、文明、和谐，社会要求自由、平等、公正、法治，公民讲求爱国、敬业、诚信、友善。它是社会主义核心价值体系的高度凝练和集中表达，对进一步促进国家主流价值观的形成、凝聚全国人民的思想共识、确保社会发展的正确方向有着十分重要的指导意义和引领作用。大学生作为国家新一代公民，在迈入社会之前牢固树立社会主义核心价值观，才有可能为实现中华民族的伟大复兴建功立业。正如习近平总书记所指出的："要抓住青少年价值观形成和确定的关键时期，引导青少年扣好人生第一粒扣子。"[①]

大学阶段是大学生价值观逐渐形成和确立的关键时期，当代大学生的价值取向决定着我们国家未来整个社会的价值取向。因此，积极探索大学生社会主义核心价值观培育的路径和机制非常重要。大学生价值观的培育路径是实现社会主义核心价值观培育的必要方式，也是社会主义核心价值观机制运行的重要保障。党的十九大明确指出，通过发挥社会主义核心价值观对教育的引领作用，将社会主义核心价值观融入教育领域的方方面面。同时，在实践中加强大学生社会主义核心价值观教育，除了应"注重组织领导、宣传教

---

① 习近平：《习近平谈治国理政》第三卷，第313页。

育、示范引领相统一,注重实践养成、监督约束、考核评价相衔接,构建大学生社会主义核心价值观教育的长效机制"①之外,还应该进行更多的探索。教育引导包含网下的课堂教学、网上的教育引导,实践养成在于校园生活与实践生活塑造,制度保障在于组织管理制度与综合保障制度的实施。

第一节 当代大学生社会主义核心价值观培育的教学路径

高等教育是我国教育体系的最高形式,为经济社会发展特别是创新型国家建设提供高层次人才保障。课堂是大学生接受教育的主要场所。通过课内教学活动加强大学生社会主义核心价值观教育,能够为其他活动的开展提供理论保障。高校思想政治课程是我国高等教育体系中开展社会主义核心价值观培育的主要平台,也是培育大学生社会主义核心价值观认同感的阵地,优化大学生的课程教学内容、拓展课程教学方式、提高教师理论素质是当代大学生社会主义核心价值观培育的课程教学路径的重点内容。

一、 优化大学生社会主义核心价值观课程教学内容

促进教材内容向教学内容的有效转化,是提升和优化大学生社会主义核心价值观课程教学非常重要的内容。社会主义核心价值观必须时刻完善其内容,使内容能够适应每一个人,从而服务社会群体,既满足个人差异,又满足共同信念,树立正确的道德规范。当前的授课版本已经由 2015 版改版至最新的 2018 版,虽然基本的精神与内容有着相对稳定性,但也有明显的变化。其中最核心的是贯彻落实习近平新时代中国特色社会主义思想,实现新

① 徐园媛:《大学生社会主义核心价值观培育路径探析》,《黑龙江高教研究》2014 年第 9 期。

思想进教材、进课堂、进学生头脑。也就是说,现有的教材内容必须能够有效地促进社会主义核心价值观融入教材。社会主义核心价值观包含的内容十分丰富,且具有深厚的内涵,所以在教学内容的转化上,要非常注意教材内容的完善性、整体性。此外,思想政治理论课教学内容一定程度上仍然存在着死板枯燥的不足,学生往往存在抵触心理,有的教师在授课过程中无法将其丰富的内容表述出来,对社会主义核心价值观的阐述过于简单,缺乏对社会主义核心价值观培育践行意义的认识。所以,优化课程教学内容就成为社会主义核心价值观教育引导的首要任务。

第一,适当增加社会主义核心价值观培育的相关辅助教材教参。目前,很多高校本科阶段缺少涉及社会主义核心价值观培育的教材。虽然有少数涉及社会主义核心价值观内容的教材,但缺乏对社会主义核心价值观知识体系的系统性阐述。因此,高校相关部门应根据学生不同阶段的成长规律和教育规律,厘清大学思想政治课的侧重点,认真研究大学生的思想政治状况和身心发展特点,把社会主义核心价值观相关内容融入高校思想政治理论课各门课程,加强教材建设,为社会主义核心价值观进课堂、进学生头脑打下基础。通过增加和编印专门的社会主义核心价值观教材或教学参考书,并尝试将社会主义核心价值观培育的内容有效地融入教材体系,潜移默化地影响当代大学生的信仰体系,使大学生全面地认识和学习社会主义核心价值观的知识体系。

第二,将社会主义核心价值观培育的内容融入具体的课程教学内容,着重推进社会主义核心价值观对课程内容的引领作用。例如,把社会主义核心价值观培育融入专业文化课程内容,对大学生进行文化专业授课的同时,潜移默化地开展社会主义核心价值观内容的教学,大力开拓创新课堂教学模式。要在大学生当中着重强调社会主义核心价值观自信的"根"。在对大学生讲授社会主义核心价值观内容时,还应该特别强调国家"和谐"、社会"平等"及个人"诚信"等。这些正是高校绝对不能忽视的中华优秀传统文化,是对儒家价值体系中"和谐""民本""诚信"思想的继承、发展和时代性转化。①梁启超先生说:"凡一国能立于世界,必有其国民独具之特质。上自道德法律,下至风俗习惯、文学美术,皆有一种独立之精神,祖父传之,子孙继之,然后群乃结,国乃成。斯实民族主义之根底、源泉也。"②中华文明源远流长、博大精深,对社会主义核心价值观有着极其重要的影响。中国的书法、武术、绘画、戏曲、中医、建筑等方面都蕴含着浓厚的精华,经过数千年历史的积淀愈加散发出独有的魅力,更是中华民族智慧的结晶。它们的优越性、稳定性、传承性对以后仍会有巨大的影响。因此,高校更应加强对当代大学生进行中国传统文化的教育。可以通过专门开设国学课,如中国传统文化、道德经、论语等课程进行教育,或者开展一些传统文化相关的课外活动来进行积极的传播,比如书法讲坛、国学论坛、古琴演奏等。

第三,挖掘和提升大学生社会主义核心价值观培育内容的内涵。对大学生社会主义核心价值观培育的内容进行多维度探讨,进一步增强培育工作的预见性。深入理解社会主义核心价值观内容,使传播内容不但成为符合社会发展需要的正能量主流,又能很好地满足大学生的个体发展需要,从而使大学生的个体发展需要与国家的发展需要统一起来。另外,还要结合学科专业特点开展社会主义核心价值观教育,教育内容要有的放矢,并立足大学生的

---

① 陈萌、姚小玲:《试析社会主义核心价值观对儒家价值体系的时代性转化》,《学校党建与思想教育》2017 年第 16 期。

② 转引自钱源伟《社会素质教育论》,广东教育出版社,2001 年,第 65 页。

学习生活实际。

对大学生进行传统文化传播时,要积极地将我国优秀的传统文化和习近平新时代中国特色社会主义思想的理论相融合。根据当前现实需要,不断丰富内容。另外,在传播中国传统文化时,也要注意对世界其他不同的文化进行客观的分析:既要发扬具有传统价值观的精华内容,也要克服传统价值观的缺陷;既要植根于我国优秀的传统中华文化,又要充分汲取世界其他优秀文化内容。只有不断完善、不断发展,才能做到"外之既不后于世界之思潮,内之仍弗失固有之血脉"。

第四,拓展和丰富社会主义核心价值观培育的内容。需要结合大学生的身心发展特点,关注大学生的利益诉求和价值愿望,关注大学生个人兴趣和发展。增强大学生社会主义核心价值观培育内容的针对性、时代感、实用性,适当地增添国学、优秀传统美德的教育内容,使思想政治理论课教学更加贴近学生实际需求和生活,即要"结合学科专业特点开展核心价值观教育,教育内容要有的放矢,并立足大学生的学习生活实际"①。在教学内容上提高社会主义核心价值观内容的美育感,大力拓展价值观教育内容的趣味性,如增加励志典型、哲学美文、榜样特写、身边故事等,让正能量、高质量、故事性的内容占领网络阵地,提高内容的说服力。高校还需要在对大学生社会主义核心价值观进行培育的过程中,根据具体的社会需求,大学生普遍的学习、生活需要,以及具体的个人需求,结合现实生活的变化,不断更新发展社会主义核心价值观的教学内容,使内容不但可以满足学生的需要,还能够紧跟时代的步伐,顺应时代的潮流,实事求是,成为人民群众接受的、能理解的且认可的内

---

① 贾先奎:《新形势下高校核心价值观教育的针对性策略》,《太原城市职业技术学院学报》2017年第11期。

容,这样才能真正做到思想的解放。同时,高校应引导大学生远离恶俗化、虚假性信息,努力培养当代大学生独立思考的能力和鉴别真假的能力,积极指导大学生树立正确的价值观、人生观、世界观。

第五,实现社会主义核心价值观培育内容的网络化、信息化。在大学生的思想政治理论教育教学中,要进一步完善社会主义核心价值体系建设。加强大学生社会主义核心价值观培育,需要提高教学内容的层次性,既要注重教学内容的深度,又要注重教学内容的韧度,还要注重教学内容的信度。① 高校的教育者和管理者要通过网络平台来实现网络教学与课堂教学的有机结合,使"思政微课""思政微视频""思政微内容"通过"互联网+教学"的模式参与大学生的日常教学和管理。与网络平台结合在一起的价值观教育内容,凭借其层次丰富多样且容易把握深度、广度,因而能收到不凡的教育效果。这样的价值观培育内容可以在线上授课、线下活动,两者互相促进、相互统一,很大程度上满足不同层次、不同专业的大学生的需要。

二、 拓展大学生社会主义核心价值观课程教学方法

在以往的教学中,思想政治理论课一般是 100 人左右的集体大课堂,教师以课堂理论灌输为主,教学形式单一,缺少有灵魂的、深入内心的教育引导。而学生作为受教者,积极性和主动性无法被有效激发和调动,课堂参与的广度和深度不够,实践体验不深。课程教学方法是实现课程目的、承载课程内容的手段。一般的教学方法包括讲授讲解、讨论对话、案例分析等。但随着大学生价值观多样性、自主性的增强,单一的讲授讲解、讨论对话、案例分析等教学方法,或者机械地将上述几种方法的综合,已经难以满足当代大

---

① 王双群:《浅析思想政治理论课教学内容的层次性——以社会主义核心价值体系、社会主义核心价值观的教育为例》,《学校党建与思想教育》2013 年第 24 期。

学生社会主义核心价值观课程教学的需要。所以，要积极拓展有效的大学生社会主义核心价值观教育教学途径，实现多种教学方法综合的教学模式的运用。

首先，推进"课程思政"的大学生社会主义核心价值观教育教学方法。将各类课程与思想政治理论课同向同行，形成协同效应，把"立德树人"作为教育的根本任务。将思想政治教育元素，包括思想政治教育的理论知识、价值理念以及精神追求等融入各门课程，潜移默化地对学生的思想意识、行为举止产生影响。有效地吸收各门课程中蕴含的社会主义核心价值观教育资源、功能，通过具体的各学科课程，开展大学生社会主义核心价值观教育。

其次，发挥领导干部、名人学者、榜样典型、学生标杆的权威性影响力，开展卓有成效的社会主义核心价值观教育。如党政领导干部每年定期或不定期进高校、进学生课堂，开展社会主义核心价值观宣讲活动；开展"学习新思想　千万师生同上一堂课"、黄大年先进事迹宣传等活动，增强社会主义核心价值观教育形式的多样性。充分发挥高校大学生干部的榜样带头作用。"学生干部是指在大学生群体中担任某些职务、负责某些职责，协助学校进行管理工作的一种学生身份。学生干部是大学生当中的特殊群体，一般是优秀的大学生。学生是身份，干部是责任。要向学生及时地传达学校的规章制度和辅导员的指令，并且辅助上级和学校相关政策落实到学生的日常生活中，在大学生中起模范带头作用，对思想政治教育工作起到巨大的推动作用。"①以上所述，都可以成为在大学生社会主义核心价值观教育中很好的引领角色。

---

① 季艳：《发挥学生干部、党员在大学生思想政治教育工作中的重要作用》，《理论导报》2013年第6期。

最后,创新大学生社会主义核心价值观的教育模式。打造集课堂、教学、社会实践、校园文化于一体的育人模式;创新教学模式,把师生互动、课堂讨论、再现情景、分组交流、头脑风暴等融入课堂学习中。不断提高大学生对社会主义核心价值观的认知。不但要帮助大学生了解社会主义核心价值观的理论渊源、提出背景和发展轨迹,而且要针对大学生在社会主义核心价值观教育上遇到的难点和问题,各个击破、因材施教。创新发展并不意味着摒弃已有的授课方式、讲解形式、讨论与案例分析,而是寻找更加适应大学生的专业、思想行为特点,依据课程内容,能生动有效地开展教学的新教学模式。如当前有的高校运用的"三三制"教学模式、翻转课堂、5V5 教学模式、专题式教学模式,都是教学模式创新发展的体现。当前教学模式的创新发展,应当注意线上线下结合,有效地连接第一课堂和第二课堂的教学转换,加强对大学生社会主义核心价值观培育的实效性和针对性。但又要注意,教学手段的创新发展,始终是以教学为目的、为教学内容服务,不应当喧宾夺主,只重形式,而不重内容传授与教学目的的实现。

三、 提高大学生社会主义核心价值观的教师理论素质

理论教学要"化虚为实"。要将抽象的理论转化为鲜活的内容,只有鲜活的东西,才能吸引人、感染人。这就要求理论课教师全面提高自身的理论素质,就像康德说的"只有自身受过教育的才能教育人"。唯有如此,才能把理论讲活、讲彻底;而理论只有彻底,才能说服人,才能引起学生的思想共鸣,才能让学生从内心深处认同和接受社会主义核心价值观念。教师作为学生的朋友、知己,是以灵魂塑造灵魂的使者,是学生世界观、人生观、价值观形成阶段的重要引路人。教师思想政治素养的高低显著地影响大学生的成长成才,更在深层次上关系到国家的兴盛和民族的未来,因此,需

高度重视教师思想政治素养的提升。思想政治理论课教师只有具有较强的政治意识，自觉做中国特色社会主义的坚定信仰者和忠实实践者，才能引导学生选择和坚持正确的政治方向和价值取向；只有具有深厚的学养，才能把社会主义核心价值观讲准确、讲透彻，才能帮助学生运用所学知识解答面临的现实问题；还应注重道德修养，加强师德师风建设，努力提高其精神境界。教师是学生学习和模仿的对象，因此，对社会主义核心价值观的践行起着重要的榜样和示范作用，教师在课堂上以及工作场合的表现，往往会对大学生的行为和思想起导向作用。思想政治理论课教师只有自己做到德才兼备，才能通过言传身教，真正做到教书育人。同时，要对思想政治理论课教师进行社会主义核心价值观专题培训，通过培训使思想政治理论课教师充分认识到社会主义核心价值观培育的重要意义，深刻领会社会主义核心价值观的精神实质和丰富内涵，增强大学生社会主义核心价值观培育的实效性，使社会主义核心价值观成为大学生日常学习和生活中的基本遵循。最后，要积极培养教师教书育人的责任感和荣誉感，秉承"学高为师，德高为范"的理念，树立正确的职业理想，时刻牢记自身担负的职责，以积极向上的世界观、人生观、价值观促进学生素质的全面发展，做好学生成长成才的支持者和帮助者。

第二节　当代大学生社会主义核心价值观培育的网络路径

网络在当今时代非常普遍，已发展到全球的每个角落。同样，网络也成为与当代大学生息息相关、日常生活的重要环境。习近平总书记指出："互联网是一个社会信息大平台，亿万网民在上面获得信息、交流信息，这会对他们的求知途径、思维方式、价值观念产生重要影响,特别是会对他们对国家、对社会、对工作、对人生的看法产生重要影响。"①在十九大报告中,习近平总书记进一步指出,要"善于运用互联网技术和信息化手段开展工作"。"互联网+"已经深刻影响到大学生的思维方式和价值取向,对高校育人和风清气正的社会环境的形成具有举足轻重的作用。因此,在实现中华民族伟大复兴的新时代,如何应对"互联网+"对教育环境、教育理念等带来的多方面挑战,把社会主义核心价值观培育有机融入"互联网+"时代,对提升大学生社会主义核心价值观教育的实效性、推动社会主义核心价值观入脑入心、实现立德树人具有十分重要的意义。

大学生社会主义核心价值观培育的路径有两个层次的含义。一是运用网络途径,对大学生社会主义核心价值观进行培育;二是针对目前大学生在网络上遇到的难题和问题,进行社会主义核心价值观的教育和引导,促使大学生形成正确的社会主义核心价值观。

一、 构建网络信息管理体制,完善监督监管体系

网络成为当代大学生的第二"生活空间",是当代大学生参与社会生活、接受教育与休闲娱乐必不可少的途径。因此,必须充分利用网络这一阵地来加强大学生的社会主义核心价值观教育。但与此同时,网络内容包罗万象、良莠不齐,它具有虚拟、自由开放等特征,使得网络世界缺乏规则性、规范性、安全性。大学生处在一个没有约束的网络世界当中,他们的自制能力和辨别能力有限,其价值观经常会受到一些不良信息的冲击,从而造成价值观的偏离或扭曲。因此,构建网络信息管理体制、完善监督监管体系成为教育引导

---

① 习近平:《习近平谈治国理政》第二卷,第335页。

的重要手段。

　　为有效遏制网络世界的无秩序性,构建完善的网络信息管理机制,必须充分发挥学校和政府职能,在管理过程中做到双管齐下,对在网络上传谣造谣、传播污秽低俗信息的行为严抓严打,时刻监督网络世界中的不良行为。从政府职能来看,体现为网络世界中政策保障、制度规范、法律约束三个方面内容的建设。自 2003 年起,我国就极为重视网络世界的整治,先后颁布了《国家信息化领导小组关于加强信息安全保障工作的意见》(中办发〔2003〕27 号)、全国人大《关于加强网络信息保护的决定》,还有其他部门制定的网络信息管理制度等。2015 年,我国进一步提出将网络安全纳入法律法规范围,而后全国人大制定施行了《中华人民共和国网络安全法》(中华人民共和国主席令第 53 号,2016 年 11 月 7 日发布),对网络技术依法监督监管,进一步规范网络信息传播的秩序和途径,大力推进网络法制建设,打击网络犯罪,给大学生营造了良好的网络环境。

　　从学校职能来看,必须以对国家和民族高度负责的态度,充分发挥网络信息中心和舆情舆论监管部门的监督作用,正确引导社会舆论,完善在校大学生的网络使用制度,避免大学生沉迷网络无法自拔。网络教育与大学生价值观教育融合已经是时代发展的趋势,但是大学生由于自身能力限制,容易在互联网的信息海洋中迷失自己。因此,高校教师和管理部门要充分利用网络信息中心和舆情舆论监管部门的功能,强化校园舆情工作,健全危机信息披露机制。对网络热点问题,要提高敏感度、积极主动对接,下好先手棋;发现网络谣言,学校要敢于"亮剑"。在线上,要引导学生不信谣、不传谣;避免集体失语,确保公众的知情权;线下及时处理,化解矛盾危机。同时,引导大学生健康地进行网络信息交流,不浏览不良网站,及时发现大学生对一些时事热点的偏激观点并进行纠正教育,严格把握大学生在校期间接触网络的时间,体现正确价值观导向,净化网络环境。

二、 有效开展媒介素养教育,提高媒体选择与批判能力

大学生社会主义核心价值观的培育需要良好的内外部环境协同完成,但关键还在于内因。媒介素养教育的目的在于教育学生形成正确的网络信息价值观,维护青少年健康享用媒介的权利,使他们能够更好地适应微媒体环境,提高甄别各种信息的能力,进一步引导学生创作网络文化作品,弘扬主旋律,传播正能量。媒介素养是通过一定的教育途径和生活经历逐渐建立起来的、获取媒介信息的意义及独立判断信息价值的知识结构,是对繁杂的媒介信息选择、理解、质疑、评估、表达、思辨性应变的能力,要提高大学生的媒介素质,应从多方面引领。

首先,以良好的社会教育为依托,形成良好的媒介素养教育氛围。大学生是正在社会化的人,社会氛围的优良与否,直接关系到大学生能否健康成长成才。倡导相互信任、平等公正、文明法治的社会氛围,努力营造健康的绿色网络空间,积极提高大学生分辨是非的能力,使其养成高尚的社会公德,树立公民意识,弘扬社会正能量,坚决抵制社会不良现象。其次,以学校教育为核心,充分发挥高校思想政治教育主阵地的作用。通过开设媒介素养的相关选修课,编排系统化的媒介素养教育课程或实践活动,对大学生进行系统的、有针对性的媒介素养教育,同时,将媒介素养教育与"两课"相结合,使课堂教育"入脑、入心、入行",使其养成媒体伦理自觉,提高大学生信息甄别、判断与选择能力。最后,以自我教育为重要手段,身体力行提升自身的媒介素养。大学生要坚决抵制网络色情、网络赌博、网络犯罪等不良行为,充分发挥互联网的积极作用,提高自身的媒体甄别、判断与选择能力,不断提炼自身的人格

修养,积极主动地自我培育和践行社会主义核心价值观,为社会发展、国家进步贡献自己的力量,用爱心和责任书写当代大学生的时代风采与历史使命。

三、 合理运用网络的力量,传播社会主义核心价值观

第 53 次《中国互联网络发展状况统计报告》显示,截至 2023 年 12 月,我国网民规模达 10.92 亿人,互联网普及率达到 77.5%,5G 移动电话用户达 8.51 亿户,网民中使用手机上网的比例为 99.3%。[①] 5G 技术应用让中国进入了万物互联时代、电子信息高速传播时代、手机智能化时代。我国当代大学生可谓人手一机,通过手机终端在线选课、自主学习、听课、查阅资料及其他信息,互联网已经是当代大学生获取信息的主要渠道,这就导致他们上网时间居高不下。上海交通大学社会调查中心研究调查报告显示,超九成中国大学生每日使用互联网时长超过 2 小时。所以,如何运用网络大数据的力量传播社会主义核心价值观,已成为对当代大学生进行思想政治教育的重要路径和载体。

第一,要牢牢占据社会主义核心价值观传播的网络阵地。随着互联网的快速发展,我国对大学生进行社会主义核心价值观教育,也要适应网络快速发展的形势,遵循网络传播规律。目前网络教育的途径更易于大学生接受,可以利用一些社交平台传播正能量和先进文化。例如,现在非常受大学生欢迎的一些社交软件,如微信、微博、抖音等,都可以作为价值观教育的网络宣传平台,有效地将社会主义核心价值观教育融入网络宣传、网络文化和网络服务当中,使大学生自觉、主动地接受社会主义核心价值观的熏陶。同时,既要增强主流媒体的作用,充分拥有意识形态话语权,拒绝西方价值观的渗透,

---

① 中国互联网络信息中心(CNNIC):第 53 次《中国互联网络发展状况统计报告》,2024 年。

增强社会主义核心价值观的传播能力和责任意识;也要做到科学性与趣味性的统一、权威性与草根性的统一,真正意义上使大学生认同社会主义核心价值观。

第二,重点推进网络文化活动建设。目前很多高校流行举办一些"科技文化节""网络文化艺术节"等活动来吸引大学生的关注,目的就是使大学生可以从这些活动中得到社会主义核心价值观培育。但是从目前高校对校园网络文化的建设来看,单一的线下文化活动难以适应当前大学生高频度的网络生活的特点与个性化的需要。所以高校必须打造具有特色的网络文化活动,营造良好的校园环境,采取灵活多样的方式引起大学生兴趣,使他们在积极参与活动中掌握知识、丰富内涵、充实生活,提高对社会主义核心价值观的认同感。

第三,创建特色宣传网站。要善于利用大众媒体进行社会主义核心价值观的传播,做大做强重点新闻网站,提升新闻媒体的舆论引导能力,围绕习近平新时代中国特色社会主义思想、中国梦、"四个全面"等中心主题教育活动,系统考虑、整合线上线下教育活动,持续扩大、提升社会主义核心价值观网络传播的覆盖面及影响力,增强社会认同。同时,创建有特色、有影响力的教育网站,对践行社会主义核心价值观的先进人物,要进行广泛宣传,传播正能量,发挥网站的宣传作用,营造良好的网络舆论氛围,集聚网络舆论的正能量,有效地引导大学生的阳光行为。

第四,发挥校园"微力量"的作用。所谓的校园"微力量",是指在利用微载体方面形成的一股新兴势力,即在微平台中形成的具有一定影响力的群体。加大对校园"微力量"的培养力度,如同门专业群、老乡交流群、新生交流群等,充分发挥其在同伴中的教育作用。也可借助专家学者、辅导员、思政课教师和宣传队伍的力量,加强教育引导,促使大学生社会主义核心价值观培育的目标更易于实现。

第五,充分利用已建设成熟的社会主义核心价值观主流网络平台。如加强中国大学生在线、中国青年网、未来网、"易班"网、校园和各级共青团组织公共微博等平台建设,向师生定期推送电子报刊、校园信息,报道宣传践行社会主义核心价值观的典型人物和事迹,产生榜样示范效应。利用新媒体,为师生搭建平等交流的网络平台,有利于积极引领师生思潮,推动社会主义核心价值观的信息化、网络化传播。

四、 积极发挥微媒体作用,重构培育新生态

随着近年来网络新媒体的迅速普及,以微博、微信等为代表的微媒体传播(简称微传播)形成了新的大众传播方式,搭建了人际沟通交流的新平台,其特有的传播生态影响着当今经济、政治、文化的发展。微传播依托微博、微信、微视、APP 等微型媒介,主要利用短小精悍的音频、视频、文字、图像等内容,开展实时互动、高效的传播活动,传播主体及使用人群集中于广大青年学生。微媒体业已走入大学校园,形成了新的大学教育生态环境,为高校提供了建立新的思想政治教育教学手段及方法的新媒体途径。

第一,开辟教师"微阵地",创新教书育人阵地。高校教育教学工作者首先要充分认识微媒体对大学生的影响力,不断提升自己的媒介素养能力,树立合理利用网络进行教书育人的思想意识。特别是直接从事思想政治教育的党委书记、辅导员、班主任、思想政治理论课教师等,应开设个人微博、微信等微媒体,打造自己的微媒体平台。在课内开展的教育教学活动中,借助微媒体信息技术手段,利用各类文化资源,将中华优秀传统文化以"微课堂"形式引入高校思想政治理论的课堂教学,以生动形象的教学方法,使马克思主

义理论的理论性、生动性、感染力和震撼力得到最大程度的彰显,把中华优秀传统文化传递给广大学生。利用课外时间,高校教育教学工作者可通过微媒体,采取网络互动的形式来分享自己的观点,如时事评论、主题论坛、推送文章等,加强大学生社会主义核心价值观的培育。针对微媒体平台"碎片化"的传播特点,以及优秀文化在微媒体传播过程中有意或无意地被"歪曲"、文化的真实性和完整性被破坏的现象,教师应以自己的专业素养进行过滤、思考,并进行科学的理论分析、言语分析等,表达出教师的真情实感,讲好中国故事,把有思考、有温度的信息利用微群分享给学生,达到传递正面的、具有教育价值的、能带给学生思想启迪的信息,保证大学生社会主义核心价值观培育的准确性和完整性,强化社会主义先进文化引领的作用。2017 年 8 月,教育部修订通过《普通高等学校辅导员队伍建设规定》,明确辅导员的工作职责之一就是对学生进行网络思想政治教育,创新工作路径,加强与学生的网上互动交流,运用微媒体对学生开展思想引领、学习指导、生活辅导、心理咨询等。这就要求广大高校教师要积极引领这一新的教育阵地,传播社会主义核心价值观培育相关的大政方针、基本理论、生动事例等,发布社会主义核心价值观的学习资料、科研论文、讲义、图片、视频等信息,利用微信群、朋友圈等微媒体在线和学生进行学习交流,实时掌握学生的思想动态,及时为学生答疑解惑和教育引导,关心爱护学生,助其健康成长,搭建师生平等对话的桥梁,掌握微媒体教育的主动权。这就拓展了日常思想政治教育,也延伸了课堂教育。

第二,精心打造多层面校园微平台,拓宽培育领域。微平台具有即时性、互动性和便携性,受到大学生的青睐。高校要充分利用微媒体的巨大影响力,搭建自己的微平台,发出自己的声音,传播正能量,引领大学生社会主义核心价值观的培育。一是建立多个层次的微平台,发挥高校宣传教育阵地的重要作用,开展有利于隐性地引导大学生道德认知和行为方式的培育活动,如学校层面的微平台,校园各基层学院党、团组织的微平台,学生社团微平台等。设立各个层次具有特色的官方微博、微信、微直播等微媒体,展示学校独特的文化内涵和人文精神。高校微媒体平台应以社会主义先进文化为重点传播内容,传播本校特有的文化,如校史、校训、校歌,在各方面发展中取得的突出成绩、各级各类获奖,本校优秀师生的先进事迹等。开展各种文化教育特色活动,如校园文化节、红色文化教育活动等。二是在各层次的微平台上及时发布学校动态,大学生关注的校园热门话题、社会热点话题等多样化的信息,借助微平台开展与社会主义核心价值观相关的线上活动,如微文化沙龙、微诗歌朗诵、微演讲、微歌唱比赛、微戏剧演出、微电影照片拍摄、微系列讲座等异彩纷呈的活动,丰富大学生的精神生活,形成正确的舆论导向,营造社会主义核心价值观的舆论宣传氛围。三是通过高校微媒体关注一些传播优秀文化的微博、微信公众号及特色网站,通过这些平台实时推送时政热点、有一定理论深度的文章、生动的党史故事等,引导学生树立正确的思想观念。同时,高校在制度、资金、人员等各方面大力支持微平台,保证高校微平台后台运作的顺畅性、及时性和互动性,学生可以真真切切地参与活动,感受各种线上活动。通过学校的正面引导,树立正确的思想观念,抵制消极思想的侵蚀和影响,在交流、讨论中逐步达到大学生社会主义核心价值观的自我培育。

第三,突出社会主义先进文化引领,牢牢把握培育内容和方向。世界范围内思想文化交流交融交锋形势下价值观较量的新常态,要求必须巩固马克思主义在意识形态领域的指导地位、巩固全党全国人民团结奋斗的共同思想基础。培育大学生社会主义核心价值观,离不开社会主义先进文化的滋养和教育,离不开新时代中国特色社会主义思想、中华民族优秀传统文化、红色文化等教育内容的大力引领。习近平总书记在党的二十大报告中指出,"我们创立了新时代中国特色社会主义思想,明确坚持和发展中国特色社会主义的基本方略,提出一系列治国理政新理念新思想新战略,实现了马克思主义中国化时代化新的飞跃,坚持不懈用这一创新理论武装头脑、指导实践、推动工作,为新时代党和国家事业发展提供了根本遵循"①,在思想政治上引导着大学生社会主义核心价值观的培育,应采用多渠道传播尤其是微媒体传播途径使其进入大学课堂、大学教材和大学生的头脑。中华民族优秀传统文化已经成为中华民族的文化基因,影响着大学生的思维方式和行为方式,对大学生社会主义核心价值观的形成具有重要作用。红色文化是中国共产党领导人民在新民主主义革命、社会主义建设和改革开放的伟大历程中形成的,包含大量生动的先进事迹、高尚的道德思想以及红色精神等,与社会主义核心价值观的基因特质、价值取向和精神实质具有一致性,能够使社会主义核心价值观所倡导的价值需要与当代大学生的内心需求真正契合,成为当代大学生所遵循的价值准则。借助高校各类微媒体平台,广泛传播社会主义先进文化,培育大学生社会主义核心价值观。从理论传播的实际效果来看,红色文化尤其是富有地域特色的红色文化,教育优势明显,例证丰富生动,具有较强的教育教学价值,易于贴近学生开展大学生社会主义核心价值观的培育。近年来,随着对红色文化的不断深化研究,各大高校尤其是地处革命老区的地方院校纷纷建立红色文化研究中心,展开对地域红色文化的系统梳理与深入挖掘,已形成大量的研究性专著、教材、讲义、论文等成果。地域红色文化以

---

① 习近平:《高举中国特色社会主义伟大旗帜 为全面建设社会主义现代化国家而团结奋斗——在中国共产党第二十次全国代表大会上的报告》,人民出版社,2022年,第6页。

其巨大的地域影响力、亲和力走入大学校园,对高校思想政治教育教学改革影响深刻。因此,要因地制宜,发挥地域优势,搭建爱国主义教育微媒体平台,建立红色教育微媒体基地,实现红色文化共享,把红色精神、红色故事、红色人物等以准确的形式传播到广大青年学生当中,把握大学生社会主义核心价值观的培育方向,塑造特色鲜明的社会主义核心价值观培育路线,提升社会主义文化自信。

第三节 当代大学生社会主义核心价值观的实践养成

实践是认识的来源。实践是培养价值观养成的根本途径,是实现大学生对价值认同的基本方法,实践所认同的价值观具有相对稳定性。一方面,通过活动,不断将社会主义核心价值观的要求转化为内部的行为需要;另一方面,通过活动,不断将已有的价值观表现出来。从这个过程来看,社会主义核心价值观的学习不是自动实现的,而是通过学生的实践活动,通过主客体的相互作用而使主体的心理逐渐发生变化而实现的。只有在这种主客体互动的活动中,主体才能实现从接触到接受某种价值观的心理转化。价值观教育的心理实质就是通过主体对观念的内化从而形成主体外显行为的调节。现实中的真实事件是学生可以接触到的最具生命力的价值观教育素材,它们能使学生在情境中获得有价值的体验,使他们逐步学会做出合理的判断,生成善的行为。"深化教育领域综合改革,加强教材建设和管理,完善学校管理和教育评价体系,健全学校家庭社会育人机制。"①因此,我们需摒弃传统的高

---

① 习近平:《高举中国特色社会主义伟大旗帜 为全面建设社会主义现代化国家而团结奋斗——在中国共产党第二十次全国代表大会上的报告》,第34页。

校在社会主义核心价值观教育课程的生态系统中唱"独角戏"的思维固着,创设由学校、家庭、社会等多教育主体良性互动的生态链条,形成家庭、社会与学校携手育人的强大合力。通过发挥社会实践、家庭实践、校园实践活动的作用,挖掘学校、家庭、社会三种资源,发挥学校、家庭、社会三种力量,共同促成大学生社会主义核心价值观的实践养成。

一、 积极开展校园文化活动,发挥校园文化的熏陶作用

文化熏陶是重视开发隐形教育资源的有效方式。学生在学校环境中,受到熏陶、感染,产生各种心理体验,这种体验在学生心灵深处不断产生心理积淀,这种心理积淀过程就是文化熏陶过程。我们总是把德育等同于智育,套用智育教学的规律和模式对学生进行思想品德教育,忽视了情感在德育中的作用。而隐性资源是通过人的情感感受和思想领悟来滋润心灵,所以能够更好地发挥教育的作用。从心理学上来讲,学生具有归属感、受暗示、无意识等潜在心理特征。具体而言,在归属感的驱使下,学生会渴求被集体接纳。学生在校园内必然会受到各种各样的暗示和强化:符合环境要求的言行会受到肯定与鼓励,不符合要求的则会受到否定与谴责。这就潜移默化地影响了学生价值观和行为模式的形成。在教育学的视角中,校园文化不仅是一个纯粹的文化概念,更多地体现着学校教育的特征和个性。校园文化是一种无形潜在的、人文化成的教育力量,这种特点符合大学生的心理需要。大学生在有意识地接受外部信息的过程中总会存在一种防范心理,有时会表现为排斥和逆反,而校园文化能在最大程度上消除这种不利心理,使受教育者在无任何心理抵触的状态下接受教育。高校要充分挖掘校园文化的育人功能,发挥校园文化在社会主义核心价值观教育中的作用。

第一,积极开展校园文化活动。加强社会主义核心价值观实践育人基地建设,在高校实践育人共同体的顶层设计指引下,大力创建大学生实践教育基地、创新活动形式,开展丰富多样的志愿服务和勤工俭学活动。"思想政治教育工作者要完成党和人民赋予我们的立德树人神圣使命,需要加强团队建设,以团队的合力来完成。"①通过组织丰富的团队活动,使大学生认识自我、了解社会,进而使社会主义核心价值观完全内化为大学生自己的人生观、世界观、价值观,最终成为社会主义核心价值观的忠实践行者。为此,可以组织学生利用节假日、纪念日及课余时间,走进学校周边社区和群众,开展常态化的扶贫扶弱、资助困难、保护环境等方面的公益活动。丰富暑期"三下乡"等社会实践活动形式和内容,积极开展社会调查、文艺演出、公益服务等活动,形成爱学习、爱劳动、爱实践的有效形式和长效机制。此外,高校应结合不同专业的特色,广泛吸收其他专业的学生,通过"讲""拍""唱""画""演"五种形式,着力构建"主体参与式"社会主义核心价值观培育模式,让学生从"要我学"的被动学习状态转移到"我要学"的主动学习状态上来,真正实现学思用贯通、知信行统一。形式一:讲故事,用情节吸引人。讲故事是指用连贯的情节,以深入浅出、易于接受的方式,引导大学生在引人入胜的故事情节中,理清故事的价值内涵,产生情感共鸣,实现价值认同。社会主义核心价值观十二组词不仅是简单抽象的文字符号,还都蕴含着很多可歌可泣、荡气回肠的故事。我们可以让大学生根据社会主义核心价值十二组词的主要内容,紧密结合自身成长经历、身边人和身边事、历史人物事件或社会现象等,从小处着眼,深入发掘具有代表性、生动感人的社会主义核心价值观故事,同时将这些故事中引人入胜、富有启示意义的情节进行精心组合,使其具有更强的艺

---

① 徐兆东、徐波:《大学生思想政治教育团队建设的时代价值及其路径探析》,《辽宁师专学报》(社会科学版)2014年第6期。

术性和感染力。形式二：拍视频，用画面感染人。影像资料是更直观的艺术表现形式，它能够将抽象的社会主义核心价值观更加具体化、生动化。随着新媒体技术的迅速发展，视频以其记录性、动态性、表达形式丰富多样的传播优势，在大学生群体中广受欢迎。社会主义核心价值观的培育也要与时俱进，通过吸收视听表达手段，熟练运用视听语言，生动形象地呈现社会主义核心价值观的深刻内涵。一些构图精巧、制作优良的视频具有极强的传播力和渗透力，能够在社交媒体中被广泛传播和分享。将社会主义核心价值观融入视频，为藏在文字中静态的理论赋予鲜活的生命力，使人们在观看视频过程中感受生活的美好、体悟人间的真情、憧憬美好的未来，使社会主义核心价值观的丰富内涵得到具体形象的展现。形式三：办画展，用色彩温暖人。图画本身具有较强的直观性、生动性和视觉冲击力，用恰当的图画表达社会主义核心价值观的内容，能够让抽象的概念通过具体的图像展现出来，达到引导人、教育人和影响人的目的。这种传播方式比刻板的文字、静态的语言更能迸发力量。通过举办社会主义核心价值观"主题画展"，以图画的直观形式诠释的社会主义核心价值观能在学生心里泛起涟漪，使他们从画中细细品味其中蕴藏的更高境界，从色彩和线条中感受作品的艺术性和思想性。此外，广大学生参与创作，成为社会主义核心价值观作品的创造者、描绘者，用手中的画笔诠释自己心中的社会主义核心价值观，使内心的理解和想法跃然于纸上，充分表达广大学生对社会主义核心价值观的独到见解，起到春风化雨、润物无声的作用。形式四：唱歌曲，用音律打动人。"移风易俗，莫善于乐"，音乐的力量是无比强大的，音乐是跨越国界的国际语言。在传播方式中，音乐有其独特的优势。音乐是最能传达情感的艺术形式之一，音乐的教化作用是一个从无形到有形的过程，它包含的价值内涵直抵人心。在音乐的创作和传唱中,音乐律动可以深入学生的内心,触动学生的灵魂,引领行动自觉,让大学生能够生动形象地理解认同社会主义核心价值观并积极践行,这正是音乐的魅力所在。通过开展社会主义核心价值观歌曲创作活动和歌唱比赛,引导学生在创作中理解掌握社会主义核心价值观的深刻内涵,在传唱中明确社会主义核心价值观的基本要求。形式五：演剧目,用作品教育人。表演能直观地反映人们不同的思想信仰、生活理想和审美要求,是供人们欣赏和娱乐的艺术形式,具有很强的宣传教育作用。将社会主义核心价值观与文艺创作相结合,将理论精神与文艺作品相互融会贯通,以艺术表演为载体,将"大社会"转化为"小舞台",将"大道理"转化为"小故事",将"大主题"转化为"小场景",让大学生在参与表演的过程中潜移默化、耳濡目染地了解社会主义核心价值观的精髓,接受其熏陶。通过编排以社会主义核心价值观为内容的快板、相声、小品、舞蹈和话剧等一系列内涵丰富、品位高雅的文艺作品,用生动直观的艺术形式把社会主义核心价值观活灵活现地呈现在文艺演出和文艺创作中,让学生真正从行动上践行社会主义核心价值观。

第二,发挥校园文化的熏陶作用。校园文化在育人过程中体现出行为养成、情操陶冶、价值导向、心理因素构建等价值功能。校园文化的育人作用主要表现为一定的精神文化、环境文化的熏陶感染对师生产生润物无声的影响。首先,以校园制度文化为保障。校园制度文化是规范大学生学习和日常行为的重要规范,学校应以制度文化建设为着力点,培养学生诚实守信、遵纪守法、勇于担当和励志成才的良好习惯,构建以校园制度文化孕育社会主义核心价值观教育的新形态。完善校园文化制度,调动大学生积极主动参与的热情,以民主的态度,接纳大学生提出的建设性意见,在此基础上制定大学生的行为规范、基本准则,真正做到以学生为本。其次,以校园物质文化为基础。校园物质文化建设要以整饬的规划、高雅的追求体现大学文化特色,彰显大学精神理念,将其与校园物质实体有机结合起来,并通过校园物质文化实体使社会主义核心价值观有形化,使大学生从中获得高尚的价值观洗礼。校园物质文化在很大程度上反映学校办校的历史积淀和办学理念,它在大学生社会主义核心价值观教育中发挥重要作用。因此,一方面,应充分利用校内的图书馆、校史馆、博物馆以及具有纪念意义的励志偶像、历史人物雕塑等资源,引导学生继承传统、创新未来;另一方面,要营造优美、整洁、干净、宁静的校园环境,帮助学生养成潜心学习、洁身自好的行为习惯。要主动对接和充分利用地方优质资源,如各类各级历史博物馆、历史纪念馆、烈士陵园、美术馆、艺术博物馆等,构成泛德育环境,为学校以实践为载体的隐性价值观教育提供丰富的资源和生动的教材,使个体浸润其中,逐步实现大学生对社会主义核心价值观的自觉认同。

在大学生中宣传积极向上的主流思想,弘扬社会主义主旋律,传播社会主义正能量。加强对社团、论坛、研讨会、报告会的规范管理,加强学校宣传媒体和渠道建设,完善校园文化活动设施,有效地整治校园人文环境,促进校园文化的建设。尊重差异化,求同存异,以扩大社会主义核心价值观的认同感,在包容多样中形成思想共识。发挥重要节庆日的作用,在校园开展革命传统教育,有利于发挥社会主流价值的传播优势,充分弘扬民族精神、时代精神。

二、 确立家庭教育主体地位,发挥家庭教育的协同作用

家庭既是个人生活的场所和成长的起点,也是个人心灵的港湾。对个人来说,家风教育就是从小到大形成的精神指向,是道德品行形成的土壤。"千千万万个家庭的家风好,子女教育得好,社会风气好才有基础。"父母通过言

传身教,教育子女如何为人、如何处理与自身的关系;如何处世,如何处理与亲人、朋友、同事等他人之间的关系;如何爱国,如何处理个人与国家的关系等。家庭教育理念在日常生活中传递给子女,再代代相传。子女在家风教育中受到熏陶和影响,在人生道路中养成心性、完善品格、转变意念,身上或多或少都有家风教育的印记。好的家风教育教会人严格要求自己,塑造正直的品格,不断完善自我,让人受益终生。好的家风教育不仅影响一个家庭,还会影响后代众多家庭,有很多优秀的家风文化传承至今。如岳母为岳飞刺字"精忠报国",培养了一代报国忠臣,为无数中国人所敬仰;革命战争年代,老百姓把最后一口粮当军粮,把最后一块布做军装,把最后一个儿子送战场。这些朴实的行为是爱国教育的最高典范。

2021 年 10 月 23 日,中华人民共和国主席习近平签署中华人民共和国主席令第九十八号,公布《中华人民共和国家庭教育促进法》(简称《促进法》)。《促进法》是为了发扬中华民族重视家庭教育的优良传统,引导全社会注重家庭、家教和家风,增进家庭幸福与社会和谐,培养德智体美劳全面发展的社会主义建设者和接班人而制定的法律。它既肯定了中国家庭教育的优良传统,又明确了家庭教育在教育当中的主体地位。《促进法》重家风、重家教、重家庭教育践行和架设,是社会主义核心价值观的体现,也是弘扬社会主义核心价值观的重要路径。家风文化是一个家庭在长期共同生活过程中创造的,具有鲜明的家庭特色和风格,是维系家庭生存和发展的精神纽带。家风是一个家庭或家族通过祖辈几代甚至十几代人生活历练及人生经验的积累所沿承下来的道德品质、人生态度、生活习惯等,在家庭成员身上展现出具有家族特色的精神风貌。

第一,家长要多给孩子讲述家族的发展经历或者家风故事,让孩子翻看家族流传的族谱、照片、信件等,用吸引人的方式开展家风教育,激发孩子的兴趣。家长要善于发现生活细节和好家风的契合点,在恰当时机进行教育,让好的家风品质不再是故事,而能与实际生活相联系,并在自己的身上得到体现;多和孩子互动,多让孩子思考,并表达对家风的认识和体会;在倾听中传播正能量,纠正认识偏差;在交流互动中相伴成长,让好的家风在和谐的家庭环境中固本强基,助力营造温馨和睦的家庭氛围。红色家风是在革命战争年代形成的独特的红色文化的一部分,一封封红色家书记录着革命战争胜利来之不易,凝聚着革命先辈在那段峥嵘岁月中坚定不移的理想信念、赤诚炽热的爱国热情、不怕牺牲的奉献精神,是和平年代进行爱国主义教育、理想信念教育、思政教育的最好素材。每个家庭都是一个相对独立的组织单元,每个家庭的家风也不尽相同,但是和谐的家庭氛围与个人成长成才、家庭成员相亲相爱、良好社会风气的形成息息相关、密不可分。和谐的家庭给人以自信和力量,家庭成员感受到温暖与归属,有利于形成淳朴的民风、稳定的社风。所以,小到个人,大到集体,都希望生活在和谐的家庭环境之中,而好的家风教育是促进家庭和谐、增强家庭凝聚力的法宝。因此,在家庭教育中,家长要以身作则,带头践行社会主义核心价值观,树立"爱国爱家、勤勉工作、诚信处事、友善做人"的良好形象,营造社会主义核心价值观家庭教育氛围。

第二,鼓励学生讲述对自己产生影响的家风故事。可将家风融入丰富的校园文化活动,如家风主题班会、拍摄家风微电影、家风读书会、红色家风讲坛、家风故事分享会等。宣传优良家风,在宣传栏张贴家风故事,印发传承好家风的宣传材料,积极引入互联网技术,聚合优良家风教育信息。如在学校官网上传家风系列思政精编课程;在班级微信群转发家风美文;在学校微信公众号发布相关视频,宣传家风育人故事等。通过互联网技术更好地发挥新时代的精神价值,线上线下以多种形式渗透在学生学习生活的方方面面。利用新媒体平台构建家校共同体,推进家校合作,坚持家校互通。学校可以利用新媒体技术搭建"学校家庭互联互通"的工作平台。以建设良好家风为媒介,既促进对良好家风的宣传,也能为家长之间增进相互了解和分享教育经验提供平台,增进与学生家庭之间的互动交流。构建以学生为中心的家校合作互动式培育的生活模式,努力激活家庭教育中的正向教育功能,加强大学生社会主义核心价值观的培育和践行,不断完善家校合作的长效机制。要建立畅通的信息渠道,搭建网络新媒体平台,使家校教育形成一块"整钢"。

三、 优化社会实践教育环节，发挥社会实践的育人作用

实践是认识的来源,是认识发展的动力,是认识的目的,实践是检验真理的唯一标准,这是辩证唯物主义认识论的基本观点。大学生社会主义核心价值观教育不能简单地从课堂到课堂、从理论到理论、从教材到教材,必须遵循"实践—认识—再实践—再认识"的规律,通过学生理论的学习和实践的体验,使知识上升为理论、理论升华为信念、用信念铸造理想、用理想指导行动。大学生作为社会建设的新兴力量,刚步入社会时由于缺乏经验,往往在思想上容易从众,随大流;在行动上不自觉地模仿大众,很难独立形成非常准确的价值判断。因此,社会实践是大学生社会主义核心价值观培育的重要环节,在大学生培养过程中必须加强社会实践的管理,在社会实践阶段积极开展社会美德活动,在全社会营造一种良好的社会风气。通过社会实践活动,促使大学生社会主义核心价值观教育知行合一。在参与过程中,尝探索之快乐,思成长之道路,树理想之信念;在参与过程中,探寻人生,匡正自我,感悟内化;在参与过程中,增强责任意识,培养爱国情怀,激发报效祖国、服务人民的热情,进而坚定建设中国特色社会主义的信念,将个人发展与社会发展统一

起来,把树立远大的理想同时代的要求统一起来,把实现自身价值与报效祖国统一起来,努力成长为理想远大、信念坚定、意志坚强的新一代大学生。

第一,广泛开展道德教育实践活动。改革开放以来,公民文明素质和社会现代文明程度不断提升,但也存在着一些问题。如随地吐痰、乱丢杂物、乱涂乱画、破坏公物等现象还是时有发生。甚至在今天,高铁"霸座"等不文明乘车行为还不时出现,引起整个社会的高度关注。这些不文明现象的主角有不少是高校的大学生。因此,高校要在社会实践中加强对大学生的品德教育,在社会实践环节中增加品德教育内容,以大学生诚信为建设重点,加强职业道德、社会公德、个人品德、家庭美德等方面的教育,形成良好的社会道德风尚。充分发挥高校"道德讲堂"的教育阵地作用,弘扬中华优秀文化与传统美德。开展形式多样、丰富多彩的道德实践活动,在大学生中形成积极向上的正能量,同时将道德实践活动与培育廉洁自律理念相结合,营造风清气正、崇尚廉洁的良好校园环境和社会风尚。

第二,切实开展常态化、让"爱心回家"的社会实践活动。在各项德育教育社会实践活动中,大多数高校都会在每年三月围绕"学雷锋"开展一系列的弘扬雷锋精神、助人为乐的实践活动,以培养大学生的仁爱精神。但一些学校仅仅是为开展活动而开展活动,很多时候都是停留在口号和形式上,轰轰烈烈开始,潦潦草草收场,而非将社会主义核心价值观的"友善"在大学生身上内化为一种精神特质。因此,高校应将助人为乐的雷锋精神贯穿在大学生核心价值观教育的全过程,开展形式多样的社会实践教育活动。同时,提升大学生的志愿服务素养,关爱留守儿童,关心空巢老人,帮助困难大学生,将雷锋精神和志愿服务活动有效地结合起来,形成我为人人、人人为我的良好社会风气。

第三,有效利用志愿服务的载体。志愿服务深化了大学生对社会主义核心价值观的认知理解。价值认知是社会主义核心价值观培育的逻辑起点和基本前提,构成了人们价值观念的基本轮廓和实质内容,是形成情感认同、树立价值信仰、产生行为习惯的必要条件。"奉献、友爱、互助、进步"的志愿服务精神,集中体现了社会主义核心价值观的文明、和谐、平等、敬业、诚信、友善等理念,两者的文化同根性和内在契合性,使得大学生在志愿服务活动中了解国情、社情和民情,由"知其然"的感性认识阶段上升到"知其所以然"的理性认识阶段,从而产生认知共振,进一步推动大学生对社会主义核心价值观概念内涵、价值意义、终极目标等的认知和理解。志愿服务增进了大学生对社会主义核心价值观的情感认同。价值认同是社会主义核心价值观培育的着力点,体现了人们在社会实践过程中自觉接受、自愿遵循的态度,是实现从理论认知向行为践行转换的关键环节。志愿服务拓展了大学生对社会主义核心价值观的行为践行。相较于传统教育直接的、外显的、灌输的活动方式,志愿服务活动更加强调以学生为主体,更加注重躬身践行,引导大学生在帮助他人、服务社会的实践过程中自我体悟、自我教育、自我管理和自我提升,不断调整自身的思想观念和行为规范,达到利他与利己、助他与自助、社会价值与个人价值的有机统一,有效避免大学生抵触和反感情绪的产生,"润物细无声"地使大学生感受和认同社会主义核心价值观的深刻内涵及魅力,实现大学生社会主义核心价值观培育的效益最大化。

第八章 当代大学生社会主义核心
价值观培育机制

大学生社会主义核心价值观培育作为一项长期性、系统性的工作,需要不断创新社会主义核心价值观培育的方式方法、积极探索有效的价值观培育模式、建立健全长效的培育机制,从而使大学生自觉践行社会主义核心价值观,成为德智体美劳全面发展的高素质人才,进一步深化我国高等教育领域的综合改革,促进我国各项事业的健康有序发展。

第一节 健全培育大学生社会主义核心价值观的
组织管理机制

价值观是指人们在实践中逐渐形成的价值信仰、信念、理想、标准和具体价值判断等内容。"建设中国特色社会主义核心价值体系,必须正确看待和处理社会价值导向与人们多样化价值观之间的差异与矛盾,尊重差异、包容多样,对人们多样化的价值观加以引导和调节,树立适应科技进步和社会发展的先进价值观。"[①]因此,高校要建立统一领导、目标一致、权责明确、共同参与的社会主义核心价值观培育的组织管理机制,将培育工作规范化、制度

---

① 于晓霞、韦平:《在多样化与价值导向之间保持必要的张力——江泽民关于社会主义价值观教育和管理的思想》,《吉首大学学报》(社会科学版)2008 年第 2 期。

化,从机制维度上激发大学生核心价值观培育的正向推力,提升高校立德树人水平。

一、 建立坚强有力的组织领导机制

坚强有力的组织领导机制不仅是社会主义核心价值观顺利推行的关键,更是培育大学生社会主义核心价值观的组织保证。要建立坚强有力的组织领导机制,首先党委领导要认真学习、研究、贯彻党的路线、方针、政策,包括贯彻落实《关于在各级各类学校推动培育和践行社会主义核心价值观长效机制建设的意见》《关于进一步加强和改进大学生思想政治教育的意见》《关于进一步加强高校实践育人工作的若干意见》等关于大学生践行社会主义核心价值观方面的一系列重要文件精神,经常分析、研判大学生的思想意识状况,把握大学生的思想意识动态和价值倾向,制订大学生社会主义核心价值观教育工作计划,特别是践行工作的年度计划和总体规划,并结合学校实际、学生实际作出全面部署和整体安排。其次,要积极加强高校各个部门之间的紧密联系。例如,党群和行政、教学和教辅、后勤保障等部门充分发挥它们在大学生社会主义核心价值观培育中的指导作用和堡垒作用,构建一个完整的由高校党委领导的大学生践行社会主义核心价值观培育的工作体系。再次,高校必须贯彻"三全育人"的理念,要对大学生社会主义核心价值观培育全过程、全方位进行细致的指导。最后,师资队伍承担着高校建设社会主义核心价值观培育工作的重要责任,必须打造一支高素质、高水平的思政教育教师队伍。在学校党委的坚强领导下,根据"党要管党、党管干部、党管人才"的指导方针,做好学校各级党政干部、任课教师、学生辅导员等队伍的选拔、培养、监督、管理工作。

二、 建立共同协作的部门运作机制

大学生社会主义核心价值观培育关系到多种不同的要素和内容,而高校又是一个包含教务、后勤、行政等多个部门的培养机构,因此,要建立一个协同创新机制来系统调配各层关系、整合各级资源和力量,以此形成培育和践行社会主义核心价值观长效机制的系统合力。具体而言,高校首先要以"三全育人"理念以及"十大育人"体系为指导,将各部门的精神文化素质和一定的组织结构整合凝聚起来,引导他们能够摒弃"与我无关"的心态、自觉树立责任心,密切协作,积极主动地部署社会主义核心价值观教育工作。其次,要坚持明责、分责、定责的责任制度,制定培育工作的总体规划和具体要求,并对各项具体任务和责任逐级细化,合理分配。把社会主义核心价值观教育贯穿于学校教育教学、科研建设、管理服务的各个环节,将培育目标和决策要求分解落实到各个工作部门和工作人员身上。最后,要完善协调指导。集中教务、宣传、学工、党委、行政等部门的力量,形成齐抓共管、共同协作的运作机制。充分发挥大学生社会主义核心价值观培育领导小组的作用,贯彻执行"党委领导,校长负责,党政合力,教师实施"的工作制度。高校党委发挥领导作用,学校宣传部、学工部、团委、后勤部等在党委的领导下有序参与社会主义核心价值观培育工作,使各部门合力激发社会主义核心价值观在大学生群体中的价值作用,最终实现包括领导、实施、协调、保障等部门的协作。以培育大学生践行社会主义核心价值观的工作为核心目标任务,构建全校通力合作、各部联动、齐抓共管的协同运行体系,从而全面推进社会主义核心价值观在大学生日常学习、生活中的育人功能。

三、 建立各负其责的责任管理机制

要有效发挥各部门的作用,必须建立上下联动、多管齐下的责任制度,对各部门的责、权、利做出明确的规定。研究生院、教务处作为高校的教学管理部门,负责对在校大学生的专业教学和实践教学作统一部署和具体安排。在大学生践行社会主义核心价值观培育工作中,这些相关职能部门通过专业实践教学渠道,提高大学生的专业实践能力。在新的历史时期,高校教学管理部门应更加注重在专业教学实践中对大学生进行社会主义核心价值观培育,用专业实习、实训等方式来达到育人目标,从而达到良好的实践教学效果。学生(研究生)工作(部)处是负责全校学生招生、就业、思想教育管理、资助、军训、国防教育、宿管、奖惩和心理健康教育等工作的职能部门。学生(研究生)工作(部)处的各项管理工作与大学生的学习及日常生活联系紧密。因此,在开展各项学生管理工作时,要与大学生社会主义核心价值观培育进行有效融合,使大学生价值观培育工作达到"润物细无声"的良好效果。团委作为开展大学生践行社会主义核心价值观培育系列活动的主责部门,也是最为紧密、最具实践活力的职能部门。团委开展的各式各样、丰富多彩的系列校园文化活动,是培育大学生社会主义核心价值观的重要组成部分和依托载体。而思想政治课作为社会主义核心价值观培育的主阵地,必须加大思政课的教学力度。一方面,要明确思政课的指导思想,要以习近平新时代中国特色社会主义思想为根本精神指引,制定完善、合理的教学管理制度,确保实现教学目标;另一方面,要丰富教学内容、拓宽教学载体、完善教学方式,从而有效融合民族精神及中国传统文化,让教学"活"起来、"亮"起来。此外,财务处、后勤处等部门也需要明确自己的职责,同时为开展相关实践活动提供必要的经费支持和物质保障。

四、 建立共建共享的统筹规划机制

大学生社会主义核心价值观的培育不仅需要各部门明确自身的职责,还需要建立资源共享的统筹规划机制,才能够有效利用各种资源,提高社会主义核心价值观的培育效果。首先,要建立科学有效的思想政治教育信息收集系统,通过学校各院系的学生工作部门以及党团组织所构建的信息收集渠道,在第一时间准确了解并掌握大学生的思想动态。在掌握学生思想动态的基础上及时发现潜在问题,再通过各部门之间的协同合作策划相关的解决途径,同时要建立相关的数据资源库,形成典型案例,为各部门提供相关问题解决范例。其次,各部门要注重实践育人与理论教学的有效融合。一方面,要切实开展各种实践活动,引导大学生参与相关活动,在活动中切身体悟社会主义核心价值观的内涵意蕴;另一方面,学校各职能部门要立足自身岗位,通过亲身实践,以身垂范,践行社会主义核心价值观。再次,要加强大学生的专业能力训练,提升他们社会服务的综合素质。大学生作为学习的主体,不仅要注重自身的专业知识学习,更要在专业学习中有意识地结合社会主义核心价值观思想,将知识学习与思想意识提升融合为一个有机整体。最后,要注重大学生对自我的认知与对社会的认知的有机结合。个体作为社会的有机组成部分,要在认识自我的基础上,进一步认知社会。大学生要通过学习、实践了解自身的思想特点,又要在自我认识的基础上融入社会,进一步了解社会,从而有效融合自我与社会的价值意识。大学生社会主义核心价值观培育是一项复杂的系统工程,相关部门必须对实践育人活动进行客观评估、整合,在对整体工作进行有效的统筹及规划管理的基础上,完善不同形式的实践育人活动,形成一种常规化、制度化的组织保障,统筹全局,综合平衡,构建全员育人、全程育人、全方位育人的资源共享机制,切实提高育人的实践效果。

五、 建立系统高效的调节反馈机制

"反馈是指将控制结果的信息返送回控制器官,并对控制器官再产生新

的控制信息起到制约作用","高校培育和践行社会主义核心价值观的反馈检验指的是大学生在接受一系列教育之后的外在表现,形成对教育的反馈,使教育者完成对教育成果的检验"。①

大学生社会主义核心价值观培育作为一种关涉人的思想意识的实践活动,有其自身的特殊性,因此在制定教学评价机制时不仅要考虑教师的教学考核,还要着眼于学生的评价结果,使教师评学和学生评教机制有机结合,创建教学双向评价机制,以全面掌握大学生对社会主义核心价值观内涵和精髓的理解情况,从而做出相应的教学改革和创新。一方面,要建立教师评学机制。教师评学是教学过程中教师对学生学习的态度、状况及未来可能出现问题的教学评价形式之一,也是学校教学质量考核评价机制的重要组成部分。科学、合理的教师评学机制可以帮助学生克服学习障碍,提高学习效率,从而达到揠高教育效果的目的。因此,不仅要开展课堂提问、随堂测验、课后作业、期中考试和期末考试等考核方式,还要建立权重分明的评价指标体系、灵活多元的组织体系,以及及时有效的运行和反馈机制,如考核学生的学习动机、学习目标、学习态度、学习方法等情况,从而了解社会主义核心价值观在教学中的认同状况和教育效果。另一方面,学生评教是学生对教师教学的内容、方法、态度、效果等做出的一种价值判断,也是学校对教师考核评价所采取的常见形式。学生评教的结果不仅可以实现教学中"教师的教"与"学生的学"相结合,增加教师和学生间的良性互动,还可以强化教学服务意识,提高教师的教学服务水平。"高校在制定学生评教机制时应该注意运用标准化流程","设置可发展性指标","实行多元化评估,打造及时畅通的反馈渠

---

① 刘麒:《高校培育和践行社会主义核心价值观长效机制研究》,硕士学位论文,哈尔滨理工大学,2017年,第56页

道"。此外,"在实施学生评教机制的过程中要加强评教理论和评教重要性的宣传和教育,以提高学生评教结果的有效率"①。

六、 建立行之有效的教育激励机制

在大学生社会主义核心价值观培育和践行工作中,激励有着重要的作用和无法取代的意义,它可以充分调动大学生学习、实践和参与各种活动的主观能动性。而激励又包括正激励和负激励,正激励即狭义上讲的正方向的激励,负激励即为约束和惩罚。二者作为激励体系不可分割的组成部分,互为补充、相辅相成,是使社会主义核心价值观培育成效最大化的有力保障。一方面,正激励即奖励,能够使受奖者得到某种物质层面或精神层面的满足,从而鼓励、支持和强化个人道德行为。因此,"高校要把践行社会主义核心价值观的奖励设入学生守则和学校规章制度,大力宣扬和表彰师生群体中的先进道德模范,鼓励符合社会主义核心价值观的行为,通过制度关怀,使大学生自觉学习、认同并践行核心价值观"②。另一方面,负激励作为激励中不可或缺的一部分,能够强化激励的作用。在大学生社会主义核心价值观培育工作中,难免出现一些"不配合管理制度、纪律意识薄弱,甚至是与规定背道而驰、与大家期望截然相反的行为,如果不利用负激励手段进行约束,势必会造成社会主义核心价值观培育的停滞甚至是倒退"。因此,"利用负激励手段进行约束",能够及时处理大学生出现的问题,再在此基础上进一步分析问题成因,针对性地引导大学生改正自

---

① 芦倩:《多元文化背景下大学生社会主义核心价值观培育研究》,硕士学位论文,沈阳建筑大学,2016 年,第 40 页。
② 程琲琲:《"00 后"大学生社会主义核心价值观培育研究》,硕士学位论文,湖南师范大学,2021 年,第 85 页。

己的错误,从而"保证社会主义核心价值观培育工作顺利进行"。[①]

第二节　构建培育大学生践行社会主义核心价值观的
综合保障机制

学校、社会和家庭在大学生社会主义核心价值观培育过程中扮演着不同的角色,为大学生践行社会主义核心价值观提供综合保障。首先,高校作为大学生获得知识和实现社会化的主要场所,不仅承担着造就人才、科学研究、文化传承、服务社会的职责,还主导着社会主流意识和精神的发展与传播。其次,家庭是个体成长的第一环境,良好社会风气的形成、国家整体顺畅运行都离不开优良家庭风气的支撑。最后,社会作为个体发展、交往的基本"平台",良好的社会环境有助于进一步促进大学生践行社会主义核心价值观。因此,要建立健全学校、家庭、社会共同参与的综合保障机制,形成一张涵盖培育、预防、惩治的综合保障网络,从而促进大学生社会主义核心价值观培育。

一、学校: 建立全方位保障机制

(一) 建立健全规章制度

"制度是一个社会组织或团体中要求其成员共同遵守并按一定程序办事的规程。"[②]当大学生不成熟的价值观与社会主义核心价值观发生冲突并带来

---

① 王小业:《新媒体背景下高职院校大学生社会主义核心价值观培育研究》,硕士学位论文,新疆师范大学,2017年,第40—41页。

② 赵果:《创新大学生社会主义核心价值观培育机制的路径探析》,《思想教育研究》2013年第11期。

消极影响时,制度能够约束个体行为,为其思想的正确发展提供保障。因此,构建一个系统、合理、高效、实用的合力培育制度体系,对加快大学生社会主义核心价值观培育具有重要的意义。

各院校应该结合自身的办学特点,将社会主义核心价值观合理地融入高校的发展规划、办学机制、教学模式,建立健全各项规章制度,完善领导组织管理制度,实行党委领导、党政合力、有关部门各司其职、全社会大力支持的组织领导与管理运行体制。具体而言,大学生社会主义核心价值观培育作为思想政治教育的一项重要内容,应将其融入思想政治教育的日常管理,高校各部门要联合起来、积极配合,有意识地加强思想意识教育,共同完善培育制度并引导学生将认知转化为行动,促使学生做到知行合一。同时,需要增强制度的约束力以及可执行性。高校要成立专门的监督小组,根据党的要求部署大学生社会主义核心价值观培育的工作内容和目标,对大学生社会主义核心价值观培育过程进行干预,建立培育的监督机制。高校可借鉴我国古代监督智慧,"诸生各立日课簿,每日将用过工夫登记簿内……各随意见力量,但要日有日功,月不忘之,本府将无时抽签稽查"①。高校可建立德行跟踪记录及定期抽查制度,为大学生个体建立个人的道德档案袋,从而充分掌握大学生的思想意识变化情况,针对性开展相关的社会主义核心价值观培育工作。价值观培育作为一种长期工作,是在大学生提升认知、认同、践行的循环往复中不断强化的,因此通过个人道德档案袋的长时性作用,持续监督大学生社会主义核心价值观培育的践行情况,有效发挥监督对价值观培育的积极作用。此外,高校还应该建立实践基地建设制度、实践基地的联系制度和回访

① 转引自魏苗倩《大学生社会主义核心价值观培育研究》,硕士学位论文,安徽工业大学,2017年,第32页。

制度、实践基地统筹管理制度,建立指导教师管理制度、教师指导的工作制度、指导教师的统筹调剂制度等。制度作为一种硬性的规约,是促进大学生社会主义核心价值观培育工作顺利进行的一种基础性保障,也是其他保障机制顺利施行的基石。

（二）整合优化育人队伍

《礼记》说:"师者也,教之以事而喻诸德也。"而"树人先立德,立德先立师,树人先正己。教师的首要任务是履行教育与教学职责,但其职责不仅仅是通过自己的理论储备和学识教授学生专业课方面的知识,也包括教育和引导学生,帮助他们树立正确的价值观念以及通过自己高尚的人格魅力感染学生,以优秀的道德品质影响学生"[①]。因此,要全面提升教师队伍的师德建设。一方面,要提高大学生社会主义核心价值观培育工作队伍的整体素质,不断提高教师队伍的思想政治素质、职业道德素质、业务能力素质。通过积极宣传社会主义核心价值观,用社会主义核心价值观武装教师的头脑,使教师能深刻理解和领会核心价值观的力量。同时,将社会主义核心价值观融入具体的生活,增强教师的情感体验,进一步增强其对社会主义核心价值观的认同感,使其能够将社会主义核心价值观内化为教师的个人信念,践行于教师个人的行为规范。另一方面,要完善大学生社会主义核心价值观教育工作队伍保障机制,需要整合和优化专业课教师队伍、思政课教师队伍、党政干部队伍和辅导员队伍的力量,根据学校在校学生数量和学生具体需求,合理扩大师资队伍的总体规模。要聚合高校各类教师之力,积极发挥教师以身垂范的作用,使高校各部门都主动参与大学生社会主义核心价值观的培育工作。

---

① 强登峰:《大学生社会主义核心价值观培育机制的构建研究》,硕士学位论文,兰州交通大学,2016年,第36页。

具体而言,要建立学校党委负责、学生工作主管部门主抓、高校思想政治理论课教师和学生工作干部协同合作的教育队伍,通过座谈会、研讨会、培训班等途径加强彼此之间的沟通与联系,形成大学生社会主义核心价值观培育合力,为满足大学生教育需求、培育大学生社会主义核心价值观提供人员保障。

（三）保证财政基金投入

"思想政治教育是党的工作的生命线,也是高校工作的生命线,只有与时俱进地加大思想政治教育投入,才能产出大学生的科学信仰和信念,才能产出大学生正确的道德观、人生观、价值观和世界观。"[①]

一方面,推进国家倡导的核心价值观的培育工作,离不开一定的场所、设备和设施等物质保障。高校要为大学生提供专门的访谈、心理辅导场所,使其能够与辅导员等工作人员进行思想交流。在大学生产生人际关系问题时,能够有一个相对舒适、轻松的环境进行心理辅导。同时,大学生在参加社会实践活动时,如参观访问、制作宣传微电影、网络平台的社交互动等,需要为其提供相应的照相机、摄像机、录音笔、网络等工具。此外,要为大学生提供各种规模的会议室、报告厅来举行讲座、报告、座谈,甚至需要室外空间较大的公共活动场地来举办大型的活动。另一方面,为了推动培育工作的开展,必须投入相应的资金。高校是提供公共产品的事业单位,落实经费是大学生社会主义核心价值观教育的根本保障。随着高等教育快速发展,实现高等教育大众化后,一方面,政府应加大资金保障力度,统筹安排好大学生社会主义核心价值观教育的经费,纳入高校财政总预算,在人、财、物等方面提供经费支持。具体而言,国家应大力倡导和鼓励讲社会责任和社会效益,建立健全

---

① 陈丹雄:《当前高校思想政治教育投入问题思考》,《江西青年职业学院学报》2005 年第 1 期。

社会力量支持大学生社会主义核心价值观教育的长效机制,加强党政机关和国有企事业单位与高校的志愿服务和实践活动等内容的合作,为大学生社会主义核心价值观教育机制创新工作的顺利开展提供稳定的资金保障,以确保大学生社会主义核心价值观教育机制创新工作的顺利进行。另一方面,高校要建立财政投入保障机制,把高校大学生社会主义核心价值观培育经费、教学实践经费纳入政府财政预算,合理增加投入,重视大学生社会主义核心价值观教育,进一步提高实践育人经费在教学经费中所占的比重。此外,高校还可建立经费筹措机制,多渠道、多方位增加相关经费支持,建立经费专项使用管理机制,建立经费使用公开制度,建立经费使用的检查、监督与举报制度,建立经费使用的问责制度。

（四）建设多元实践基地

社会实践活动的顺利开展离不开一定的实践载体。高校要整合校内、校外两种资源,结合社会要求与大学生特点,创立多元化的社会实践活动载体,制定基地建设发展长期规划与落实保障机制,坚持"向双赢"的原则,充分调动各方的积极性,提高各方的参与度,构建高校社会主义核心价值观培育的实践基地,促进校、社之间的优势互补、资源共享。其一,高校要挖掘当地的红色资源建立红色社会实践活动基地。红色资源含有社会主义核心价值要素,它跨越历史、历经革命和建设时期的洗礼,是中华民族所特有的一种宝贵的物质和精神财富。高校要和当地的革命根据地、纪念馆等红色基地进行协商合作,建设定点实践基地,组织大学生参观基地,使其在特定场所获得特别的感受,强化其对社会主义核心价值观的认同。其二,高校要利用敬老院、特殊教育学校等建设志愿服务基地。高校要将养老机构、幼儿教育机构、城乡社区等纳入社会主义核心价值观实践基地,组织大学生在寒暑假等课余时间开展志愿服务活动,使其在具体的活动中获得真切体验,从而对社会主义核心价值观产生认同并切实践行社会主义核心价值观。其三,高校要对接企业、事业单位打造践行核心价值观的实践基地。"高校要与某些企业、事业单位达成长期合作",给"大学生提供更多的实习机会",让"大学生早日接触、融入社会,在日常工作中体会核心价值观的精神内涵,践行其基本要求"。①

二、 家庭: 建立协作保障机制

家庭作为个体对世界产生最初认识的起点,也是个体接触时间最长、产生影响最大的环境因素。虽然大学生在某种程度上已经与家庭的空间联结逐渐减弱,但是对父母和家庭的浓厚情感依赖,却一直影响着大学生思想品质、道德素质的养成,也直接影响着大学生社会主义核心价值观的培育与践行效果。因此,家长作为家庭空间的责任主体,必须主动转变思维观念、积极营造健康和谐的家庭氛围、与学校形成良好的合作关系,为培育大学生正确的价值观奠定坚实的家庭根基。

(一) 改变"重智轻德"的家庭教育观念

正所谓"国是千万家",家庭是组成国家和社会的基本单位,国家和社会机体的健康运行离不开家庭这一细胞的良性发育。一直以来,我国传统的"学而优则仕"的工具性教育观念在家长心中不断发酵,对一部分家庭而言,家庭教育从以前的重德、智、体、美、劳变成以追逐经济利益为目标。家庭成员的功利化思想使得关乎个体的思想精神追求逐渐被忽视和遮蔽了。而大学生受原生家庭教养观念的影响,在面临价值选择时,就容易出现功利化倾向,做出有悖于道德规范的价值选择。因此,要使大学生践行社会主义核心

---

① 程琲琲:《"00后"大学生社会主义核心价值观培育研究》,第88页。

价值观,家长必须改变"重智轻德"的家庭教育观念,从工具理性的窠臼中挣脱出来,使自身的教育观念随着时间、地点和条件转移,适应目前的社会实际环境以及对人成长发展的要求。具体而言,家长一方面要清楚认识到自己作为家庭教育责任人的义务,要切实转变过去的学校排名、专业好坏、工作"钱"景为代表的落后的成功观念,结合社会主义核心价值观的内涵要求,尊重大学生的学习和专业兴趣,发展大学生的个性创造,培养大学生的社会担当和责任担当意识的价值标准,促进大学生成为一名兼具爱国意识、公民意识、责任意识、诚信意识、平等意识的社会主义新人。另一方面,家长要意识到家庭教育的根本使命是"立德树人",不仅是学校教育的延伸。家长要侧重于子女的习惯与品行教育,而不是局限于子女的智性成长,要清楚认识到精神层面的建设,健全人格的培养,才是当代家庭教育的首要任务。同时,家长要树立终身学习的理念,选择科学适宜且行之有效的教育方式。目前,大多数的家长将价值观教育和知识传授等同起来,认为价值观教育只要依靠灌输即可。价值观的培育作为意识形态领域的建设,需要家长坚持"以人为本"的教育理念,重视和子女的平等沟通交流,时刻关注子女的情绪变化和思想品德发展,准确地掌握他们的行为动向和具体需求,通过一种对话使大学生切身感受到尊重需要的满足,才能充分发挥大学生的主观能动性,使价值观培育深入大学生的意识,最终反映在行为中。

家庭环境是大学生世界观、人生观、价值观形成的基础保障。健康和谐的家庭氛围能够为大学生奠定友善、和睦的成长基调,而营造良好的家庭氛围关键在于家庭成员之间的平等交流以及父母对子女的言传身教。一方面,家长要"以平等、民主的方式与孩子进行对话、交流与沟通,使孩子能够主动地表达自己的思想、愿望和要求"①。大学生作为思想较为成熟的独立个体，只有在平等的对话中让其感受到尊重，才能够更好地与其进行精神层面的互动，从而引导其践行社会主义核心价值观。另一方面，父母的言传身教对大学生有着重要的示范引导作用。家长作为家庭教育的主体，要培育子女形成正确的价值观，就必须明确什么才是正确的价值观。因此，"家长需要加强对社会主义核心价值观理论的认识，继而将理论应用于实践中，形成一种稳定的思维方式和思想觉悟，使社会主义核心价值观自然流露于生活和社会实践中，通过言传身教，实现对大学生社会主义核心价值观的培育"②。具体而言，家长要积极提升自身文化道德修养，在深刻理解社会主义核心价值观内涵的基础上，将社会主义核心价值观内蕴的精神要求践履于实际生活中，保持自身的言行一致，为子女良好道德观的形成树立正确的道德榜样。家长应当"在平凡无奇的日常生活中坚持严以律己、严以修身，做到知行合一、以身作则，用自己的人格魅力、行为方式和生活习惯对子女起到榜样激励作用"，对他们产生潜移默化的影响，从而"深化大学生个人层面社会主义核心价值观培育的情感基础和情感认同"。③

（二）形成"健康和谐"的家庭教养氛围

学校是培育大学生社会主义核心价值观的关键，而家庭则是基础，两者之间相辅相成，互相渗透。目前在中国的高校中，辅导员既承担大学生的日

---

① 王丽颖：《当代大学生社会主义核心价值体系教育研究》，硕士学位论文，河北大学，2010年，第30页。
② 李一濛：《家庭教育中大学生社会主义核心价值观培育研究》，硕士学位论文，吉林大学，2015年，第29页。
③ 郭艳：《大学生个人层面社会主义核心价值观培育与践行研究》，硕士学位论文，西华大学，2017年，第45—46页。

常生活管理,又担任着大学生的思想政治教育工作。但是,多数高校辅导员数量有限,难以兼顾每位学生的思想发展情况,而思政课及其他形式的思想意识教育的实效性又有待提高。因此,家庭教育要与学校教育进行更好的补充与对接,要不断加强彼此之间的内在联系、扩展,并丰富教育内容,共同为大学生价值观培育保驾护航,有效发挥家庭教育所具有的先天权威性和亲情关系纽带的作用,为大学生社会主义核心价值观培育提供重要支撑。

学校要增强在家庭教育指导服务支持体系中的参与力度,进一步规范学校和家庭协同育人的组织机制。具体而言,学校可以建立专门的家庭教育指导服务机构,建立大学生及其家庭信息等在内的资料库,及时准确地了解和掌握大学生的基本情况,在遇到突发情况时,能够根据具体问题及时采取解决措施。同时,学校要依托网络技术平台,积极开展"家校互动""校园文化活动"等。家校活动的有效开展一方面能够增进家长对学校规章制度、校园文化活动和大学生在校生活等的认识,对大学生的学习和生活有更为客观深入的了解;另一方面,为家长讲授科学育人的知识和方法,创新家校协同育人的活动形式,打通参与教育的路径。而家长要主动与学校保持沟通交流,经常去学校看望学生,随时关注学校的动态,以便了解学生在学校的情况,及时发现学生的思想问题,解决学生的错误观念,使学生树立正确的人生观和价值观,促进学生核心价值观的确立。同时,家庭和学校要扩展教育内容,不仅限于智力教育,还应扩展到素质教育、德育教育和责任教育等。家庭要积极配合学校开展相应的实践活动并主动参与其中,如献血、访问养老院、捐款捐物等志愿服务有助于大学生在具体情境中体悟社会主义核心价值观,并对其形成认同感。

（三）建立"平等互助"的家校合作形式

家庭是个体成长的最初空间,家庭教育是使"人之为人"的教育,要以"人"为教育的逻辑起点,改变知识至上的传统教育观念,积极落实"立德树人"的根本任务,充分发挥家庭教育的终身性与重复性对促进个体道德发展的重要作用,使大学生能够拥有一个培育社会主义核心价值观的良好生长环境,从而促进其社会主义核心价值观念的内化与践行。

三、社会: 建立环境保障机制

学校作为育人主体,要成为价值观培育工作的主力军;家庭作为个体成长的重要保障,要奠定好价值观培育的情感基调;而社会作为个体发展的重要环境空间,要发挥出价值观培育的引领功效。社会环境对大学生社会主义核心价值观的塑造和形成具有重要的影响,营造一个良好的社会环境可以促进大学生价值观培育工作有效开展。

（一）健全法律法规,形成"刚性"要求

任何社会要使其主流价值观得到广泛认同并保持其连续性和相对稳定性,都必须有相应的法律法规做保障。中国所培育的社会主义核心价值观作为社会制度的本质体现,是规范大学生的爱国行为、弘扬敬业精神、树立诚信意识,维系社会人际关系的健康、有序运行的重要保障。因此,建立健全相应的法律法规,将社会主义核心价值观的基本内容与要求体现在法律法规之中,使鼓励和惩罚、引导和约束、提倡和反对有机结合起来,形成有效的法律支持与机制保障,从而更好地落实大学生社会主义核心价值观的具体培育工作,真正实现制度育人、制度化人。

首先,要制定相关的政策法规。具体而言,要加强党和国家层面的有关社会主义核心价值观的制度建设,制定各项法规,并将社会主义核心价值观

纳入其中。而政府及相关部门要积极制定具有指导性、权威性、强制性的社会主义核心价值观教育与实践文件。法律法规作为精神文明建设的重要制度保障，是促进我国社会经济平稳有序发展、保障人民群众合法权益以及维护社会公平正义的有力措施。其次，要加大制度规约的执行力度，增强制度的权威，创造有利于弘扬社会主义核心价值观的环境。相关执法部门要积极学习并切实执行法律法规，加大对社会上"黄""赌""毒"等丑恶现象的打击力度，定期对高校周边的娱乐场所进行检查，确保相关场所科学管理、正当经营，有效清除污染腐蚀大学生思想的不良因素，为大学生社会主义核心价值观培育提供干净的社会环境。最后，要构建法律监督机制，加强对相关政策法规执行情况的监督反馈。强化对制度规约执行的监督，能够对执法过程中存在的问题做出有效的反馈，进而对不合理的方面及时做出调整，保证执法的顺利开展。具体而言，一方面可以拓宽外部监督途径，在完善社会监督体系的同时，充分发挥人民群众监督的作用；另一方面，可以从强化我国权力机关的内部监督职能来实现。内外结合可以保证法律的有效实施，从而为大学生核心价值观教育保驾护航。

完善的法律不仅是经济社会发展的必然要求，而且是促进社会公平正义、营造和谐有序的社会大环境的重要保证。因此，使法制观念深入社会各个层面，提升整个社会学法、懂法、遵法、用法的意识，并将社会主义核心价值观的具体精神上升为法律制度，以充分发挥法律的规范、引导作用，通过全社会的通力合作，打造健全完备的法制编网，塑造有益于实践社会主义核心价值观的完好法治环境。

（二）引领舆论导向，形成"柔性"渗透

制度的保障是一种"刚性"的要求，而舆论的宣传则是一种"柔性"的动

员。舆论作为思想观念、意识形态传播的重要途径,对个体具有很强的影响力、感召力与约束力,能够促使个体从他律走向自律。而大学生作为社会发展的主要力量,也是思想最为活跃的一个高素质群体。他们对社会主义核心价值观的认同内化,不仅需要"刚性"的制度规约,更需要"柔性"的宣传渗透。只有"刚柔相济",才能最终练就大学生践行社会主义核心价值观钢铁般的意志,使其在面对任何困难、任何诱惑时能够毫不动摇。因此,我们要加大舆论宣传,通过网络、报纸、广播等媒介极力宣扬社会主义核心价值观,建设良好的社会舆论环境,以环境育人的手段影响大学生的价值取向与行为方式。

舆论引导作为一种无形而又强大的外在力量,能够形成一种积极向上的道德氛围,这种无形的力量不仅能够对社会成员的思想或行为产生影响,更能够对人的思维方式、价值观念以及生活方式等产生不可估量的影响。因此,加强舆论引导是保障社会主义核心价值观落到实处的有效手段。由于互联网技术的发展,各种便携性、可接收互联网信息的移动客户端在人们的生活中占有很重要的地位,但随之而来的是良莠不齐的信息的轰炸,极大地影响着大学生社会核心价值观形成。[1]因此,一定要在媒体宣传上把好关,引导社会形成正确的道德风向。一方面,社会相关组织机构要加强对网络资源的监管与利用,净化社会主义核心价值观传播的网络平台。具体而言,要宏观把控、抵制、断绝有害思想健康的信息传递,制约有害的网站信息

---

① 郭艳:《大学生个人层面社会主义核心价值观培育与践行研究》,第7—48页。

资源发布。① 要在广播影视、新闻出版等领域，弘扬社会主义主旋律，创建积极向上的社会舆论氛围。新闻媒体应坚持正确的舆论导向，以正面宣传为主，积极倡导和宣扬热爱祖国、勤劳勇敢、艰苦奋斗、诚实守信、团结互助、服务人民的典型事例，传递社会正能量。一方面，坚决抵制与批评骄奢淫逸、好逸恶劳、见利忘义、损人利己、危害社会与人民，以及违法乱纪的各种丑陋行为，净化社会风气。另一方面，要加强对榜样人物的宣传与奖励。先进人物的典型事迹来源于现实生活，对大学生而言更具有感染力和说服力。这些典型事迹背后蕴含的爱国敬业诚信友善等思想精神，能够直达大学生心灵深处，有效激发大学生对社会主义核心价值观的认同感，促进大学生自觉效仿和学习，为培育大学生社会主义核心价值观提供了重要保障。具体而言，要根据目前大学生社会主义核心价值观培育现状，对榜样人物进行科学选择，需要全方位地从多个角度考察榜样人物的文化素养和人格魅力。不仅要发挥榜样的带头作用，还要注重榜样的推广性、可复制性，才能充分发挥榜样对培育大学生社会主义核心价值观的引领作用。同时，榜样教育作为情绪渲染的一种方式，必须注重榜样人物与大学生之间的情感共鸣，这样大学生才会主动认同榜样人物的优秀之处，从而受到感染熏陶，主动提高自身品德。因此，要积极对榜样人物的生动事例进行大力宣传，使榜样身上具备的核心价值观精神真正融入大学生的生活实践，增强大学生对社会主义核心价值观的感受力。

　　社会只有坚持以正确的舆论引导人、高尚的精神塑造人，才能积极发挥

---

① 刘梦：《大学生社会主义核心价值观的培育研究》，硕士学位论文，渤海大学，2017 年，第 25 页。

舆论对大学生社会主义核心价值观的引领作用,让大学生感受到舆论强大的感召力、吸引力,从而扩大宣传的传播力与影响力,使社会主义核心价值观入耳入心,规范与支配大学生的言行举止。

第九章 卓然独秀：当代大学生社会主义核心价值观培育个案

习近平总书记强调："要坚持把立德树人作为中心环节，把思想政治工作贯穿教育教学全过程，实现全程育人、全方位育人，努力开创我国高等教育事业发展新局面。"①习近平总书记的这一重要论述为大学生社会主义核心价值观的培育指明了新的方向。社会主义核心价值观是当代中国精神的集中体现，凝结着全体人民共同的价值追求。"三全育人"即全员育人、全程育人、全方位育人，是新形势下国家为加强和改进高校思想政治工作提出的指导性意见。"全员育人"指向的是学校中的每一个成员都须树立价值观培育意识，从学生到教师，从教辅人员到行政人员；"全程育人"指向的是学生从课上到课下、从学习到生活、从入学到毕业整个过程都必须隐含价值观培育的理念；"全方位育人"指向的是多角度的价值观培育，着重增强培育方式的多样化，实现全面协调育人。

"三全育人"理念与当代大学生社会主义核心价值观培育具有天然的内在联系，为大学生社会主义核心价值观培育指明了新的方向。本书基于"三全育人"，探究当代大学生社会主义核心价值观培育的实践路径，以期为新的历史方位下高校的思想政治教育工作提供新的思考方向。

———————

① 习近平：《习近平谈治国理政》第二卷，第376页。

近年来,广西师范大学教育学部(以下简称"学部")坚持把立德树人作为中心环节,把思想政治工作贯穿教育教学始终,实现全程育人、全方位育人、全员育人,着力培养堪当民族复兴大任的时代新人,实施教育教学体系、科研实践体系、文化体育体系"多维贯通"工程,成效显著:学部及学部党委、团委和相关党团支部先后荣获"全国教育系统先进集体""全国党建工作样板党支部培育创建单位""全国百个研究生样板党支部培育创建单位""全国高校活力团支部""广西高等学校先进基层党组织""首批新时代广西高校党建工作标杆院系培育创建单位""首批新时代广西高校党建工作样板支部培育创建单位""广西高校共青团活力团支部""桂林市五四红旗团委"等多项国家、自治区、市级集体荣誉称号;学生志愿团队先后荣获全国大中专学生志愿者暑期"三下乡"社会实践活动优秀团队、优秀视频团队称号,多个项目获广西壮族自治区寒暑假大学生社会实践先进个人等团队和个人成果;学部教学团队先后获得国家级教学成果奖 5 项、校级课程思政立项 14 项,育人效果持续彰显,初步形成了"行于人人、融于时时、化于事事、见于处处"的新时代立德树人新格局,为"三全育人"综合改革示范院系的建设奠定了坚实的前期工作基础。

一、"三全育人"标杆学院建设思路

建设期间,学部人才培养工作将坚持以习近平新时代中国特色社会主义思想为指导,深入贯彻落实党的教育方针,坚持社会主义办学方向,坚持和加强党的全面领导,坚持以学生为中心的发展思想,落实立德树人根本任务。主动适应新时代高校人才培养与思想政治工作对学生工作提出的新要求,遵循教育规律和人才成长规律,建设立足新时代、树立新理念、构建新机制、转换新模式、增强新动力、依托新技术、拓展新视野的新学工,着力培养德智体美劳全面发展的社会主义建设者和接班人。围绕人文底蕴、科学精神、学会学习、健康生活、责任担当、实践创新六大学生素养，进一步健全协同育人的体制机制，贯通德智体美劳"五位一体"育人模式，着力培养学生深厚的家国情怀和职业理想、求真求实的学习能力、强劲的发展动力、善于合作的交际能力、敢于挑战的创新精神、不怕挫折的健康人格，学生自主成才积极性显著提升。

二、"三全育人"标杆学院总体规划

学部三全育人建设将紧紧围绕立德树人的根本任务，强化顶层设计，完善体制机制，以"五个坚持"为核心理念，围绕"六个聚焦"的核心追求，即聚焦思想引领、聚焦协同贯通、聚焦学科融合、聚焦项目运作、聚焦学风建设、聚焦师范生教育六个方面凝心聚力，引导广大教师做精于"传道授业解惑"的"经师"和"人师"的统一者，结合十大育人体系内容，构建"大思政""大融合""大教育"的协同育人新格局，培养德智体美劳全面发展的社会主义建设者和接班人。

一是坚持党的全面领导。坚持和完善党对立德树人工作的领导，增强"四个意识"、坚定"四个自信"、做到"两个维护"，切实贯彻落实三全育人新发展理念，凝聚教学、科研、社会服务等模块工作，同向同行，把立德树人内化到育人各领域、各方面、各环节，为实现学部人才培养高质量发展提供根本保证。

二是坚持改革创新。坚持以改革创新为动力，推动育人理念创新、制度创新、管理创新和服务创新，进一步整合资源、夯实基础、优化结构、激发活力，优化育人环境，促进内涵发展，加快推进培养顺应时代发展要求的高素质人才目标。

三是坚持问题导向。坚持遵循思想政治工作规律、教书育人规律,从思想政治教育的政策执行、主体协同、人员素质、教育目标等方面进行全面、深入的分析,进一步提升分析问题、解决问题的能力,在坚持问题导向的基础上研究现实问题,立足实际,提高大学生思想政治教育研究的质量。

四是坚持五育并举。把立德树人的成效作为检验一切工作的根本标准,坚持将"五育"并举贯穿思想政治教育始终。落实在突出以德树人、提升智育水平、强化以体育人、增强以美化人、加强以劳塑人等方面提出的有针对性的举措,构建德智体美劳全面培养的教育体系,满足个性学习需要,促进学生健康成长。

五是坚持以生为本。以大学生核心素养提升为核心,全面梳理学生工作在人才培养中的功能定位与实际效用,促进学工育人核心能力的重新构建,大幅提升学工育人的贡献值和显示度。加强导师团队、专兼职辅导员、班主任、学生党员、学生干部、互助朋辈、热心校友等学生工作队伍建设,充实高素质专业化的学工育人力量。

三、"三全育人"标杆院系建设举措

(一)聚焦思想引领,着力打造组织育人、网络育人的示范区

强化党对人才培养的主导地位。针对大学生育人工作的开展和建设,成立专门的指导委员会,定期召开工作部署会、专题推进会,推动形成"党委统一领导、部门分工负责、全员协同参与"的育人体系。学部党政领导班子主动挂联各学生党支部建设,带头上党课、讲思政课,带头联系师生,常态化开展"党员培训教育""思政云端课堂"等活动。将"三全育人"作为学部党建工作重点推进项目,着力构建从"条块分割"到"协同育人"的一体化"大思政"格局。

启动"党建公益项目培育工程"。依托首批新时代广西高校党建工作样板支部和全国党建工作样板党支部的辐射带动作用，建立健全党建工作制度和党政联席会议制度，提升党建引领力。联系社区、福利院等单位建立 10 个以上党建实践基地和党员先锋岗，培育一批学生党建公益品牌项目；实施"党建科研项目支持计划"，成立"习近平教育思想重要论述研习社"，每年开展 2 期"党建创新论坛"，形成一批党建科研立项项目及优质理论文章；培养一批优秀共产党员和研究生党员标兵。

加强党管人才赋能高水平队伍建设。形成党委统一领导的人才管理模式，把党的领导贯穿人才培养、引进、使用、管理全过程，严把政治关、师德关。通过完善教研制度、创新教研模式，提高教师教学水平。通过多种方式激发教师参与各级各类教学改革的积极性，在参与教育教学改革课题和孵化教学成果的过程中，促进教师专业成长，打造一批教学名师，进而为高质量人才培养提供坚实基础。

（二）聚焦体系贯通，着力打造管理育人、服务育人的试验田

构建科学高效的思政工作体系。健全和完善"三全育人"统筹推进的常态化机制，深度结合学部"十四五"发展规划以及"三全育人"建设内容，与党的建设和事业发展一体推进。把立德树人作为根本任务，强化学部全体教师育人的主体意识和育人责任的担当，自觉在各自本职工作中对学生实施直接或间接的思想政治教育和价值引领，把立德树人贯穿学生成长发展全过程，涵盖学生从入学到毕业的整个过程。

加强党团联动协同育人体系。将组织建设与教育引领结合，把思想政治教育贯穿各项工作，对接学校"三全育人"综合改革建设方案，全方位完善学部"十大育人体系"，建立健全课程育人、科研育人、实践育人、文化育人、网络

育人、心理育人、管理育人、服务育人、资助育人、组织育人等机制,实施"本科生素质能力拓展工程"等系列育人工程,达成全员育人的合力,实现全过程育人、全方位育人效果。

创新博士、硕士研究生一体化培养体系。完善相关制度,激励研究生积极参与各级各类学术活动,提升研究生科研创新能力。构建以"破五维、重质量"为核心的评价制度,营造健康向上的学术氛围,不断提升学位论文质量。契合学生发展需要,加强专项支持,举办系列贴近专业发展、提升综合素质的高质量校园文化活动、创新创业活动和社会实践活动。

(三)聚焦课程教改,着力打造课程育人、科研育人的能量池

贯通学科专业建设与人才培养体系。着力打造国内一流学科,以新文科建设为契机,紧密结合学科发展的最新成果,建设综合与分化并行、理论与实践并重、特色鲜明的学科专业群,持续优化学科和专业建设,同时深度结合学部专业特色,引领式发展本科生师范能力教育和研究生科研水平打造,促进学生综合素质发展,为教育类人才与心理专业发展奠定坚实基础。

强化课程思政与学生思政协同融合。充分发挥思政课的德育主阵地和主渠道作用,全面推动习近平新时代中国特色社会主义思想进教材、进课堂、进头脑,深度挖掘各类课程蕴含的思政教育资源,充分发挥所有课程的育人功能,让每位教师都守好一段渠、种好责任田,使各类课程与思政课同向同行,形成协同效应。同时,积极推行以"慕课""翻转课堂"等为代表的课堂教学改革,激发学生独立思考,培养学生科学思辨能力。

优化教学效果评价体系。科学构建课程思政教学体系,全专业推进课程思政建设。从国家意识形态战略高度出发,将思想政治工作贯穿人才培养体系,整体规划思政资源,加强顶层设计;有针对性地修订培养方案和教学大纲,构建"全专业推进、全课程融入、全过程贯穿、全方位保障"的课程思政教学体系,寓价值塑造于知识传授、能力培养之中;对所有专业课程进行梳理,分类推进课程思政建设。

（四）聚焦协同推进，着力打造实践育人、资助育人的实践园

不断优化社会服务品质和实践平台的打造,为地方和国家重大战略提供智力支持。通过职前职后人才培养、科学研究和学科建设,为广西加快北部湾经济区和珠江-西江经济带开放发展,构建面向东盟区域的国际通道,打造西南、中南地区开放发展新的战略支点,为国家"一带一路"倡议等发展规划提供智力支持。为学生提供综合实践平台,持续完善"践知社"运行机制,依托教育部中小学名校长领航工程、广西八桂教育家摇篮工程、广西基础教育名师名校长工程等平台,让学生在社会服务的过程中,不断提升认识世界和改造世界的能力。

推动形成多层次人员队伍建设。提高人才培养质量,建成西南地区教师教育人才培养高地。坚持以人为本的育人理念,进一步完善本、硕、博三级人才培养体系,构筑高质量育人平台。注重教育教学改革,通过开展教研活动、孵化教育教学成果、申报教学改革课题等途径创新人才培养模式。通过搭建各类人才培养平台、实习实践平台,以及充分联动社会服务的力量,全面提高学生素养。

强化各个部门联动育人机制。加强教学、研究生培养、科研、学工等联动,统筹辅导员、班主任、本科生导师、研究生导师、专任教师的作用,达成全员育人的合力,统筹策划开展社会服务有关活动,逐步实现社会服务与学科建设、人才培养的多维互动,"人才培养、教学研究与社会服务"三位一体的大学功能得到有效拓展,有效推进学术梯队整体发展。积极开展国际及区域间的学术交流与合作,探索国际合作的新路径、新模式,推进和提升国际合作水平,通过多层面的深度合作,实现共同发展,取得新突破。

（五）聚焦学风建设,推进立德修身与教书育人知行合一

构建富有特色和成效的学风建设体系。成立学风建设领导小组,建立查、督、谈、评的学风督查体系。落实辅导员每周进班制度,填写督查台账,全面了解学风、班风状况,每周深入宿舍、班级与学生谈心谈话,督查学生走出宿舍,走进教室、图书馆,帮助学生养成积极向上的学习、生活习惯,多措并举,扎实推进优良学风建设工作,努力构建以教风带学风、以管理促学风、以服务护学风、以环境育学风、以实绩彰学风的学风建设工作新格局。

实施"研究生'提质创优'培养工程"。开展"学术之星评选",每年评选一批"十佳学术之星";启动"学术创新资助计划",每年资助博硕研究生确立25项围绕教育热点焦点问题开展的研究性课题。每年定期举办"雁园争鸣"研究生学术论坛,着力打造"独秀研究生"系列学术沙龙,营造浓厚的科研学术氛围。

持续深化"本科生素质能力拓展工程""影响力教育论坛"的育人成效。加强各类育人平台建设,拓展学科覆盖面,持续培养本硕博各层次学生研究能力;以"七提高,两降低"为工作目标培育本科生核心素养,即提高英语六级通过率、提高升学率、提高毕业生高质量就业率、提高全国学科（技能）竞赛获奖率、提高职业资格证书通过率、提高国家级"大创"项目立项率、提高学术论文发表率、降低学业预警率、降低补考率。

（六）聚焦师范生培养,着力打造文化育人、心理育人的小高地

强化师范生素质能力培养。深化"美丽教师"教育文化节内涵,深入打造"小太阳暖心社""暖溪爱心社""小星星公益项目""雨萌计划"等国内知名公益志愿品牌,围绕提升师范生技能、涵育教师素养,打造"师范生演讲比赛""师范生技能竞赛""三笔一话"师范生基本功比赛等精品项目,突出价值引领,彰显师范教育特色。

推进校园文化平台搭建。挖掘培养一批文艺骨干和典型,将学部大学生艺术团做好做精,将大学生艺术团打造成为自治区级艺术品牌社团。结合专业特色,培养和塑造文化精品节目(含舞蹈类、曲艺类、语言类等),全面提升学生文艺水平,力争在区级及以上平台评选有所突破。举办艺术展演,为学生提供展示平台,提升学生综合展演能力、强化师范专业学习。

搭建劳动教育、实践育人平台建设。坚持以劳塑人,着力提升实践育人质量和水平。建立和完善区内市县乡村劳动教育或社会实践基地,重点打造1—2个高品质社会实践品牌基地。重点推进解决研究生社会实践、劳动教育薄弱环节和突出问题,全面提升研究生实践创新能力,提升专业培养质量和水平。努力培育和打造全国大学生社会实践先进团队、全国社会实践优秀项目与自治区大学生社会实践优秀成果。

四、三全育人标杆学院建设成效

(一)重视党建引领,不断深化育人情怀

学部在育人工作中充分发挥党建引领作用,实现党建和专业建设双向互促、双结合、双提升,切实加强党的组织建设,统筹党政力量。抓好中层干部队伍建设,选拔配备高学历、高职称教师担任系主任,实现教工党支部"双带头人"全覆盖和学生党支部书记教师担任全覆盖,为三全育人工作的有效实施奠定厚实的中坚力量。每年举办青年教师政治理论素养提升与专业发展高级研修班,近4年组织师生600余人次深入民族边疆地区开展国家认同教育和民族团结进步教育,力促教师铭记教育初心、厚植家国情怀,涵养高尚师

德,提升核心素养,为学部高质量发展做出贡献。

学部聚焦课程思政改革,全力挖掘各专业课程蕴含的思政教育资源,成效显著。对教育研究方法等7门国家级教师教育精品资源共享课程和6门国家级一流课程进行二次开发,把社会主义核心价值观和民族复兴的理想责任融入教学过程。女大学生素养课程入选教育部2020年高校思想政治工作精品项目,教育学等9门课获学校课程思政示范课程建设项目。1个教师团队获得自治区课程思政优秀教学团队荣誉称号,1个教师团队荣获"全国高校黄大年式教师团队"称号。

强化意识形态阵地管理,开展民族团结进步教育。加强师生自媒体管理和监控,构建官网、官微等多维一体的新媒体宣传阵地,率先成立学生融媒体中心,打造线上线下思政教育融通网络,不断加强网络育人工作。

党建业务深入融合。5个教工党支部围绕学生考研就业、廉洁教育、心理健康教育、社会服务等主题着力开展党建育人工作;12个学生党支部充分发挥党建带团建作用,与校内外10来家单位开展联学共建,围绕学科专业打造教育实践活动和党建品牌,现已形成"小太阳暖心社"关爱空巢老人等一系列具有社会影响力的特色品牌;6个师生党支部2023年获得自治区高校星级支部荣誉称号。学部关工委获学校"关心下一代工作先进集体";学部连续10年获学校"毕业生就业创业育人工作优秀单位"、校运会"道德风尚奖",连续3年获评学校"校园阅读推广优秀组织单位",连续2年获评"优秀易班工作站"。

（二）凝聚育人共识,不断健全育人机制

学部凝聚育人共识,全面推进"三全育人"综合改革建设。实行领导挂联学生党支部、学工教学联席周例会、教辅行政联席月例会、班主任辅导员联席工作、家校联动的"五个思政+"多方联动机制。重视榜样引领，建成高素质的专家型思政矩阵队伍，扎实做好"铸魂育人"工作，教育部长江学者特聘教授、国家"万人计划"领军人才、国务院政府特殊津贴专家、全国优秀教师等高层次专家领衔课程思政建设，打造红色基因系列党课、"名师学术沙龙"，女大学生素养课程入选教育部高校思想政治工作精品项目，实现导师和辅导员思政教育专业特长与功能互补，构建特色鲜明的全方位育人新格局。学部全体专任教师坚守教书育人岗位职责，为全校1万多名师范生开设教师职业道德与发展课程；对教育研究方法等7门国家级教师教育精品资源共享课程和国家级一流课程进行二次开发，并将课程思政融入其中，教育学等9门校级课程思政示范课程获得立项；2个教师团队获评校级"创新创业教授工作室"；35岁以下青年博士积极承担本科班主任工作，比例达100%；全体专任教师担任本科生导师。

（三）强化学科引领，优化科研育人平台

学部着力发挥教育学一级学科博士学位授权点和教育学专业博士学位授权点等学科建设在"三全育人"工作中的辐射带动作用。经过多年建设，教育学学科现成为广西一流学科、广西优势特色重点学科，在全国第四轮学科水平评估中获得B等级，在2019年软科中国最好学科排名教育学学科排名全国第20名。同时，高质量的学科建设基础带动了专业发展，给学生发展提供了更高质量的育人平台：学部现有的5个本科专业有4个（小学教育、学前教育、教育技术学和应用心理学）入选国家级一流本科专业建设点；学前教育专业和小学教育专业已通过师范类专业二级认证，并在自治区教育厅组织的第一批本科专业综合评估中获得五星等级；学前教育专业列入国家卓越教师培养计划改革项目示范专业；2022年，"小学教育专业虚拟教研室"入选教育

部首批虚拟教研室建设试点。

依托学科建设的优势,学部着力加强学术型人才培养,持续实施"研究生提质创优培养工程""本科生知识与能力素质拓展工程",不断提升学生科研素养,营造学术氛围,力求学术创新。2020年以来,学部成功举办3届全国优秀大学生夏令营、3届"雁园争鸣"研究生学术论坛,实施2期本科生科研素养提升资助计划立项、3期研究生创新科研计划立项,开展8期研究生科研素养提升系列讲座、6讲青年博士"启智讲堂"、6讲道德讲堂、10余场校友报告会,有效推动优良学风建设,提升大学生核心竞争力。2022年以来,学部还举办中国"百年百位"心理学家大讲堂系列讲座近50讲,校内外10多万师生获益。

同时,学部连续21年打造文化品牌"美丽教师"教育文化节,深入打造"小太阳暖心社""暖溪爱心社""小星星公益项目""雨萌计划"等知名公益志愿品牌,鼓励学生参与创新创业项目,先后荣获中国大学生"互联网+"创新创业大赛银奖、铜奖,中国大学生计算机大赛三等奖及以上,自治区挑战杯特等奖等多项殊荣。

(四)立足实践创新,不断拓宽育人渠道

学部立足社会实践创新,建构以教育精准扶贫等工程与思政教育结合的育人平台。组织师生系统参与社会实践,组建研究生"践知社",参加人数年均800人次,在社会实践项目中体悟国情民情;选派2名教师挂职村第一书记,带领研究生支教团援助"三区三州"之喜德县基础教育,受到教育部高度好评。

学部秉承"以学生为本,以教师为主导,全心全意为同学们服务"的工作宗旨,加强学风建设,营造良好氛围,助力学生成长成才。在学风塑造上,开

展"大学生创新创业训练计划项目""创新杯""互联网+"等活动,积极推荐高质量参赛作品。2022年"'园丁'公益计划——助力农村幼儿教师专业成长"项目获第八届中国国际"互联网+"大学生创新创业大赛国赛铜奖、广西赛区金奖,学生团队或个人共获得全国大学生计算机设计大赛、全国第二届大学生心理辅导教学创新展示评比活动、广西高校大学生朋辈心理辅导技能大赛、自治区师范生技能大赛等省部级二等奖以上奖项15项。

学部领导和指导党团组织开展各项志愿服务活动,锻炼实践能力,助力乡村教育振兴,鼓励学生了解国情世情。先后组织心理健康教育公益团队赴龙胜各族自治县实验中学开展心理健康教育帮扶活动,组织少数民族学生赴资源县车田苗族乡第一小学开展研学活动,与广西医科大学公共卫生学院硕士研究生党支部开展"全国高校'百个研究生样板党支部'共建活动",并获中国日报网宣传报道。暑期"三下乡"成效显著,仅2022年就组织了22支实践团队赴资源县瓜里村、灵川县等地开展助力乡村振兴暑期支教活动,得到良好的社会反响。

（五）构筑多元格局，不断延伸育人链条

学部依托专业力量提振社会服务能力,近5年,学部先后承担实施教育部中小学名校长领航工程、广西八桂教育家摇篮工程、广西基础教育名师名校长工程等多层次多类型400多项教师教育高端项目,年均参训学员达12 615人次。培训质量得到社会各界的广泛认可,取得显著成效,产生了深远的社会影响力,逐步实现了社会服务与教师发展、学科建设、人才培养的多维互动,"人才培养、教学研究与社会服务"三位一体的大学功能得到有效拓展,有效推进学术梯队整体发展。

学部积极开展国际及区域间的学术交流与合作,探索国际合作的新路

径、新模式,推进和提升国际合作水平,通过多层面的深度合作,实现共同发展,取得新突破。近 5 年,学部累计签订合作交流协议 12 个,先后签订欧盟高端项目 INCLUTE、LEAD2,承办第二届"G20 教育对话"等 10 多次国际、国内高端学术会议;每年邀请近 200 名国内外知名学者来学部讲学,形成了开放、合作、共赢的教育文化与办学格局。

(六)夯实队伍建设,不断提升育人合力

学部是全国教育系统先进集体,专业师资队伍结构优化、坚守边疆、富有创造力,成为本硕博一体人才培养体系的坚实保障。学部现有在职教职工149 人,专任教师 113 人,副高以上职称人数占 62%,76% 以上具有博士学位。拥有长江学者特聘教授、国家督学、国家级教学名师等高端人才。积极塑造"双师"(学科教育双背景)"双结合"(理论实践相结合)特色,形成以高学历、高职称为主,结构优化、坚守边疆、富有创造力的师资团队。

辅导员队伍建设团结有力,专业化成效突出,成为大学生思想政治教育的主力军。学部按 1∶200 配备专职辅导员,现有专职辅导员 10 名,配备兼职辅导员 7 名、辅导员助理 3 名,形成良好的专兼职融合的育人合力。近年来,3 名辅导员获博士学位,2 名辅导员在职攻读博士研究生;1 人获得自治区辅导员素质能力大赛一等奖、自治区首届党务工作者基本功大赛二等奖,2 人获得学校 2021 年度辅导员年度人物称号,3 人次获广西高校辅导员年度人物;2人获得学校 2022 届毕业生就业创业工作先进个人,3 人获得学校 90 周年校庆工作先进个人,1 人获得自治区思政课说课比赛三等奖;辅导员队伍获得校级课题立项 3 项;自治区课题立项 2 项,结题 2 项。

总之,大学生作为一个国家和民族未来发展的中坚力量,是社会主义事业的建设者与接班人,其价值观的形成与确立,关乎整个社会的未来发展方

向,正如习近平总书记所说"青年要自觉践行社会主义核心价值观"①。不仅要通过教育引导、舆论宣传、文化熏陶、实践养成、制度保障等方式来培养大学生的社会主义核心价值观,还要切实地将其贯穿于社会生活的方方面面,使其内化为人们的精神追求,外化为人们的自觉行动。

①　习近平:《青年要自觉践行社会主义核心价值观——在北京大学师生座谈会上的讲话》,《中国高等教育》2014 年第 10 期。

第十章 结论

从人类的文化创造活动中探索人的全面发展和社会进步，是教育本质的回归。教育就像河流，文化是河流的源头，河水源源不断流入河流。开展教育活动不以其所处的时代文化背景为基础，犹如只知道这条河的表面形状，不能触及其本质特征。只有深入掌握，才能深刻领会回归生活的教育本质和精髓。从价值观的历史发展视角梳理新中国成立后大学生价值观培育的源与流，从文化全球化视角审视高校当代大学生社会主义核心价值观培育的路径和机制，探讨、分析新时代文化强国背景下高校大学生价值观培育的现状和问题，坚定大学生的文化自信，从而回归高校思想政治教育工作的文化现实，是国家文化建设的必然要求，是高校立德树人的必然选择，也是进一步推进当代大学生践行社会主义核心价值观的时代必然。

以文化多元化为背景的当代大学生社会主义核心价值观培育是培育担负起民族复兴大任的时代人才的需要。首先，社会主义核心价值观给予大学生融入国家发展的价值目标与社会发展的价值取向的导向，给予大学生提升思想道德素质和实现人生价值的标准。其次，多元文化背景下带来的大学生价值观混乱、冲突等问题，以及由此带来的精神生活平面化、精神生活迷茫等问题，迫切需要社会主义核心价值观的引领。一方面是社会主流、主导价值观对个体多样发展的价值观的引领；另一方面是大学生发展的价值共识、精神归属的需要以及共同精神家园丰沛的需要。再次,新时代中国特色社会主义文化的发展、文化软实力的提升,需要大学生对文化进行传承和创新。文化塑造价值观,价值观引发生活方式的选择,进而创造着文化。推动优秀传统文化实现创造性转化以及创新性发展,推动中华民族优秀文化的传承与发展,以及推动社会主义先进文化的发展,这些工作重任,或早或晚地落到青年身上,落到新时代青年的主力军——大学生身上。基于此,在多元文化背景下开展大学生社会主义核心价值观培育研究始终是一个常谈常新的话题,将会随着中国特色社会主义现代化建设的不断推进而不断得到深化。

本书以大学生社会主义核心价值观研究中的实践性的角度来展开。多元文化背景下当代大学生社会主义核心价值观培育是多元文化背景下研究价值观培育现代转型的理论尝试。其目的在于将文化融入大学生社会主义核心价值观培育的整个过程,同时把价值观培育的依据放在文化构建和发展上。在价值观培育中研究多元文化应以马克思主义为指导思想,挖掘有利于提高价值观培育实效的多元文化思想资源,把握当代大学生社会主义核心价值观培育的现实条件,实现多元文化在高校价值观培育改革与创新中的应用。多元文化虽然蕴藏着丰富的道德资源,但与实际大学生的现实生活毕竟有一定的距离。如何踏入现实,实现多元文化的价值观转型是一个现实问题。因此,在多元文化背景下实现价值观方面还需要深入思考和长期探索。

价值观属于精神范畴,在人类精神文明建设发展的过程中有着巨大的影响作用,是一个国家发展与延续的脊柱。因此,对价值观的培育,历来都受到各个国家的重视。而随着我国的社会主义发展已经进入一个新的时期,多元文化的影响对大学生的价值观体系造成较大的冲击。如何应对这些新机遇带来的挑战,是未来高校教师要面临的重大问题和要解决的重要任务。因此,笔者从当代大学生社会主义核心价值观的现状调查出发,分析当代大学生社会主义核心价值观的现状、特点和成因。基于现状特点,首先提出了多元文化背景下构建当代大学生社会主义核心价值观教育的基本原则和一般方法。基本原则包括社会发展和个体发展需求相统一的原则、一元主导和多样发展相结合的原则、自主建构和教育引导相结合的原则。一般方法则涵盖价值观认知教育法、价值观情感教育法、价值观践行教育法、典型价值观教育法,以及其他新式方法,如学科渗透法、无意识教育法和网络教育方法等。其次是提出了在多元文化背景下培育大学生社会主义核心价值观教育的主要路径和机制。培育路径主要涉及三方面,即教学路径、网络路径与实践路径,而在每一培育路径中,又从不同层面或不同参与主体的角度阐述了其在培育当代大学生社会主义核心价值观的过程中应发挥的作用。在培育机制方面,则提出:一要健全培育当代大学生社会主义核心价值观的管理机制,即从组织领导、部门运作、责任管理、统筹规划、调节反馈和教育激励等六类细分机制上着力进行构建和完善;二要构建培育当代大学生践行社会主义核心价值观的综合保障机制,分别从学校、家庭和社会三个层面建立起全方位保障机制、协作保障机制和环境保障机制。歌德曾说:"理论都是灰色的,而生命之树常青。"正如马克思主义的观点,理论都来源于实践,并且必须在实践中才能得到检验和发展。若理论不付诸实践,不在实践中经过检验与发展,那么理论的意义与价值不能得以发挥,生生不息的生命之树也将因之失色。据此,本书独辟一章,介绍广西师范大学教育学部作为广西壮族自治区高校"三全育人"标杆学院,是如何开展大学生社会主义核心价值观培育的个案,通过具体个案来反映当代大学生社会主义核心价值观培育的真实实践,以期分析和总结广西师范大学社会主义核心价值观培育经验,作为对理论与实践的双向积极回应。

　　价值观教育本身是一个永恒而又充满活力的热点话题。本书写作的完成,并不意味着价值观问题研究的结束。随着新时代的发展,价值观教育还需要更多的人去思考、实践和探索。在本书写作过程中,由于拥有的理论知识的局限以及生活的影响和局限,本书对涉及的一些价值观问题的分析和讨论仍不够深入,相关理论深度也有待提高。笔者将继续加强理论学习和工作实践,在今后的学习和研究中更加注重大学生社会主义核心价值观教育计划的实践和应用,提出更多建设性的意见,为推进大学生思想政治教育贡献自己的绵薄之力。

　　本书在多元文化主义背景下,结合国内外相关研究现状和发展趋势,探索和研究了培育大学生社会主义核心价值观的理论和实践模式。主要目的是突出多元文化发展对中国主流文化的影响,尤其是对大学生社会主义核心价值观培育带来的挑战。在这种情况下,高校引导学生树立正确的价值观势在必行。本书阐述了培育大学生社会主义核心价值观在多元文化背景下的重要性。通过分析问卷的数据和结果,了解当代大学生对社会主义核心价值观的认识,从而认识到他们在思想行为上的问题。在此基础上,探索有效解决大学生存在的问题的路径及方法。但由于个人能力确实有限,对书中的一些价值观问题分析还不够深入。例如在讨论多元文化背景下加强大学生社会主义核心价值观培育时,需要加强实践模式的研究和探讨,这种实践模式还有待实践检验和进一步发展完善。本书在讨论价值观培育问题时,可以根据学校的特点提出创新思路。这些观点还是比较理论化的,在今后的研究和实践工作中,笔者会继续研究文化和价值的相关内容。笔者相信,在社会、学校和家庭的共同努力下,社会主义核心价值观一定会很好地融入大学生的学习和生活中,引导他们在学习和生活中确立正确的方向,成为新时代中国特色社会主义事业的合格建设者和接班人,从而为实现中华民族伟大复兴而贡献自己的青春。

参考文献

一、 经典文献类

邓小平:《邓小平文选》第一卷,北京:人民出版社,1994年。

邓小平:《邓小平文选》第二卷,北京:人民出版社,1994年。

邓小平:《邓小平文选》第三卷,北京:人民出版社,1993年。

列宁:《列宁选集》第14卷,北京:人民出版社,1995年。

毛泽东:《毛泽东选集》第一至四卷,北京:人民出版社,1991年。

习近平:《习近平谈治国理政》第二卷,北京:外文出版社,2017年。

中共中央马恩列斯著作编译局:《马克思恩格斯全集》第19卷,北京:人民出版社,1963年。

中共中央马恩列斯著作编译局:《马克思恩格斯全集》第42卷,北京:人民出版社,1979年。

中共中央马恩列斯著作编译局:《马克思恩格斯全集》第46卷(上),北京:人民出版社,1972年。

中共中央马恩列斯著作编译局:《马克思恩格斯选集》(第1—4卷),北京:人民出版社,1995年。

二、 著作类

[美]奥兹门:《教育的哲学基础》,石中英、邓敏娜等译,北京:中国轻工业出版社,2006年。

[英]罗伯特·鲍柯克等编:《宗教与意识形态》,龚方震等译,成都:四川人民出版社,1992 年。

毕红梅:《全球化视野中的思想政治教育》,北京:中国社会科学出版社,2006 年。

车铭洲:《现代西方思潮概论》,北京:高等教育出版社,2002 年。

陈秉公:《21 世纪思想政治教育工作创新理论体系》,长春:吉林教育出版社,2001 年。

陈成文:《思想政治教育学研究》,长沙:湖南师范大学出版社,1998 年。

陈华洲:《思想政治教育资源论》,北京:中国社会科学出版社,2007 年。

陈立思:《比较思想政治教育》,北京:中国人民大学出版社,2011 年。

陈立思:《当代世界思想政治教育》,北京:中国人民大学出版社,2003 年。

陈少雷:《文化价值观的哲学省思》,北京:社会科学文献出版社,2015 年。

陈万柏:《思想政治教育载体论》,武汉:湖北人民出版社,2003 年。

陈万柏、张耀灿:《思想政治教育学原理(第二版)》,北京:高等教育出版社,2007 年。

陈万柏、张耀灿:《思想政治教育学原理》,武汉:华中师范大学出版社,2009 年。

戴钢书等:《大学生社会主义核心价值理念培育质性研究》,北京:人民出版社,2008 年。

戴钢书:《德育环境研究》,北京:人民出版社,2004 年。

戴艳军:《思想政治教育案例分析》,北京:高等教育出版社,2001 年。

戴艳军、宋悦华:《现代思想政治教育调查方法》,大连:大连理工大学出版社,2002 年。

《党的十九大报告学习辅导百问》编写组：《党的十九大报告学习辅导百问》，
　北京：学习出版社，2017 年。

邓卓明、任一明：《社会时尚与当代青年》，重庆：西南师范大学出版社，
　2007 年。

董娅：《当代思想政治教育方法发展新论》，北京：中国社会科学出版社，
　2012 年。

方爱东：《社会主义核心价值观研究》，合肥：中国科学技术大学出版社，
　2013 年。

方旭光：《认同的价值与价值的认同》，北京：中国社会科学出版社，2014 年。

冯刚、沈壮海：《中华人民共和国学校德育编年史》，北京：中国人民大学出版
　社，2010 年。

高峰：《比较思想政治教育专题研究》，北京：红旗出版社，2005 年。

龚海泉等：《20 世纪的中国高等教育（德育卷）》，北京：高等教育出版社，
　2003 年。

顾钰民：《马克思主义理论学科建设研究》，上海：复旦大学出版社，2009 年。

郭维平：《社会主义核心价值观生成与认同研究》，北京：学习出版社，2016 年。

韩承鹏：《标语口号文化透视》，上海：学林出版社，2010 年。

何祥林、谢守成，刘宏达等：《大学生群体思想政治教育新论》，北京：中国社
　会科学出版社，2009 年。

贺才乐：《思想政治教育载体研究》，武汉：湖北人民出版社，2003 年。

胡振民：《思想政治工作创新论》，北京：学习出版社，2005 年。

黄蓉生等：《改革开放 30 年大学生思想政治教育论》，北京：中国社会科学出
　版社，2012 年。

黄永宣：《网络思想政治教育新论》，成都：四川大学出版社，2011 年。

黄钊：《儒家德育学说论纲》，武汉：武汉大学出版社，2006 年。

姜正国：《思想政治工作与建设社会主义核心价值体系研究》，长沙：湖南人
    民出版社，2011 年。

金雁、杨柳等：《和谐德育论》，北京：中国社会科学出版社，2008 年。

靳诺、郑永廷、张澍等：《新时期高校思想政治工作理论与实践》，北京：高等
    教育出版社，2003 年。

荆惠民：《改革开放以来思想政治工作大事记（1978 年 11 月—2006 年 12
    月）》，北京：中国人民大学出版社，2007 年。

蓝江：《思想政治教育学社会化研究》，武汉：湖北人民出版社，2005 年。

雷骥：《现代思想政治教育的人性基础研究》，北京：人民出版社，2008 年。

李德芳、杨素稳：《中国共产党农村思想政治教育史》，北京：中国社会科学出
    版社，2007 年。

李德芳、杨素稳等：《中国共产党思想政治教育史料选辑》，武汉：武汉大学出
    版社，2019 年。

李合亮：《解析与建构：当代中国思想政治教育的哲学反思》，北京：人民出
    版社，2010 年。

李宏斌、杨亮才：《文化哲学与社会主义核心价值研究》，北京：人民出版社，
    2015 年。

李辉：《现代思想政治教育环境研究》，广州：广东人民出版社，2005 年。

李康平：《德育发展论》，北京：中国社会科学出版社，2004 年。

李丽华：《转型时期群体文化和谐研究》，北京：中国社会科学出版社，
    2009 年。

李霞：《中西马克思主义思想政治教育理论价值探究》，武汉：湖北人民出版社，2011年。

李宪伦：《思想政治教育话语学与文本话语体系构建》，南宁：广西人民出版社，2010年。

李宣海：《创新思想政治教育推进和谐校园建设》，上海：上海教育出版社，2007年。

李宣海：《大学生思想政治教育创新的理论与实践思考》，上海：上海教育出版社，2007年。

李宣海：《文化建设视域中的思想政治教育》，上海：东华大学出版社，2012年。

廖志诚：《思想政治教育创新动力论》，北京：社会科学文献出版社，2012年。

林泰：《唯物史观通论》，北京：高等教育出版社，2001年。

刘德华：《马克思主义思想政治教育著作导读》，北京：高等教育出版社，2001年。

刘芳：《思想政治教育人本论》，北京：军事科学出版社，2009年。

刘建军：《中国共产党思想政治教育的理论与实践》，北京：中国人民大学出版社，2008年。

刘建军、曹一建等：《思想理论教育原理新探》，北京：高等教育出版社，2006年。

刘烨：《现代思想政治教育过程研究》，北京：中国社会科学出版社，2009年。

刘志迎：《管理科学理论在思想教育中的应用》，合肥：合肥工业大学出版社，2005年。

卢爱新：《新时期大学生心理健康教育发展研究》，北京：中国社会科学出版社，2008年。

罗爱平：《思想政治教育经济价值研究》，武汉：湖北人民出版社，2010年。

罗洪铁：《基于当代大学生诚信制度建设的思想政治工作研究》，北京：中央文献出版社，2009年。

罗洪铁：《思想政治教育学科理论体系演变研究》，北京：中国社会科学出版社，2012年。

罗洪铁、董娅等：《思想政治教育原理与方法：基础理论研究》，北京：人民出版社，2005年。

骆郁廷：《精神动力论》，武汉：武汉大学出版社，2003年。

梅萍：《以德治国论》，武汉：湖北人民出版社，2003年。

聂月岩：《新时期思想政治教育理论与实践研究》，北京：红旗出版社，2005年。

潘国廷：《大学生辅导学》，青岛：中国海洋大学出版社，2009年。

裴德海：《从一般价值到核心价值》，合肥：安徽教育出版社，2012年。

彭庆红：《失调与变革——高校学生思想政治工作队伍建设研究》，北京：知识产权出版社，2004年。

彭未名：《交往德育论》，太原：山西教育出版社，2005年。

平章起：《思想政治教育基本理论问题研究》，天津：南开大学出版社，2010年。

秦在东：《思想政治教育管理论》，武汉：湖北人民出版社，2003年。

邱柏生：《高校思想政治教育的生态分析》，上海：上海人民出版社，2009年。

全国高等学校思想政治教育研究会：《高校德育热点问题探索：第12届全国高等学校青年德育工作者论坛优秀论文选》，上海：东华大学出版社，2007年。

全国高等学校思想政治教育研究会：《全国高校思想政治教育研究会成立20周年纪念文集》，北京：科学出版社，2007年。

邵献平：《思想政治教育中介论》，北京：中国社会科学出版社，2007年。

佘双好：《现代德育课程论》，北京：中国社会科学出版社，2003年。

申来津：《精神激励的权变理论》，武汉：武汉理工大学出版社，2003年。

沈壮海，佘双好：《学校德育问题研究》，郑州：大象出版社，2010年。

沈壮海：《思想政治教育的文化视野》，北京：人民出版社，2006年。

沈壮海：《思想政治教育发展报告（2011）》，北京：高等教育出版社，2011年。

沈壮海：《思想政治教育发展报告（2010）》，北京：高等教育出版社，2010年。

沈壮海：《思想政治教育发展报告（2009）》，北京：高等教育出版社，2009年。

沈壮海：《思想政治教育有效性研究》，武汉：武汉大学出版社，2001年。

石芳：《元文化背景下的核心价值观教育》，北京：人民出版社，2014年。

石阔：《思想政治教育与社会基础》，桂林：广西师范大学出版社，2012年。

石书臣：《思想政治教育主导性研究》，上海：学林出版社，2005年。

石云霞：《高校思想政治理论课程建设史研究》，武汉：武汉大学出版社，2006年。

石云霞：《"两课"教学法研究》，武汉：武汉大学出版社，2002年。

石云霞：《新中国成立以来马克思主义理论教育发展历史研究（上、下）》，北京：中国社会科学出版社，2010年。

隋淑芬：《中国古代思想教育史》，北京：红旗出版社，2005年。

孙来斌：《列宁的马克思主义理论教育思想研究》，北京：中国社会科学出版社，2003年。

孙其昂：《思想政治教育学基本原理》，南京：河海大学出版社，2004年。

唐克军:《比较公民教育》,北京:中国社会科学出版社,2008 年。

万光侠等:《思想政治教育的人学基础》,北京:人民出版社,2006 年。

万美容:《思想政治教育方法发展研究》,北京:中国社会科学出版社, 2007 年。

汪家缪,《建国后十七年高校学生思想政治工作的回顾与思考》,北京:中国 广播电视出版社,2008 年。

王东莉:《德育人文关怀论》,北京:中国社会科学出版社,2005 年。

王娟:《思想政治教育沟通研究》,北京:中国社会科学出版社,2011 年。

王茂胜:《思想政治教育评价论》,北京:中国社会科学出版社,2006 年。

王敏:《思想政治教育接受论》,武汉:湖北人民出版社,2002 年。

王树荫,王炎:《新中国思想政治教育史纲》,北京:人民出版社,2010 年。

王树荫:《中国共产党思想政治教育史纲(1919—1949)》,北京:党建读物出 版社,2002 年。

王希永:《思想政治教育基础理论专题研究》,北京:红旗出版社,2005 年。

王秀阁、杨仁忠:《马克思主义理论学科前沿问题研究》,北京:人民出版社, 2010 年。

王玄武、骆郁庭:《思想教育政治教育道德教育比较研究》,武汉:武汉大学出 版社,2002 年。

王学俭:《现代思想政治教育前沿问题研究》,北京:人民出版社,2008 年。

王炎:《新中国思想政治工作制度史》,哈尔滨:黑龙江人民出版社,2007 年。

韦吉锋:《网络思想政治教育研究》,北京:新华出版社,2005 年。

翁铁慧:《立德树人:十六大以来上海高校思想政治教育探索与发展》,上海: 上海人民出版社,2009 年。

项久雨:《思想政治教育价值论》,北京:中国社会科学出版社,2003 年。

谢宏忠:《当代大学生社会主义核心价值观导向》,北京:社会科学文献出版社,2010 年。

徐柏才:《民族思想政治教育学导论》,北京:民族出版社,2011 年。

徐文良:《难忘的历程:高等学校思想政治教育的回顾与思考》,长春:吉林人民出版社,2008 年。

徐永赞:《思想政治教育接受过程研究》,石家庄:河北人民出版社,2011 年。

徐志宏:《思想理论教育教学论》,北京:高等教育出版社,2006 年。

徐志远:《思想政治学基本范畴研究》,武汉:湖北人民出版社,2005 年。

许国彬、林绍雄等:《当代大学生工作学》,广州:广东高等教育出版社,2010 年。

薛国林:《形象塑造与社会认同:正面人物宣传报道的社会效果研究》,广州:暨南大学出版社,2012 年。

杨立英、曾盛聪等:《全球化、网络化境遇与社会主义意识形态建设研究》,北京:人民出版社,2006 年。

杨生平:《论马克思主义意识形态理论的形成和发展》,北京:首都师范大学出版社,1998 年。

杨晓慧、李忠军等:《理想与成才》,长春:东北师范大学出版社,2007 年。

杨晓慧、李忠军主编:《高校辅导员一线工作实证研究》,长春:东北师范大学出版社,2007 年。

杨业华:《当代中国大学生核心价值观研究》,北京:人民出版社,2011 年。

杨业华:《社会主义思想道德建设前沿问题研究》,北京:中国社会科学出版社,2007 年。

杨芷英：《思想政治教育心理机制研究》，北京：红旗出版社，2005 年。

余仰涛：《思想政治工作学研究方法论》，武汉：武汉大学出版社，2006 年。

俞吾金：《意识形态论》，上海：上海人民出版社，1993 年。

张世欣：《中国古代思想道德教育史》，杭州：浙江大学出版社，2010 年。

张澍军：《德育哲学引论》，北京：人民出版社，2002 年。

张孝宜：《人生观通论》，北京：高等教育出版社，2001 年。

张彦：《思想政治教育主体性研究》，广州：广东人民出版社，2006 年。

张耀灿、徐志远：《现代化思想政治教育学科论》，武汉：湖北人民出版社，
    2003 年。

张再兴：《网络思想政治教育研究》，北京：经济科学出版社，2009 年。

赵君：《高校思想政治教育管理队伍建设论》，北京：中国社会科学出版社，
    2008 年。

赵康太：《当代思想理论教育前沿问题纵论》，武汉：武汉大学出版社，
    2007 年。

赵康太：《世界马克思主义理论教育比较研究》，北京：中央编译出版社，
    2006 年。

赵康太、李英华：《中国传统思想政治教育理论史》，武汉：华中师范大学出版
    社，2006 年。

赵诤：《现代思想政治教育方法论研究》，长春：吉林大学出版社，2011 年。

郑永廷：《现代思想道德教育理论与方法》，广州：广东高等教育出版社，
    2000 年。

郑永廷等：《社会主义意识形态发展研究》，北京：人民出版社，2002 年。

郑永廷、张彦：《德育发展研究——面向 21 世纪中国高校德育探索》，北京：

人民出版社,2006 年。

郑忠梅:《文化视野中的思想政治教育研究》,长春:吉林人民出版社,
2006 年。

中共北京教工委、北京市教委:《首都高校加强改进大学生思想政治教育情
况汇编(上、下)》,2009 年。

中共中央文献研究室:《习近平关于社会主义文化建设论述摘编》,北京:中
央文献出版社,2017 年。

中共中央宣传部:《习近平总书记系列重要讲话读本》,北京:学习出版社、人
民出版社,2016 年。

周芳:《思想政治教育审美研究》,北京:人民出版社,2012 年。

周宏:《理解与批判:马克思意识形态理论的文本学研究》,上海:上海三联
书店,2003 年。

周凯:《近现代中国历史重大事件中的思想政治教育研究》,成都:西南交通
大学出版,2011 年。

周中之、石书臣等:《社会主义核心价值体系教育探索》,上海:上海人民出版
社,2007 年。

周中之、石书臣等:《现代思想政治教育理论与实践探微》,上海:人民出版
社,2009 年。

朱卫嘉:《不同年代理想信念教育比较研究》,重庆:重庆出版社,2007 年。

祖嘉合:《思想政治教育方法教程》,北京:北京大学出版社,2004 年 2 月。

三、 期刊论文类

白显良:《隐性思想政治教育过程探析》,《思想理论教育》2007 年第 11 期。

曹美菊:《高校社会主义核心价值观教育应弘扬中国传统价值观》,《广州城

市职业学院学报》2010 年第 3 期。

陈秉公:《马克思主义意识形态理论与社会主义核心价值体系建构》,《马克思主义研究》2008 年第 3 期。

陈秉公、苏振芳:《思想政治教育比较研究的特点及其模式》,《思想理论教育》2008 年第 7 期。

陈联俊:《网络空间中主流价值认同的分化与重塑》,《中国特色社会主义研究》2017 年第 6 期。

陈阳:《基于微信公众号平台的大学生社会主义核心价值观教育路径研究》,《科技经济导刊》2017 年第 13 期。

成长春、张廷干、汤荣光:《意识形态自觉与价值理性认同》,《中国社会科学》2018 年第 2 期。

程水栋:《中华优秀传统文化与社会主义核心价值观的培育》,《上饶师范学院学报》2018 年第 4 期。

戴锐:《论思想政治教育学科建设的十大关系》,《思想政治教育研究》2010 年第 12 期。

党子奇:《凝聚价值共识强化价值引导新时代文化建设何以体现中国精神》,《人民论坛》2018 年第 4 期。

冯东山:《中华优秀传统文化与社会主义核心价值观内在关联研究》,《广西社会科学》2018 年第 2 期。

冯发军:《大学校园文化建设存在的问题及其对策探析》,《法制与社会》2006 年第 22 期。

冯刚:《交叉学科视野下思想政治教育的创新发展》,《思想理论教育导刊》2011 年第 11 期。

冯刚：《用社会主义核心价值体系引领高校思想政治教育深入发展》，《高校理论战线》2008 年第 7 期。

高国希：《社会主义核心价值的理论维度》，《思想理论教育》2007 年第 1 期。

宫秀丽：《对"90 后"青少年思想状况的三维考察——以山东省为例》，《现代教育管理》2009 年第 8 期。

苟国旗：《当代大学生马克思主义价值观培育研究》，《电子科技大学学报》2013 年第 1 期。

郭凤志：《习近平文化自信思想发展脉络研究》，《人民论坛·学术前沿》2017年第 21 期。

侯惠勤：《坚定文化自信的理论自觉——访中国社会科学院大学特聘教授侯惠勤》，《马克思主义研究》2017 年第 11 期。

胡敏中：《论认同的涵义及基本方式》，《江海学刊》2018 年第 3 期。

黄蓉生、白显良：《马克思主义大众化与大学生社会主义核心价值体系教育》，《马克思主义研究》2010 年第 2 期。

姜耀明、王晓丹、石红梅：《大学校园规划结构的研究——兼谈甘肃工业大学西校区总体规划设计》，《新建筑》2002 年第 4 期。

李冰封：《浅议大学文化建设》，《教书育人》2006 年第 29 期。

李辉：《思想政治教育情境的创设：现状与基本思路》，《中山大学学报》2004年第 2 期。

李江静：《论意识形态话语转换的文化向度》，《思想理论教育》2018 年第 2 期。

李辽宁：《着力提升主导意识形态的竞争力》，《思想教育研究》2017 年第 12 期。

李新生：《多元化背景下大学生核心价值观教育路径探究》，《前沿》2009 年第 7 期。

李欣怡、任成孝、高鑫：《国外学生核心价值观教育研究及其当代启示——基于马克思主义核心价值观的思考》，《教育理论与实践》2015 年第 13 期。

梁渭雄、叶金宝：《文化生态与先进文化的发展》，《学术研究》2000 年第 11 期。

刘吉昌、金炳镐：《构筑各民族共有精神家园　培养中华民族共同体意识》，《西南民族大学学报》（人文社科版）2017 年第 11 期。

刘佳：《践行大学生社会主义核心价值观有效途径研究》，《卷宗》2014 年第 10 期。

刘建军：《论思想政治教育的科学化》，《教学与研究》2011 年第 3 期。

刘晓波：《当代大学生社会主义核心价值观问题与分析》，《华章》2011 年第 33 期。

刘昕：《全面推进依法治国背景下的大学生法治教育路径建设与方法改革研究》，《法制博览》2017 年第 18 期。

刘洋利、朱喆：《思想品德课考评改革探究》，《中学政治教学参考》2015 年第 4 期。

龙屏风：《社会主义核心价值观与中华优秀传统文化的关系研究》，《教育现代化》2018 年第 29 期。

陆树程、李瑾：《论当代大学生社会主义核心价值体系心理认同机制》，《思想理论教育导刊》2009 年第 1 期。

罗洪铁、周琪：《文化环境：思想政治教育运行的新视界》，《马克思主义研究》2007 年第 3 期。

马娟：《社会主义核心价值观在高校大学生中的传播及影响力研究——基于对广东省 30 所高校大学生的实证调查》，《思想政治教育研究》2017 年第 2 期。

莫尼卡·泰勒著，杨韶刚、万明编译：《价值观教育与教育中的价值观》，《教育研究》2003 年第 5 期。

秦天堂：《科学发展观视阈中的高校德育生态》，《江苏高教》2011 年第 2 期。

邱柏生：《要重视研究思想政治教育的生态环境》，《学校党建与思想教育》2004 年第 5 期。

桑业明：《论构建大学生核心价值观面临的矛盾及解决》，《思想教育研究》2010 年第 12 期。

商丹、朱喆：《大学生思想政治教育中朋辈路径的影响因素及其对策》，《哲学研究》2014 年第 3 期。

佘双好：《思想政治教育的科学研究现状、特点及发展趋势探析》，《思想理论教育导刊》2009 年第 10 期。

沈贺：《文化软实力视域下社会主义核心价值观的国际传播》，《社会主义核心价值观研究》2018 年第 2 期。

石书臣：《思想政治教育的本质规定及其把握》，《马克思主义与现实》2009 年第 1 期。

孙兰英、陈嘉楠：《互联网思维与社会主义核心价值观培育》，《天津大学学报》(社会科学版)2018 年第 1 期。

孙其昂：《论思想政治教育的现代转型——基于社会、历史、系统视野的考察》，《思想教育研究》2007 年第 8 期。

孙婷婷：《论视觉文化"化人"》，《思想教育研究》2018 年第 2 期。

孙伟平：《"人类共同价值"与"人类命运共同体"》，《湖北大学学报》(哲学社会科学版)2017 年第 6 期。

万美容：《论思想政治教育方法的融合发展》，《思想教育研究》2008 年第 2 期。

万馨：《和谐校园视野下高校"90 后"新生教育和管理工作探析》，《当代教育论坛》2009 年第 6 期。

王东峣、魏晓璐、尹红领、刘兴华、赵颖、冯慧、高昂、孙彤、谭宇：《社会主义核心价值观长效机制研究(笔谈)》，《郑州大学学报》(哲学社会科学版)2018 年第 3 期。

王贵贤：《新时代社会主义核心价值观的定位与作用》，《社会主义核心价值观研究》2017 年第 6 期。

王军、朱喆：《马克思主义理论学科与思想政治理论课的支撑互动分析》，《思想教育研究》2016 年第 7 期。

王丽丽、张森林：《当代大学生社会主义核心价值观的构建策略》，《东北师大学报》(哲学社会科学版)2014 年第 4 期。

王万竹、杨同宇、金晔：《当代大学生社会主义核心价值观和生活方式研究综述》，《中国集体经济》2009 年第 30 期。

王学风、徐春燕：《大学生社会主义核心价值体系认同教育的必要性及途径探析》，《思想理论教育导刊》2009 年第 9 期。

王学俭、郭绍均：《思想政治教育本质问题再探讨》，《教学与研究》2012 年第 12 期。

王岩：《大学文化建设的思考》，《中国西部科技》2006 年第 16 期。

王忠勇：《近年来国内外社会共识问题研究综述》，《重庆三峡学院学报》2018
    年第 1 期。

吴潜涛：《社会主义核心价值体系的科学内涵》，《道德与文明》2007 年第 1 期。

吴潜涛：《用中国特色社会主义核心价值体系引领大学生成长成才》，《思想
    理论教育导刊》2007 年第 11 期。

夏湘远：《大学校园文化建设与大学生道德养成教育》，《大学教育科学》2006
    年第 3 期。

肖佑华、刘洪波、刘英：《当代大学生社会主义核心价值观存在的问题及对策
    研究》，《黑龙江教育学院学报》2008 年第 4 期。

杨柳新：《大学的价值观教育与文化认同》，《北京大学教育评论》2008 年第
    4 期。

杨佩、李建群：《后哲学话语背景下价值共识的可能性探究》，《学术界》2018
    年第 2 期。

杨燕、韩善光：《当代大学生社会主义核心价值观取向的问题分析及对策》，
    《道德与文明》2010 年第 3 期。

袁银传、郭亚斐：《试论当代中国价值共识的凝聚机制》，《思想理论教育导
    刊》2018 年第 7 期。

张超、乔洁琼、王宸文姬：《中华优秀传统文化与社会主义核心价值观关联性
    研究》，《才智》2019 年第 3 期。

张立、单成巍：《新时代大学生社会主义核心价值观认同现状与教育路径研
    究》，《大学教育》2019 年第 3 期。

张澍军：《试论思想政治教育学科前沿的若干重大问题》，《马克思主义研究》
    2011 年第 1 期。

张耀灿：《推进思想政治教育研究范式的人学转换》，《思想教育研究》2007
年第 7 期。

赵锋：《高校深化大学生社会主义核心价值观教育路径的探讨》，《当代经济》
2013 年第 23 期。

赵静波：《多元价值观的困境与公共理性的建构——以"差序格局"的社会结
构为视角》，《学习与实践》2018 年第 1 期。

郑建岚：《用社会主义核心价值体系引领高校思想政治教育探析》，《理论月
刊》2009 年第 12 期。

郑永廷：《学习十七大精神推进高校思想政治教育研究与发展》，《思想理论
教育导刊》2008 年第 2 期。

周谨平：《权威性社会价值的共识进路》，《湖北大学学报》（哲学社会科学
版）2018 年第 3 期。

朱喆：《道家美育与素质教育思想略论》，《中南民族学院学报》2001 年第
2 期。

朱喆：《天人关系与生态智慧——先秦道家与西方哲人之有关思想比较》，
《武汉水利电力大学学报》（社会科学版）2000 年第 4 期。

朱喆、操奇：《马克思的人格思想与公民文化建设》，《中南民族大学学报》
（人文社会科学版）2010 年第 5 期。

朱喆、操奇：《马克思主义哲学中的文化发展概念》，《哲学研究》2014 年第
1 期。

四、 硕士博士学位论文

程婧：《改革开放以来大学生思想政治教育若干问题研究》，博士学位论文，
南京大学，2013 年。

丁竑睿. 社会主义核心价值观及培育研究［D］,硕士学位论文,中共浙江省委党校,2022 年。

杜蕾:《高校依托优秀传统文化践行社会主义核心价值观的路径研究》,硕士学位论文,哈尔滨理工大学,2017 年。

郭薇:《当代大学生社会主义核心价值观现状与教育研究》,硕士学位论文,东北师范大学,2007 年。

蒋亚丽:《当代大学生社会主义核心价值观教育对策研究》,硕士学位论文,湖南大学,2010 年。

李纪岩:《当代大学生社会主义核心价值观培育研究》,博士学位论文,山东师范大学,2010 年。

李鹏:《当代大学生社会主义核心价值观教育研究》,博士学位论文,新疆大学,2008 年。

刘勇:《关于当代大学生社会主义核心价值观教育的研究》,硕士学位论文,山西财经大学,2009 年。

颜咏雪:《当代大学生社会主义核心价值观的现状及培养的对策研究》,硕士学位论文,西南大学,2009 年。

杨军:《浅析当代中国当代大学生社会主义核心价值观问题》,硕士学位论文,苏州大学,2007 年。

五、 外文参考文献

Ellennood, "Revisiting Character Education: From McGuffey to Narratives," *Journal of Education*, 2006.

Schwartz S. H., "A theory of Cultural Values and Some Implications for Work," *Applied Psychology*, 1999.

六、文件类

《关于培育和践行社会主义核心价值观的意见》(中办发〔2013〕24 号)

《关于印发〈关于在全省高等学校开展"培育和践行社会主义核心价值观,凝聚青春正能量"网络系列活动方案〉的通知》(豫宣通〔2014〕69 号)

《教育部关于高校教师师德失范行为处理的指导意见》(教师〔2018〕17 号)

《教育部关于加强和改进研究生德育工作的若干意见》(教社政〔2000〕3 号)

《教育部关于建立健全高校师德建设长效机制的意见》(教师〔2014〕10 号)

《中共中央办公厅、国务院办公厅印发〈关于进一步加强和改进新形势下高校宣传思想工作的意见〉》(2015 年 1 月 9 日)

《关于进一步加强和改进大学生思想政治教育的意见》(中发〔2004〕16 号文件)

后　记

　　时光荏苒，岁月如梭。参加工作以后，总有"书到用时方恨少"的感觉，怀着对知识的渴求，在家人、同事的鼓励下，我到武汉理工大学马克思主义学院攻读博士学位，在导师朱喆教授的引导下，我开始更深入地思考人生、思考工作、思考学术，也渐渐在忙碌的工作之余开始规划职后的学习之路，在职攻读博士，虽然异常艰辛，但也逐渐让我有了更多对人生的感悟和更高的理想、追求。读博为我在通向学术殿堂的道路上打开了一扇门。毕业后我一直在高校从事学生管理工作，故在学位论文开题时选取"当代大学生社会主义核心价值观培育研究"这一选题。此后，围绕选题，我做了力所能及的思考，同时结合自己的岗位工作，做了相应的调查研究和实践探索。此后，边工作边撰写，最终得成此文。完成论文答辩后，由于感觉论文还有许多不足的地方，当时并没有考虑将之出版成书，其后我在工作中对论文存疑的地方持续开展研究探索，同时结合新时代背景及国家的方针政策，与时俱进，对论文做了相应的补充修改，在老师和同事的鼓励下，决定将论文出版。

　　此刻，书稿完成，心中既有莫大的欣慰，也有很多感慨。欣慰的是，经过不懈努力，终于完成了这一对我来说非常重要的学术成果；感慨的是，这个过程充满了挑战和磨砺，也让我更加深刻地认识到社会主义核心价值观培育对于当代大学生的成长成才的重要性。

　　本书为 2024 年广西学位与研究生教育改革立项课题(JGY2024046)部分研

究成果。在撰写和完善过程中,我得到了许多专家学者的支持和帮助,谨向这些专家学者表示衷心的感谢和崇高的敬意。感谢我的恩师,武汉理工大学马克思主义学院朱喆教授的悉心指导。感谢广西师范大学钟慧容教授、霍玉文研究员等老师,他们不仅提供宝贵的意见和建议,还亲自参与书稿的审阅和修改工作。感谢广西师范大学教育学部博士研究生隋丹妮同学,感谢硕士研究生刘可欣、米欢欢、张旭、孙媛媛、杨书婷、范梦宇、王子龙等同学,他们不同程度地参与了部分章节的校对及完善等工作。感谢出版社的编辑们,他们的辛勤付出和专业精神使得本书得以顺利出版。

同时也特别感谢广西师范大学教育学部给予的大力支持!

当然,我也深知,由于个人水平有限,本书存在诸多不足之处。真诚地希望广大读者能够提出宝贵的意见和建议,帮助我不断完善和提高。我将以此为契机,进一步深入探索大学生社会主义核心价值观的培育问题,为推动大学生思想政治教育工作的发展贡献自己的力量。

在未来的日子里,期待这本书能够引起更多读者的关注,激发更多的思考和探索。我们坚信,社会主义核心价值观不仅是国家繁荣富强的精神支柱,更是每个公民,特别是当代大学生应当坚守的人生信仰。期待本书能够引发研究和讨论,推动大学生社会主义核心价值观培育工作的深入发展。同时,也非常愿意与广大读者和同行一起,不断探索、不断前行,为培养具有社会主义核心价值观的新时代大学生,为实现中华民族伟大复兴的中国梦贡献我们的智慧和力量。